本书为国家社会科学基金项目"资本成本约束、可持续分红与国有企业价值创造研究"（项目号：11BGL026）的最终成果。另感谢河南省教育厅人文社会科学研究项目（2019-ZZJH-020）对本书的资助

RESEARCH ON CONSTRUCTION OF
VALUE CREATION SYSTEM OF STATE-OWNED ENTERPRISES
——BASED ON THE THEORY OF CAPITAL COST AND SUSTAINABLE PAYOUT

国有企业价值创造体系构建研究

——基于资本成本与可持续分红的视角

李光贵◎著

经济管理出版社
ECONOMY & MANAGEMENT PUBLISHING HOUSE

图书在版编目（CIP）数据

国有企业价值创造体系构建研究——基于资本成本与可持续分红的视角／李光贵著.—北京：经济管理出版社，2019.10
ISBN 978-7-5096-6556-5

Ⅰ.①国… Ⅱ.①李… Ⅲ.①国有企业—企业管理—成本管理—研究—中国 ②国有企业—企业利润—分配制度—研究—中国 Ⅳ.①F279.241

中国版本图书馆 CIP 数据核字（2019）第 226991 号

组稿编辑：杨　雪
责任编辑：杨　雪　詹　静
责任印制：黄章平
责任校对：王淑卿

出版发行：经济管理出版社
　　　　　（北京市海淀区北蜂窝 8 号中雅大厦 A 座 11 层　100038）
网　　　址：www.E-mp.com.cn
电　　　话：（010）51915602
印　　　刷：北京晨旭印刷厂
经　　　销：新华书店
开　　　本：720mm×1000mm/16
印　　　张：14.25
字　　　数：256 千字
版　　　次：2019 年 10 月第 1 版　2019 年 10 月第 1 次印刷
书　　　号：ISBN 978-7-5096-6556-5
定　　　价：65.00 元

·版权所有　翻印必究·

凡购本社图书，如有印装错误，由本社读者服务部负责调换。
联系地址：北京阜外月坛北小街 2 号
电话：（010）68022974　　邮编：100836

前言

自2013年中共十八届三中全会以来，国有企业改革进入了新一轮的"深化改革"阶段，但国企分红和经济增加值考核一直是与国有企业改革有关的两个备受关注的财务指标。众所周知，借助于科学方法测定留存收益投资的机会成本、规范国企分红制度是国家逐步实现国有资本战略性调整、"有进有退"的手段之一，而经济增加值考核则是国务院国有资产监督管理委员会（以下简称"国资委"）基于国家股东要求报酬率（国家股权资本成本）满足的理念，来引导企业自发地避免盲目投资、减少无效资本占用、提高投资效率，并提升企业价值创造能力的另一项重要举措。"国企分红"与"经济增加值考核"均凸显了"资本成本约束"的重要。基于此，本书以国有企业股东价值最大化为目标，以资本成本、财务可持续增长能力约束为纽带，以股利分配、经济增加值等理论为基础，对国有企业价值管理体系的内在机理进行梳理，将国企分红、经济增加值考核等国有企业理财活动融入价值管理体系，尝试构建、完善并检验国有企业价值管理体系框架，是国有企业价值管理研究领域的一次尝试与探索。

本书主体内容共分为五个部分，其中第2~5章为现实背景及理论基础分析。研究发现：就现阶段而言，针对国有企业所承载的各类目标及其之间可能的冲突与矛盾，应该把国有企业保值增值目标的实现视为国有企业各类社会政策目标实现的手段，行使国家所有权应树立国家股东必要报酬率（即股权资本成本）补偿的观念，并进行科学合理的引导和监管；国有企业的价值管理应注重价值传递的机制建设，力求内在价值与市场价值的协调统一；国有企业价值管理体系实质上是相关理论相互作用机理下形成的以资本成本、可持续增长为约束，以股利分配为资源配置手段，以价值创造为最终目标的一种系统。基于以上分析，第六章首先结合资本成本约束的要求，依据财务可持续增长理论和股利分配理论，构建了可持续分红比例模型。可持续分红比例模型提供了根据国有企业目标分红比例（即可持续分红比例）倒逼改善留存收益再投资报酬率的机制，这为我国资本市场正在推行的强制或半强制分红制度提供了一种验证模式。同时，依据经济增加值原理，本书将可持续分红机制模型与股权经济增加值价值创造系统进行对接，从而构建了国有企业价值管理体系框架。据此，本书专门选取2010~2016年国有企业样本，分别对可持续分红机制价值导向作用及其与国有企业价值创造的相关性进行了实证检验。检验结果表明，基于国家分红政策倒逼估算的目标股东权益报酬率总体上大于实际股权资本成本，且对于样本企业总体的实际股东权益报酬率具有正向引导作用，从而有助于样本企业改善提高实际股东权益报酬率以利于价值创造。相关因素回归分析表明，总体来说，基于可持续分红机制估算目标权益报酬率，并进一步对接经济增加值系统估算得出的目标股权经济增加值均值总体为正，大于实际股权经济增加值，对于样本企业的价值创造具有正向引导的作用。在此过程中，股权资本成本的提高将降低实际股权经济增加值，不利于样本企业的价值创造，而股东权益报酬率的提高，则有助于样本企业提高实际股权经济增加值并趋向于目标股权经济增加值，从而有利于样本企业的价值创造。

依据以上相关研究，本书得出以下结论：就我国现阶段而言，国有企业价值管理体系的构建与完善，应建立在充分认识价值管理理念对国有企业深化改革的重要意义、充分肯定国有企业分红制度的价值导向作用以及树立国有企业价值管理整体观念和正确的资本成本观念的基础上，进一步结合国有企业绩效评价指标，开展以股权资本回报率为核心的驱动因素识别和确定工作，努力维持并提高主业营利能力，保持合理负债水平并适度控制财务风险，加速资产周转速度，着力改善和提高国有企业股权资本回报率。这既是国有企业价值管理行动计划的起点，也是保证国有企业提高价值创造能力的基础和根本。

本书是笔者主持完成国家社科基金项目"资本成本约束、可持续分红与国有企业价值创造研究"（项目编号：11BGL026）的最终研究成果，是对国有企业分红及价值创造问题相关研究的一次梳理和探索。笔者在可持续分红与价值创造理论机制设计和应用的合理性等方面的相关思路和观点尚不深入和全面，如有不当恳请广大读者批评指正，尤其是关于资本成本理论、价值管理理论等文献的梳理方面，借鉴了以往学者的相关观点和成果，在此表示衷心的感谢。另外，河南财经政法大学会计学院张肖飞老师对本书的研究设计提供了大力支持，硕士生田唯茜、瞿继伟等对书稿的整理也付出了辛勤的劳动，在此一并表示感谢！

李光贵

2019年7月于郑州

目录

1 导 言 / 001

1.1 研究背景 / 003
1.2 研究意义 / 005
    1.2.1 理论意义 / 005
    1.2.2 现实意义 / 006
1.3 研究框架与思路 / 006
1.4 研究特色与创新 / 008

2 国有企业的功能、目标及行权方式 / 009

2.1 国有企业的界定 / 011
    2.1.1 学术界定 / 012
    2.1.2 国际性政治（或经济）组织的界定 / 013
    2.1.3 国家主体的界定 / 014
2.2 国有企业的功能与目标定位 / 016
    2.2.1 国有企业的功能定位 / 016
    2.2.2 国有企业的分类及目标定位 / 018
2.3 国家所有权的行使 / 026
    2.3.1 OECD国家所有权行权原则介绍 / 026
    2.3.2 我国国家所有权行权方式的构想 / 028

2.4 国企深改政策与价值管理 / 030
2.5 本章小结 / 033

3 西方价值管理理论及体系框架介绍
——基于文献评述的视角 / 035

3.1 价值管理的产生 / 037
3.2 价值管理的发展 / 041
   3.2.1 价值管理的概念界定 / 043
   3.2.2 价值管理的模式及驱动因素 / 046
   3.2.3 价值管理发展与相关方利益的协调 / 057
3.3 价值管理的基本逻辑框架 / 062
3.4 本章小结 / 064

4 国有企业价值管理体系构建的现实基础 / 067

4.1 价值管理国内研究状况 / 069
   4.1.1 价值管理概念框架的研究 / 072
   4.1.2 以EVA应用为特征的价值管理研究 / 073
   4.1.3 市值管理研究 / 081
4.2 国有企业价值管理体系构建的制度依据 / 095
   4.2.1 国企分红 / 096
   4.2.2 经济增加值考核 / 102
4.3 本章小结 / 106

5 国有企业价值管理体系构建的理论基础 / 109

5.1 资本成本理论 / 111
   5.1.1 概念界定与起源 / 111
   5.1.2 资本成本的估算 / 112
   5.1.3 资本成本的影响因素 / 116
5.2 财务可持续增长理论 / 117

5.2.1　基于会计指标口径的模型 / 118
　　5.2.2　基于现金流量口径的模型 / 120
5.3　股利分配理论 / 122
　　5.3.1　西方的研究 / 122
　　5.3.2　国内的研究 / 124
5.4　经济增加值理论 / 127
　　5.4.1　经济增加值起源与界定 / 127
　　5.4.2　经济增加值的估算 / 129
　　5.4.3　经济增加值的评价 / 132
5.5　本章小结 / 136

6　国有企业价值管理体系构建与检验 / 137

6.1　资本成本约束 / 139
6.2　财务可持续增长要求 / 142
6.3　可持续分红机制的理论分析 / 143
　　6.3.1　可持续分红模型的构建 / 143
　　6.3.2　可持续分红比例模型应用分析 / 145
6.4　可持续分红机制与价值创造系统的对接 / 153
　　6.4.1　股权经济增加值的引入 / 153
　　6.4.2　可持续分红与 EVA 价值创造系统的对接 / 155
6.5　可持续分红机制的研究设计与实证检验 / 159
　　6.5.1　研究样本与数据 / 159
　　6.5.2　可持续分红机制的描述性统计分析 / 161
　　6.5.3　目标股东权益报酬率与实际股东权益报酬率的对比检验 / 163
　　6.5.4　目标股东权益报酬率与实际股权资本成本的对比检验 / 166
6.6　可持续分红机制与价值创造的研究设计与实证检验 / 168
　　6.6.1　研究样本与数据 / 168
　　6.6.2　研究模型与变量 / 168
　　6.6.3　可持续分红机制与价值创造的相关性分析 / 170
　　6.6.4　目标股权经济增加值与实际股权经济增加值差异影响因素分析 / 174
6.7　本章小结 / 180

7 研究结论、政策建议与未来展望 / 183

    7.1 研究结论 / 185
    7.2 政策建议 / 187
    7.3 研究局限性与未来展望 / 190

参考文献 / 193

1 导言

1.1 研究背景

一直以来,国有企业的治理问题被认为是促进一个国家国民经济效率和竞争力的必要元素(OECD,2005)。尤其是在我国,从宏观方面来讲,国有企业改革作为我国经济体制改革工作的一项重要内容,多年来其推行进度备受期待,对我国企业国际竞争力的提升、产业结构的调整等都具有重大意义,是事关我国国力增强、国际竞争、国际安全、国家稳定以及国家活力的重要工作;另外,从微观角度而言,政府如何依赖所掌握的国家股权对国有企业实施科学的管理、控制、分配和评价,以促进国有企业的可持续发展和价值创造,又是国有企业保值增值使命的具体要求①。

2013年,十八届三中全会发布《中共中央关于全面深化改革若干重大问题的决定》,我国国有企业改革进入了新一轮"深化改革"阶段。其中,积极发展混合所有制经济,准确界定不同国有企业功能和实施分类改革,健全法人治理结构和完善现代企业制度,以管资本为主完善国有资产监管体制,以及国有资本经营预算制度,优化国有经济的布局和结构等一系列国有企业改革的战略方案被提上日程。

2014年初,为了贯彻党的十八届三中全会精神,国务院国资委就加强中央企业价值管理发布了《关于以经济增加值为核心加强中央企业价值管理的指导意见》(国资发综合〔2014〕8号),基于国家股东价值最大化并统筹兼顾相关方利益的目标定位,从实践角度首次明确了中央企业(或国有企业)推行价值管理的基本原则、指导思想和主要目标等价值管理要素,这是具体落实以管资本为主加强国有资产监管战略的重要举措。指导意见对构建完善中央企业价值管理体系、不断提升价值创造能力等提出了原则性的指导建议。2015年9月,《中共中央 国务院关于深化国有企业改革的指导意见》(中发〔2015〕22号,以下简称《深化改革指导意见》)公开发布,在强调完善国有资产管理体制、以管资本为主改革国有资本授权经营体制环节的政策解释

---

① 对于国企改革的重要性,2015年5月,中研普华研究员李福丽在接受《中国产经新闻》记者采访时表示,国企是国家队,国企改革必须从国企地位与使命来考虑:一是国力增强,二是国际竞争,三是国际安全,四是国家活力,五是国家稳定,六是国资增值。详见:梁文艳. 国企改革提出"1+15"体系并购潮或重现〔EB/OL〕. http://www.cien.com.cn/html1/report/15052/1373-1.htm,2015-05-25.

中,明确指出"价值管理"是实现国有资本合理流动,实现保值增值的操作模式之一①,国有企业"价值管理"得以进一步提升其政策层次。

与之相关,国企分红和经济增加值考核一直是近十年来两个备受关注的主题。因而,在兼顾国企分红、经济增加值考核等政策落实的同时,如何构建、完善国有企业价值管理体系,提升国有企业价值创造能力是当前一段时期国有企业深化改革面临的重要课题之一。

从国企分红的制度背景来看,宏观方面,国有资本经营预算以及国有资本收益收取体系框架的基本建立,将有助于国有经济布局和结构的战略性调整,从而推进国有资本"有进有退",这是国有企业改革的重要目标之一。微观方面,国家如何参与国有企业收益(或利润)分配,一直是各国政府依赖所掌握的国家股权对国有企业实施管理和控制的重要形式,国企分红毫无疑问又是一个股利分配问题。

自Lintner(1956)、Miller和Modigliani(1961)等开创股利政策的研究,该领域的相关研究已经经历了近60多年。这60多年内,中西方股利分配的研究成果众多,观点各异,但研究的主题和试图回答的基本问题并没有发生根本性的改变,即公司的价值是否会随股利支付水平的变化而变化,如果股利政策对公司价值有影响,那么又有哪些因素决定了最佳的股利支付水平,从而使得公司价值最大且资本成本最小②。其中,就可持续增长观念下的分红政策而言,Higgins(1977)和Van Horne(1988)是典型的代表,他们分别构建了财务可持续增长模型,并提出了以股利分配作为平衡增长手段的思想。另外,Higgins在1974就提出"增长、股利政策与资本成本是许多现代估价与规制理论(Regulatory Theory)的核心"③。因此,依据现代股利理论以及国有企业分红实践,以股东价值最大化为目标,如何坚持资本成本约束和财务可持续发展的观念,设计科学完善的国有企业分红机制,也是贯彻现代财务管理理念的一种体现。

另外,现行央企的经济增加值考核体系在经历了试行、全面推行阶段之后,目前已经进入深化实施阶段。在此阶段,国资委明确要求深化经济增加

---

① 根据《深化改革指导意见》,为实现国有资本合理流动,实现保值增值,主要的操作模式还包括"股权运作"和"有序进退"。

② Megginson W. L. Corporate Finance Theory [M]. New Jersey: Pearson Education Limited,1997. 中文版参见:威廉·L. 麦金森. 公司财务理论 [M]. 刘明辉主译. 大连:东北财经大学出版社,2002:361-367.

③ Higgins R. C. Growth, Dividend Policy and Capital Costs in the Electric Utility Industry [J]. Journal of Finance,1974(4):1189-1201.

值考核，优化资源配置，提升以经济增加值为核心的价值管理水平，促进中央企业转型升级，增强核心竞争能力，加快实现做强做优、科学发展。以经济增加值为基础的价值管理其基本理念在于以价值最大化为目标，树立资本成本补偿意识，以经济增加值管理理念、管理决策和流程再造为重点，通过价值诊断、管理提升、考核激励、监测控制等管理流程的制度化、工具化，对影响企业价值的相关因素进行控制的全过程管理，最终使央企考核步入以价值创造、可持续发展为导向的轨道。

需要明确的是，"国企分红"制度是由财政部主导的国有资本经营预算体系的一部分，但具体到如何在执行的同时，又能保持利润上缴与可持续发展资金需求之间的平衡，则是作为央企（或国有企业）出资人代表[①]的国资委理所应当考虑的问题。相对而言，经济增加值考核制度的引入与推行，是作为央企（或国有企业）出资人代表的国资委主动推行的一项制度措施，更多带有"自发"的成分。但无论这两项制度体系的出台背景存在什么差异，"国企分红"与"经济增加值考核"均凸显了"资本成本约束""可持续增长"的要求，并指向国家股东财富最大化与价值创造的目标。基于此，从国有企业微观市场主体的角度，无论制度与考核来源于哪个政府监督部门或管理部门，在考虑这两个因素的前提下，如何以"资本成本约束"和"可持续增长"为纽带实现"国企分红"与"经济增加值考核"两种机制的成功对接，从而促进国有企业的价值创造能力、提升国有企业的发展质量和实现国有企业的可持续发展，应该是推动国有企业深化改革工作必须面临的重要课题。

1.2 研究意义

1.2.1 理论意义

理论上来说，国企分红是股利分配领域的研究主题，而经济增加值考核

[①] 尽管有学者（顾功耘、胡改蓉，2014）对现行国有资本管理体制中国资委"出资人代表"和"监管者"的双重身份定位提出质疑，但需要说明的是，2015年9月，《中共中央 国务院关于深化国有企业改革的指导意见》（中发〔2015〕22号）公开发布，《深化改革指导意见》明确强调，国有资产监管机构要准确把握依法履行出资人职责的定位，科学界定国有资产出资人监管的边界。

则属于业绩评价的范畴，但如果从股东财富最大化理财目标的满足而言，二者均与价值创造活动密不可分。本书以国家股东财富最大化为理财目标，以价值创造为导向，充分考虑国家股东要求报酬率（国家股权资本成本）的满足以及国有企业财务可持续增长能力的维持，在资本成本以及可持续增长率估算的基础上构建国有企业可持续分红机制，对国有企业分红现状及存在的问题进行分析。以此为基础，本书将国有企业可持续分红比例估算与 EVA 价值创造系统结合起来，以实现"国企分红"与"EVA 业绩考核"的对接，从而为国有企业价值管理体系的构建和完善提供一个可操作的理论框架。所以，就本书所开展的研究而言，一方面是对传统股利理论研究的延续与深化，是对分红比例估算模型研究领域的必要补充；另一方面又是对业绩评价系统与价值管理系统理论的一次尝试拓展。

1.2.2 现实意义

本书拟开展的研究，与我国国有企业改革的背景与方向密不可分，是专门针对我国国有企业改革的两个关键问题"国企分红"与"经济增加值考核"所开展的研究。

围绕国有企业分红以及 EVA 考核所构建的国有企业价值管理体系框架所进行的分析和检验的结果，将为监管部门改进和完善国有资本经营预算和实施经济增加值业绩考核评价提供相应的经验数据支持。同时，以资本成本、可持续增长为基础的价值创造导向还将有助于国有企业树立资本成本观念、注重国家股东投资回报的意识，并为监管部门进一步加强投资者利益保护的法律建设和监管方向提供建议，从而对培育资本市场长期投资理念，增强资本市场的吸引力和活力具有重要的现实意义。

1.3 研究框架与思路

基于以上有关研究背景、研究意义，以及本书关于国有企业价值管理的研究目标，本书研究的逻辑框架如图 1-1 所示。

本书研究的主体内容分为六个部分，具体为：

第 2 章，国有企业的功能、目标及行权方式。明确国有企业的功能、理

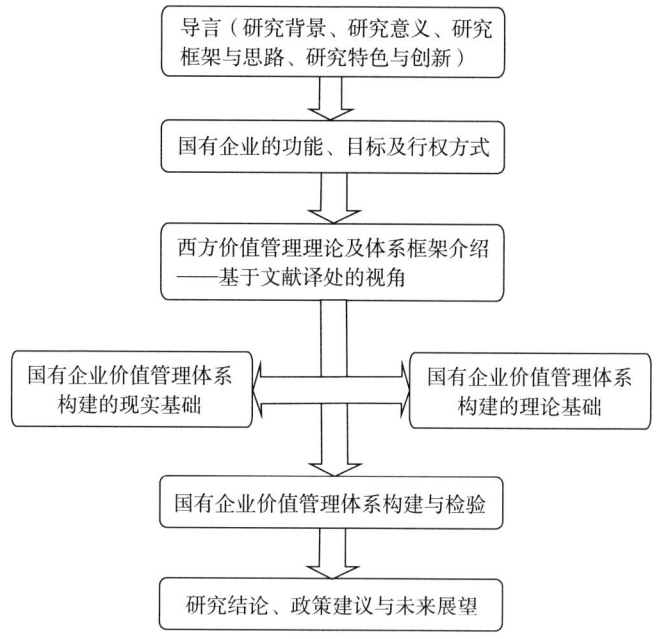

图 1-1 项目研究框架

财目标以及行权方式是进行国有企业价值管理体系构建的前提。本章将旨在通过分析，基于国有企业概念、目标定位的历史沿革，重点结合《中共中央国务院关于深化国有企业改革的指导意见》（中发〔2015〕22号）精神，深刻理解"分类推进国有企业改革"以及"以管资本为主"的新型国有资产管理体制思想，明确价值管理对于国有企业的重要意义，以及国有企业理财目标的价值追求。

第3章，西方价值管理理论及体系框架介绍——基于文献评述的视角。本章将专门对价值管理的产生、发展以及相应的体系框架进行回顾和探究，一方面可以为现行国有企业改革战略的设计提供相应的理论基础和支持，另一方面也可以为进一步具体构建、实施和完善国有企业的价值管理体系提供相应的参考与启示。

第4章，国有企业价值管理体系构建的现实基础。本章将回顾价值管理在我国理论与应用研究方面的状况，并梳理国企分红、经济增加值考核等与国有企业价值管理构建相关的制度背景，从而为进一步综合全面地兼顾相关因素，构建科学完善的国有企业价值管理体系打下基础。

第5章，国有企业价值管理体系构建的理论基础。本章将系统回顾资本成本理论、可持续增长理论、股利分配理论以及经济增加值理论，并以此为基础梳理相关理论之间的内在联系，为构建国有企业价值管理体系提供相应的理论基础。

第6章，国有企业价值管理体系构建与检验。本章将以资本成本为约束和纽带，将国企分红、经济增加值考核等国有企业理财活动融入国有企业价值管理活动中，理清资本成本、可持续分红以及国有企业价值创造之间的内在机理，尝试构建并完善国有企业价值管理的体系框架。在此基础上，对2010~2016年纳入中央国有资本经营预算实施范围的央企，选取资源型和一般性竞争领域央企控股的上市公司为样本进行实证分析和检验。

第7章，研究结论、政策建议与未来展望。本章将回顾和总结以上研究，结合国有企业价值管理理论分析、体系构建及实证检验，总结研究结论、提出政策建议以及正视研究的局限性，并提出项目在未来的进一步研究方向。

1.4 研究特色与创新

本书通过明确国有企业功能、目标及行权方式，回顾和探究价值管理的产生、发展以及相应的体系框架，分析国有企业价值管理体系构建的现实和理论基础，尝试构建并检验国有企业价值管理体系，本书研究的特色和创新在于：

第一，本书通过梳理相关理论，将资本成本、可持续增长以及股利分配等理论结合起来，构建了可持续分红比例估算模型，在此基础上发现基于国家强制或半强制分红政策下的目标分红比例，在维持既定可持续增长能力的前提下，会对留存收益再投资报酬率（即股东权益报酬率）形成一种倒逼机制，从而使得留存收益再投资报酬率（即股东权益报酬率）按照有利于股东价值创造的方向去改善提高。本书发现是相关研究领域特别是股利分配研究领域的一次创新。

第二，本书以资本成本、可持续增长约束为纽带，将"国有分红"与"经济增加值考核"结合起来，构建并检验了国有企业价值管理体系框架。研究发现，国有企业价值管理体系实质上是相关理论相互作用机理下形成的以资本成本、可持续增长为约束，以股利分配为资源配置手段，以价值创造为最终目标的一种系统。本书的研究发现是对国有企业改革相关政策理论化、系统化的一次凝练和提升。

2

国有企业的功能、目标及行权方式

从世界范围来看,各个国家和主体对国有企业的功能及目标定位各不相同,这在一定程度上反映了各个国家政治、意识形态动机及经济动机的差异(汪平等,2008)。目前,我国国有企业改革的重点领域已经步入"深水区"[①],李克强总理在十二届全国人大三次会议所作的政府工作报告中谈及国企改革时明确要求,要在"准确界定不同国有企业功能"的基础上"分类推进改革",进一步"加强国有资产监管,防止国有资产流失,切实提高国有企业的经营效益"。因此,明确国有企业的功能、理财目标以及行权方式是进行国有企业价值管理体系构建的前提。

2.1 国有企业的界定

严格意义上来说,准确地界定"国有企业"存在一定的困难,这种困难一方面来源于"国有企业"所处国家或地区已有的政治、经济体制环境的差异,不同的政治和经济体制环境对"国有企业"功能及目标有不同的定位;另一方面界定的困难还来源于不同主体对"国有企业"治理理念的不同。从已有的相关资料来看,仅"国有企业"的名称[②],在西方就有许多不同的称谓,如政府企业(Government Enterprise)、政府公司(Government Corporations)、国营企业(State Enterprise)、国家主办企业(State-Sponsored Enterprise)、国有化企业(Nationalized Industries)、国有公司(State-Owned Company)以及公营企业(Public Enterprise)等。尽管在具体的界定内涵、口径上存在差异[③],但伍伯麟和席春迎(1997)的研究认为,上述概念或称谓均可以看作是"国有企业"的同义词。依据现有的资料和统计,关于国有企业的

[①] 2013年11月12日中国共产党第十八届中央委员会第三次全体会议通过的《中共中央关于全面深化改革若干重大问题的决定》指出,"当前,我国发展进入新阶段,改革进入攻坚期和深水区"。

[②] 严格来讲,我们在此称"国有企业"这种组织或主体为"国有企业",本身也是基于比较"自我"的立场。就"国有企业"这个名称而言,首次出现是在1992年9月28日,在"中共中央、国务院关于认真贯彻执行《全民所有制工业企业转换经营机制条例》的通知"中,提到了"搞好国有大中型企业"的改革思路。从此,"国有企业"在正式文件中开始规范使用。事实上,在此之前,大约有43年(1949~1992年)的时间一致沿用"国营企业"的称谓。

[③] 比如公营企业(Public Enterprise),它往往比通常意义上的"国有企业(State-Owned Enterprise)"的内涵更加广泛,其中还包括政府不拥有所有权但可以用特殊的(指非针对一般企业的)法律规范对其施加支配性影响的企业。美国联邦政府公司(FGC)中就包括这一类企业。

概念界定大致可以区分为学术界定、国际性政治或经济组织界定以及国家主体界定三类进行说明。

2.1.1 学术界定

"国有企业"的学术界定①，可以通过西方较为权威的经济学辞典关于"国有企业"的描述加以对比和了解②。具体如表2-1所示。

表2-1　西方国有企业的学术界定

来源	国有企业的界定（或概念）	概念特点及评价
《新帕尔格雷夫经济学大辞典》（约翰·伊特韦尔等）	由政府代理人所有、控制或经营的企业，分成国有"自然垄断"企业和国有"竞争性"企业两类③	在明确国有企业管理和经营中委托代理关系存在的同时，还重点突出了政府对国有企业的控制和经营，并进行了分类
《现代经济学辞典》（戴维·皮尔斯）	用市场方式生产向消费者和别的生产者销售的产品，但是由政府所有并且受政府控制的企业	强调国有企业的"市场性"，"有别于政府服务机构"，也"有别于政府在私人企业中有股份"的企业，但其定义的国有企业的范围较小

资料来源：根据汪平等（2008）的研究资料整理。

从表2-1两部经济学辞典有关"国有企业"的界定来看，均突出了政府当局对国有企业的"所有"和"控制"，其中《新帕尔格雷夫经济学大辞典》肯定了委托代理关系的存在，并指出政府只是公众的代理人，正视了国有企业治理或管理过程中客观存在的代理链条及可能产生的代理问题。然而戴维·皮尔斯的《现代经济学辞典》中关于"国有企业"的界定范围过于狭

---

① 从严格意义上来说，学术界定应该是国内外学者从自身研究的角度对国有企业的相关界定及观点，但由于具体到不同的学者，界定的概念并不能得到较为一致的认同，所以本书在此仅以较为权威的两部辞典关于"国有企业"的条目解释以列示。

② 例如，在《新帕尔格雷夫经济学大辞典》的中文版序言中，编译者认为其前身《政治经济学辞典》（*Dictionary of Political Economy*）与同时代法文的《新政治经济学辞典》（*Nouveau Dictionaries' Economic Politique*）以及德文的《国家学辞典》（*Hand Worterbuch der Staatswissenschaften*）在19世纪和20世纪之交成为分庭抗礼的"权威性"的经济和政治辞书巨著。

③ 《新帕尔格雷夫经济学大辞典》没有专门的"国有企业"辞目，本书有关国有企业的界定来源于其"国有化"（Nationalization）辞目的概括。详见：约翰·伊特韦尔等. 新帕尔格雷夫经济学大辞典［M］. 北京：经济科学出版社，1996：638-640.

窄，偏重于突出国有企业"市场化"的一面，可以看作是对"国有企业"的一种狭义界定。

2.1.2 国际性政治（或经济）组织的界定

此外，国际上有代表性的一些政治（或经济）组织也在不同时期对"国有企业"进行过相应的界定，具体如表2-2所示。

表2-2 不同政治（或经济）组织对国有企业的界定

国家或组织名称	国有企业的界定（或概念）	概念特点及评价
联合国	公共所有或受公共控制的公共服务的有限公司，或者是大型非股份有限单位但把其大多数商品出售给公众的企业	强调国有企业的"公共性"
欧洲经济共同体	政府当局可以凭借它对企业的所有权、控股权或管理条例，对其施加直接或间接支配性影响的企业	重点强调"支配性影响"，有点过于简单
国际货币基金组织	发达资本主义国家的国有企业主要分为三种类型①：第一类是国营企业（State Enterprises）；第二类是国家主办企业（State-sponsored Enterprises）；第三类是国控企业（State-owned Enterprises）	依照国有企业的性质和目标，分类界定和管理
世界银行	由政府拥有或控制的经济实体，它们从出售商品服务中得到收益，……政府通过其所有权权益控制企业的经营。具体包括：政府部门直接经营或控制的企业，政府直接间接控制的企业以及政府持有少量股份但能够有效控制的企业	概念侧重于政府通过所有权对国有企业的"有效"控制
经济合作与发展组织	占有全部、多数所有权或重要的少数所有权由国家掌握控制权的企业	突出"所有权"，并强调国家实际控制的权利

资料来源：根据汪平等（2008）的研究资料汇总整理。

在以上各政治或经济组织关于国有企业的界定中，可以发现相关描述往往与该组织的设立或服务宗旨存在密切关系，因此大多具有一定的片面性或

---

① 其中，第一类国有企业大多与国计民生相关，由中央或地方政府直接投资经营，向社会提供公共产品；第二类国有企业是指按照特殊法律法规创办和经营的企业，这类企业可以完全归政府所有，也可通过政府以特殊方式对其实施控制；第三类国有企业是指按照公司法建立起来的国有企业，政府只保证持有足够控制的股份，这部分企业大多存在于一般竞争性领域和行业。

较强的指向性。但值得一提的是，经济合作与发展组织（Organization for Economic Cooperation and Development，OECD，简称经合组织）对"国有企业"的界定，该概念在兼顾所有权的同时，强调了国家实际控制的权利，具有一定的代表性，比较符合现有的实际。

回顾 OECD 关于"国有企业"界定的起源，与 OECD 对国有企业治理问题的持续关注密不可分。在 20 世纪 80 年代和 20 世纪 90 年代中期，OECD 国家①经历了广泛的私有化进程，但 OECD 经过调查发现，无论是 OECD 国家还是非 OECD 国家，政府仍然是商业企业的主要所有者。即使它们的重要性已经大大降低，但是在一些 OECD 国家里，国有企业仍占有 20% 的 GDP、大约 10% 的就业机会以及 40% 左右的市场资本总额②。然而一些非 OECD 国家也有大量重要的国有部门，在某些情况下它们决定着经济的未来。在许多方面，这些国家正在对国有企业的组织和管理进行改革，同时也在寻求 OECD 的经验来指导改革。在此背景下，OECD 的"私有化网络"和它非常重要的支持者"私有化顾问小组"（The Advisory Group on Privatization，AGP）在对有关私有化的各种政策问题作了较为广泛的研究和探讨的基础上，总结了有关国有企业公司治理的最佳经验，最终于 2005 年形成了《OECD 国有企业公司治理指引》。表 2-2 中 OECD 关于"国有企业"的界定即来源于该指引。指引认为，对于国家行使重要控制权的企业，无论是全资还是占大多数股权或者少数股权，都应该被称为"国有企业"③。众所周知，根据 OECD 公约第 13 条，由于欧洲共同体委员会也参加了 OECD 的工作，OECD 成员国的范围几乎包括了西方所有的发达国家，因此这一定义无论是为 OECD 成员国还是非 OECD 成员国均提供了一个可供参照的国际标准。

2.1.3　国家主体的界定

需要说明的是，以上各种政治或经济组织关于国有企业的界定，严格意

---

① OECD 成立于 1961 年 9 月 30 日，其初始成员国包括奥地利、比利时、加拿大、丹麦、法国、德国、希腊、冰岛、爱尔兰、意大利、卢森堡、荷兰、挪威、葡萄牙、西班牙、瑞典、瑞士、土耳其、英国和美国 20 个国家，自 20 世纪 60 年代以后，陆续有日本、芬兰等国家在不同时期先后加入。截至 2018 年，OECD 成员国有 36 个。

② 数据是针对 20 世纪 80 年代和 20 世纪 90 年代期间的统计。详见：OECD. OECD 国有企业公司治理指引［M］. 李兆熙译. 北京：中国财政经济出版社，2005.

③ 指引主要是为了简化起见，才统一使用"国有企业"的概念。因为确切而言，如果有些企业国家或政府仅占有少数股权是不应该称为"国有企业"的。但我们也可以发现，指引在界定国有企业方面，把国家是否行使了重要"控制权"放在首位，突出了"实质控制"的重要性。

义上对其各成员国是不具有约束力的①。所以实践中,各个国家又结合自身的国有企业改革实际对国有企业进行了相应的界定。典型西方国家关于国有企业的概念界定如表2-3所示。

表2-3 典型国家关于国有企业的概念界定

国家名称	国有企业的概念及范围界定
美国	指企业全部资产归国家所有并由国家经营管理的企业。在联邦政府直接控制的企业中,有一部分虽然采用企业经营管理制度,但不以营利为目的,不实行自负盈亏,而是本着效率优先、兼顾公平的原则,成为推动区域经济发展的独立组织形式,以利于解决全国经济发展过程中的社会职能及地区差异问题
加拿大	国有企业是公共企业②的一部分,是政府占有企业资产100%的企业。加拿大的国有企业主要分布在基础性和公益性企业,需要特殊保护的国防工业等领域,私人企业不易经营和不愿经营的领域以及风险大的新兴工业及一些重要经济部门的骨干企业
英国	凡企业的董事会成员由内阁各相应大臣任命,其报告和账目由国有化工业特别委员会进行检查,年度收入不能全部或不能主要依靠国会提供和财政部门补贴的企业,均称为国有企业
日本	为公共所有或支配,依据公司法及其他公法拥有法人资格的公共性企业
法国	必须满足所有权的公有性、具有独立的法人地位、从事工商经营三个条件的企业才称为国有企业
比利时	所有从事经济活动而且其资本大部分属公共管理部门所有,或者由公共管理部门授予特殊权力,或者经营活动在相当程度上自主,具有或不具有法人资格的所有企业
瑞典、芬兰等	国有资本占企业资本51%以上的所有企业

资料来源:根据汪平等(2008)的研究资料汇总整理。

可以看出,国外学术界、有关政治(或经济)组织以及各国政府对国有企业的界定各有其侧重点,反映了国有企业的概念界定往往与各相关主体特定的政治、经济动机密切相关,而且具有一定的时效性和意识形态特征。就我国国有企业概念界定而言,伴随着国有企业改革的不同阶段和目标以及产

---

① 比如,OECD对国有企业公司治理指引的定位是"不具约束力的治理指引和最佳实践方案总结"。详见:OECD. OECD国有企业公司治理指引 [M]. 李兆熙译. 北京:中国财政经济出版社,2005.

② 加拿大的公共企业,主要包括两部分,一部分是政府占有企业资产100%的"皇冠企业",即国有企业;另一部分是所谓的"混合企业",即政府与私人联合持股。公共企业被认为是加拿大政府实现其有关社会经济发展政策目标的一种手段。

权观念的变化,其内涵也在不断地发生变化(张国有,2014),严格来说并没有一个统一的界定标准。比如,有些概念界定偏向于从经济学角度,把国有企业看作是一种政府参与和干预经济的工具与手段,是政府针对出现或可能出现的市场失效问题而代表公众利益所采取的诸多政策举措的一种(黄速建、余菁,2006)。但这种观点过分强调了"国有企业"被政府掌控的特性,而忽略了其自身的"自主性",与现实存在脱节之处。但反过来,如果过分强调其作为市场主体"自主性"的一面,则将会走向另一个极端。

至此,在如何界定和理解我国国有企业方面,本书的看法是:首先,国家(或政府)对国有企业的资产拥有控制权,这是基于国家股东角度"所有权"的体现,或者说是国家股东意志的体现;其次,从不同时期国民经济统计指标口径的角度,也许更容易把握其特定的范围和内涵,从而也便于初步解决"国有企业是什么"的问题。此外还应该认识到,国有企业自其产生起,便承载着"公共性""所有权""控制权""自主性""市场性"以及"营利性"等多种相互关联或矛盾的特质,这些特质在不同国有企业的呈现程度各不相同,从而也使得获取一个准确、统一的国有企业概念变得异常困难。但在不同的历史阶段,根据相关统计指标的描述[①],我们总能知道"国有企业是什么"。

2.2 国有企业的功能与目标定位

2.2.1 国有企业的功能定位

应该认识到,无论如何界定国有企业,有一个前提不能忽视,那就是国有企业存在的理由或理论依据,这种存在的理由或理论依据也可以看作是对国有企业功能的界定。从世界范围内来看,国有企业创建的动机通常包括作为公共产品的提供者,以及克服系统性市场失灵和政府失灵的协调器(杨瑞

[①] 根据财政部定期发布的"全国国有及国有控股企业经济运行情况"的统计口径,如果将国有金融类企业考虑进去,国有企业即是归中央政府和地方政府所有及控股的企业。这里的"控股"按照国家统计局2001年颁布的《关于统计上国有经济控股情况的分类办法》,包括"绝对控股"和"相对控股"。

龙，2001）。徐传谌和张万成（2002）的研究总结了世界范围内国有企业客观存在的理论依据，这些理论依据包括了其能够提供公共产品、自然垄断行业的客观存在、有利于国家进行宏观调控以及有利于国家安全和实现国家战略目标等，而具体到我国，有研究认为国有企业存在的理论依据，主要是其构成了国家的经济基础，并成为主导国家产业政策的一种制度安排。张国有（2014）也在回顾我国初期阶段国有企业存在的理由时认为，国有企业可以用于调节国民经济结构、巩固和增强国家所有权的影响以及作为企业表率的存在引领社会发展等。另外，他的研究进一步指出，如果"不符合上述三个理由，国有企业就没有必要设立和存在"。2015年《深化改革指导意见》对国有企业的战略功能定位是，"国有企业属于全民所有，是推进国家现代化、保障人民共同利益的重要力量，是我们党和国家事业发展的重要物质基础和政治基础"[①]。

可见，关于国有企业的功能应该有两点基本共识。一方面，国有企业是企业，需要遵循一般企业的生存和发展逻辑，它具有一般企业的所有特征，表现在其目标是生存、获利和发展，而追逐盈利或股东财富最大化是其财务目标的集中体现，这一属性可以理解为是国有企业的"企业性"；另一方面，国有企业又承载着政府一般活动的职能和目标，如增加社会就业、提供公共产品、维持社会稳定以及执行国家产业政策等，即国有企业的"公益性"[②]。"国有企业总是具有区别于一般企业的特殊性质和特征，承担着特殊的功能和社会责任，也实行着具有显著特点的管理制度，并具有特殊的企业文化"[③]，"公益性"与"企业性"是国有企业的两个属性，以上各类相关概念界定均可以归结为是对这两个方面属性的平衡和考虑，有的概念侧重于"公益性"功能的描述，有的则偏向于"企业性"的描述。伍伯麟、席春迎（1997）曾对国有企业的概念要素进行剥离，认为不同国家或地区的国有企业在"自主性"（Autonomy）、"所有性"（Ownership）、"控制性"（Control）和"市场性"（Marketed）四个方面存在差异，而"自主性"（Autonomy）和"市场性"（Marketed）决定了国有企业的企业属性，"所有性"（Ownership）和"控制性"（Control）则决定了其公益属性。由此他们认为，这也导致了国有企业的不同分类及目标定位的争议与讨论。

[①] 引自《中共中央 国务院关于深化国有企业改革的指导意见》（中发〔2015〕22号）。
[②] 国内学者伍伯麟、席春迎（1997）的研究称为"公共性"，但目前大多数的文献中更多地在使用"公益性"。考虑到下文国有企业的相关分类，这里使用了"公益性"。总体上，兼顾行文的语言逻辑，在涉及相近含义时，本书并不做刻意区分。
[③] 金碚. 论国有企业改革再定位[J]. 中国工业经济，2010（4）：5-13.

2.2.2 国有企业的分类及目标定位

不容回避的是,在我国以往的国有企业改革过程中,更多的政策及措施是将国有企业作为一个整体进行设计和考虑,由此也导致了多年来国有企业改革过程中,常常出现"大一统""一刀切"的现象①,最终影响到国有企业的改革进程,也导致了有关"国有企业效率"的无休止争论②。所以,有学者(董辅礽,1995;杨瑞龙等,1998)认为,国有企业改革应该先将国有企业按不同性质和特点进行分类,而不是将国有企业作为一个产权单一的庞大群体来对待。

2.2.2.1 国有企业的分类

关于国有企业如何进行分类,不同的学者基于对国有企业"企业性"及"公益性"的不同考虑,分别给出了不同的分类思路。总体来看,基本分类主要遵循"两分法"和"三分法"的分类思路③。国有企业分类主要观点汇总如表2-4所示。

表2-4 国有企业分类主要观点汇总

分类标准（或依据）	基本分类	再分类	学者
根据国有企业在社会主义市场经济中的功能及其发挥的主导作用	非竞争性国有企业	①自然垄断企业 ②以社会公益为目标的企业	董辅礽（1995）
	竞争性国有企业	—	
根据国有企业的性质和市场化程度的不同	公共产品国有企业	—	杨瑞龙等（1998）
	垄断性国有企业	—	
	竞争性大中型国有企业	—	
	小型国有企业	—	

---

① 比如,与本研究相关的国企分红比例的确定以及经济增加值考核办法等。杜国用(2014)的研究也指出,国有企业改革过程中,常常按照一种模式、一个目标以及一条途径加以改革和引导,由此也造成诸多改革推进缓慢或者成效甚微。

② 国内学者王罗汉和李钢(2014)选取了不同年份41篇有关国有企业效率的研究文章,通过相关分类统计发现,2000年以前,认为国有企业效率低下的比较多(近60%),而2000年以后,认为国有企业效率高的比重在上升(接近45%)。

③ 盛毅(2014)的研究把国内目前关于国有企业的分类概括为"两分法""三分法"以及"两两分法"三类。但本书认为"两两分法"是"三分法"的进一步分类,仍旧可以归为"两分法"。

续表

分类标准（或依据）	基本分类	再分类	学者
按是否负有特殊的社会功能	特殊产业国有企业	—	金碚（1999）陈小洪（2014）
	一般产业国有企业	—	
根据国有企业提供的产品性质和国有企业的规模差异	竞争性国有企业	—	张淑敏（2000）
	不完全竞争国有企业	①非竞争性国有企业②垄断性国有企业	
根据国有企业产权性质	公共领域的国有企业	—	蓝定香（2006）
	非公共领域的国有企业	—	
根据国有企业的目标和功能	合理垄断性国有企业	①公益性国有企业②自然垄断性国有企业③稀缺资源垄断性国有企业	高明华（2013）高明华和杜雯翠（2014）
	竞争性国有企业	①目前仍旧处于行政垄断地位的国有企业②目前行政垄断较弱或较纯粹的竞争性国有企业	
根据国有企业功能	功能性国有企业	①关系国家安全、国民经济命脉的重要行业和关键领域的国有企业②提供良好公共服务的国有企业	王鸿（2014）顾功耘和胡改蓉（2014）
	竞争性国有企业	—	
根据国有企业使命和承担目标责任性质的不同	公共政策性国有企业	—	黄群慧和余菁（2014）
	特定功能性国有企业	—	
	一般商业性国有企业	—	

资料来源：根据相关研究资料汇总整理。

根据表2-4国内学者针对国有企业分类主要观点的汇总，可以发现，大部分是基于经济学理论角度的分类，而基于公共管理理论以及管理学角度的偏少。总体上看各种分类没有本质差异，主要的差异来自不同学者对国有企业功能、目标、使命以及在市场竞争中的地位有不同的理解，并由此在分类的称谓上有所不同。这些分类一方面在一定程度上是对前述"自主性"（Autonomy）、"所有性"（Ownership）、"控制性"（Control）和"市场性"（Marketed）国有企业四个方面特质的综合反映，另一方面也是对国有企业"公益性"以及"市场性"功能的一种认同和平衡。比如，无论是"两分法"还是"三分法"对国有企业"公益性"功能的认同是基本一致的，但具体涉及"自然垄断性国有企业"的公益功能程度的认识上有分歧，所以就出现了不同的分类方法。另外，某些分类是基于实践中管理的需要所进行的分类（如按国有企业所处产业所进行的分类），比较适合经济管理的需要，但比较微观，不适合国有企业的战略管理。

在以上相关观点的基础上，我们主张应该有以下五点共识：第一，国有企业依据功能进行分类监管的方向是对的，宏观上是推进国有企业深化改革的关键环节。第二，由于国有企业承担多重的功能和目标，不同的国有企业所承载的"公益性"和"市场性"功能程度有差异，过于简单或者过于复杂的分类均不是可取的方式。我们主张可以采取多级分类的方式，首先在一级分类上，我们倾向于"两分法"，比如，董辅礽（1995）的观点，其次再进行二级的分类。第三，在大类划分的基础上，应进一步明确每一类别所涵盖的国有企业范围或领域，以便于加强监督和管理。第四，从法制完善的角度，对国有企业进行科学分类，在厘清不同国有企业类型归属的基础上，需要尽快同步推进针对不同类型国有企业的相关法律制度的设计（顾功耘、胡改蓉，2014）。第五，国有企业的分类是明确国有企业目标的前提，也是进一步明确国有企业理财目标以及构建国有企业分类绩效评价和价值管理体系的前提。

具体到本书的研究主题，值得一提的是，国资委已在2013年就如何进行国有企业的科学分类和有效考核提出了区分企业的不同性质，按政策性业务和经营性业务实施不同的分类考核政策的初步思路[①]。本书认为，按政策性业务和经营性业务的权重不同分别实施不同的考核政策，实质上即是对国有企业依据"公益性"和"市场性"功能进行分类方向在微观财务领域的直接体现。但是由于我国国有企业遍布多个行业和领域，其功能及承载的职能及其复杂化和多元化，这使得将国有企业作为一个整体来进行管理、控制、分配和考核的局面可能仍要持续一段时间，因而本书以下的相关研究在很大程度上仍是就"国有企业"这个整体展开的，在很多环节并不做严格区分。

---

① 具体参见黄淑和2013年12月29日在中央企业负责人经营业绩考核工作会议上的讲话《深入贯彻落实十八届三中全会精神，以管资本为主深化中央企业业绩考核》。

2.2.2.2 国有企业的目标

如果把国有企业的治理看作是一个系统的话，国有企业的目标则是系统运行所期望达到的结果①。如前所述，国有企业的目标定位与国有企业的分类密切相关，是国有企业"公益性"与"市场性"功能的具体体现。首先，从国有企业"公益"属性来看，其承载一些特定的公共政策和社会目标，这就要求其不能以盈利为目标或不能以盈利目标为主，而从国家投资赋予国有企业的"企业"属性来看，它具有一般企业的特征，因而追逐盈利或者价值最大化是其财务目标的集中体现。那么具体到某一国有企业而言，"公益性"与"企业性"的属性则使得其目标必然是多元化和复杂化的，甚至有些目标之间存在着矛盾和冲突（伍伯麟、席春迎，1997）。

此外，基于委托代理理论的角度，国有企业存在着多层委托代理关系，从而形成了一个较长的代理链条。在此代理链条上涉及国家（或政府）相关部门、国有资产的监管部门、国有企业的董事会以及经理层等多个主体。应该认识到，首先，"从契约论的观点来看，政府是一个没有生命的无机体，本身没有目标、行为，所谓的政府目标、行为只不过是组成政府的个人目标、行为的总体表现罢了"②，因此，同一层级多个代理主体的目标是多元化的。再加上国有企业存在多级委托代理的层级，这必然导致不同层级、不同主体在对国有企业目标施加影响的过程中进行相互博弈和协调，这在一定程度上造成了国有企业目标的扭曲。

因而，综合起来，基于国有企业存在的理论依据及功能定位，国有企业既有"公共性"的目标取向，又有面向市场、通过竞争实现盈利的目标取向。然而多级委托代理关系的存在，以及那些由政府、企业各自的契约结构决定的不同委托代理主体的目标冲突更加剧了国有企业目标的复杂性与矛盾性。国内学者芮明杰（2002）认为，"国有企业包括三种行动主体的理性，即政府理性、经营者理性和职工理性……这就形成了国有企业目标函数中相互矛盾的方面：一方面追求效用和利益最大化，另一方面追求综合社会福利最大化。因此，企业对利润最大化目标的追求通常受到它对综合福利最大化目标的约束，这就使得不同理性行为者共同作用的结果可能并不一定符合企业本身的

---

① 严格来说，国有企业目标与国有企业的理财目标是两个不同的概念，但以往的大部分文献在探讨国有企业目标时并没有将其与国有企业的理财目标进行区分，甚至是把理财目标作为国有企业目标的一种替代。本书在此也不做严格区分。

② 杨瑞龙.国有企业治理结构创新的经济学分析［M］.北京：中国人民大学出版社，2001：105.

理性选择"①。所以 OECD（2005）认为，国有企业存在多重的和矛盾的目标，这些目标包括了避免市场扭曲和追求获利能力，国有企业的目标设置事实上是"（国家）股东价值、公共服务，甚至就业保障之间的权衡"②。

然而具体到如何"权衡"这些目标冲突，国内外已有的研究提供了两个主要的解决思路：一方面在国有企业分类基础（如依据产业或功能等）上，针对不同类型的国有企业进行相关目标重要性程度的对比或优先次序排序，并得出了一些有价值的结论（见表2-5、表2-6）；另一方面的思路是，集中于从委托代理的角度讨论如何借助于提高国有企业市场化程度，协调不同主体目标的矛盾冲突，进行适当的激励机制设计，提高监督的有效性，从而降低委托代理关系中的机会主义倾向，使得两类目标趋于一致，由此构成了通常意义上现代公司治理的主要内容。

表2-5 国有企业在不同产业中各类目标的相对重要性

产业 目标	公用事业	基础设施	制造业	商业
利润最大化	0.253	0.267	0.260	0.400*
亏损最小化	0.262	0.250	0.269	0.250
成本最小化	0.272*	0.250	0.333*	0.261
销售极大化	0.264	0.267	0.265	0.259
生产能力利用最大化	0.255	0.263	0.353*	0.286*
增长（新产品、新市场）	0.259	0.256	0.265	0.286*
满足服务需求	0.262	0.250	0.252	0.250
改进产品或服务质量	0.255	0.250	0.253	0.270
增进对国家或社会服务	0.272*	0.400*	0.250	0.264
改进企业形象	0.259	0.286*	0.252	0.261
管理现代化	0.272*	0.286*	0.262	0.261
环境保护	0.250	0.250	0.250	0.250
技术创新	0.250	0.267	0.252	0.250

注：* $p<0.10$。
资料来源：Taieb Hafsi. Strategic Issue in State Controlled Enterprise [M]. JAT Press Ltd.，1989：61. 转引自：伍伯麟，席春迎. 西方国有经济研究 [M]. 北京：高等教育出版社，1997：32.

---

① 芮明杰. 国有企业战略性改组 [M]. 上海：上海财经大学出版社，2002：49.
② OECD. OECD国有企业公司治理指引 [M]. 李兆熙译. 北京：中国财政经济出版社，2005：8.

表 2-6　我国不同领域国有企业的目标定位

目标定位＼产业类型	竞争性行业	垄断性较强的行业	垄断行业
以利润最大化为目标	家用电器、卷烟	汽车制造、航空运输	黄金开采
以公益目标为主	医院、学校	公共交通	邮政、航天
兼顾公益目标	新闻、出版	石油、电信	铁路、电网、港口

资料来源：根据金碚（2002）的研究进行整理。详见：金碚. 国有企业根本改革论［M］. 北京：北京出版社，2002：29.

如前所述，目前国内关于国有企业的大类划分基本趋于一致，倾向于结合"公益"属性和"市场"属性，将国有企业划分为"非竞争（或公益性）国有企业"和"竞争性（或营利性）国有企业"两大类[①]，但关于国有企业目标的设置争议较大，主要的问题是：公益性国有企业是否需要兼顾保值增值，是否也要有盈利目标；营利性国有企业是否也需要兼顾公益性的目标等。这种关于国有企业目标是否应该多元化的争论，又反过来影响到国有企业的分类。

目前，比较普遍的一种看法是先对国有企业进行功能分类，然后再试图针对某一类国有企业定位一个"纯粹"性的目标。例如，高明华等（2014）在对国有企业进行分类（见表 2-4）的基础上认为，"公益性国有企业"应追求强制性社会公共目标，而（合理）垄断性国有企业（含自然垄断性和稀缺资源垄断性国有企业），可以在追求社会公共目标的同时追求一定的经济目标，但这种经济目标主要还是为实现社会目标服务的；而竞争性国有企业，以追求利润最大化为首要目标，不应该有任何强制性社会公共目标。但是，我们的看法是，类似的观点过于偏颇，而且追求利润最大化也不符合现代公司理财目标的主流。因为从表 2-5 和表 2-6 的列示内容可以看出，国有企业目标的多重性和复杂性是客观存在的，而试图针对一家国有企业赋予一个"纯粹"的"社会目标"或是"盈利目标"似乎是不太现实的做法。换句话来说，国有企业的目标本身就是一个平衡、兼顾的结果。

2.2.2.3　争议的中止与平衡

值得关注的是，经过多年的设想和论证，2013 年党的十八届三中全会关

[①] 当然有些学者（黄群慧、余菁，2014）也建议在两类之间再增添一类"特殊国有企业"，用来反映涉及国家经济安全的行业、支柱产业和高新技术产业的企业，包括军工、石油及天然气和高新技术产业等，但观点不一，详细可参见表 2-4。

于《中共中央关于全面深化改革若干重大问题的决定》中，明确提出了要"准确界定不同国有企业功能"，以推动国有企业不断完善现代企业制度的国有企业改革战略。随后，国资委等相关国有企业监管部门也明确表示，将按照党的十八届三中全会的要求，进一步完善分类考核①。2015年9月，《深化改革指导意见》出台，长期以来有关国有企业功能分类与目标定位的争论也暂时尘埃落定。

根据《深化改革指导意见》关于"分类推进国有企业改革"的具体指导意见，国有企业分为商业类和公益类两大类，并分别按照其功能、性质的界定不同，实施分类监管与考核，具体分类及功能目标定位如表2-7所示。依据表2-7中的内容，可以发现，尽管两类国有企业的功能定位和"主要"目标不同，但两者均要承载"其他目标"以及"保值增值"的考核要求。此外，不可忽视的是，中央企业（或国有企业）遍布多个行业和领域，既有完全参与市场竞争的业务（即"企业性"），也有不少保障国民经济发展和国家安全的职能（即"公益性"），如何进行具体的科学分类，如何实施有效考核，具体到某一国有企业实际操作阶段，必然存在各类目标的平衡与兼顾。因而可以发现，《深化改革指导意见》关于国有企业功能分类与目标定位的指导意见本身也是国有企业多重功能与目标平衡的结果。

表2-7 国有企业深化改革分类意见及目标定位

一级分类	二级分类	战略与目标定位	国家股权目标	考核要求
商业类	充分竞争类*	按照市场化要求实行商业化运作，以增强国有经济活力、放大国有资本功能、实现国有资产保值增值为主要目标	国有资本可以绝对控股、相对控股，也可以参股，并着力推进整体上市	重点考核经营业绩指标、国有资产保值增值和市场竞争能力
	重大功能类**	服务国家战略、保障国家安全和国民经济运行、发展前瞻性战略性产业以及完成特殊任务，适度、有效分离不同业务板块	保持国有资本控股地位，支持非国有资本参股	在考核经营业绩指标和国有资产保值增值情况的同时，兼顾重大功能任务完成的考核

---

① 具体参见黄淑和2013年12月29日在中央企业负责人经营业绩考核工作会议上的讲话《深入贯彻落实十八届三中全会精神，以管资本为主深化中央企业业绩考核》。

续表

一级分类	二级分类	战略与目标定位	国家股权目标	考核要求
公益类	—	以保障民生、服务社会、提供公共产品和服务为主要目标，引入市场机制，提高公共服务效率和能力	可以采取国有独资形式，具备条件的也可以推行投资主体多元化，还可以通过购买服务、特许经营、委托代理等方式，鼓励非国有企业参与经营	重点考核成本控制、产品服务质量、营运效率和保障能力，有区别地考核经营业绩指标和国有资产保值增值情况，考核中要引入社会评价

注：* 指主业处于充分竞争行业和领域的商业类国有企业；** 指主业处于关系国家安全、国民经济命脉的重要行业和关键领域，主要承担重大专项任务的商业类国有企业。

资料来源：根据《中共中央 国务院关于深化国有企业改革的指导意见》（中发〔2015〕22号）整理。

基于现有《深化改革指导意见》的政策定位，从微观理财角度，本书认为：针对国有企业所承载的各类目标及其之间客观存在的冲突与矛盾，过多地讨论目标本身已经没有太大的意义，应该重点关注的是如何设计一套机制来实现国有企业所承载的这些目标，而围绕该机制的安排，一种合理的定位是：把国有企业保值增值（或营利性）目标的实现视为国有企业各类社会政策目标实现的手段，并进行科学合理的引导和监管[1]（李光贵，2009）。就我国现阶段国有企业分类改革和分类治理的战略而言，这种战略定位的基本要求是国有企业既要兼顾国有企业的公益目标，也要兼顾国有企业的保值增值（或盈利性）目标，只是不同类型国有企业在两类目标定位的侧重点及权重上有所区别。这是深化国有企业改革、做优做强国有企业的有效途径，也是国有企业改革的未来方向。同时，也为合理行使国家所有权、实现国有企业的各类目标提供了一个可操作的治理路径。

---

[1] 国内学者蒋大兴（2006）认为，公共权力的本质在于其目的而非手段，用私人的手段实现公共目的（详见：蒋大兴. 国企改革、国家所有权的法律迷思[M]//吴越. 公司治理：国企所有权与治理目标[M]. 北京：法律出版社，2006：51）。另外，吴越（2006）的研究也认为，国有企业主动承担社会责任是财富分配兼顾相关利益者的一种体现。这种机制应该是在国有企业财富首先实现最大化前提下来进行的。详见：吴越. 国企所有权四重奏与治理目标论战[M]//吴越. 公司治理：国企所有权与治理目标[M]. 北京：法律出版社，2006：29.

2.3 国家所有权的行使

从世界范围内来看，国有企业的公司治理一直是许多国家经济发展中的一个重大挑战，而国家（或政府）合理行使国家所有权，是国有企业公司治理的关键（OECD，2005）。来源于国家所有权的政府"出资人"和"监管者"的双重身份与国有企业基于"公益属性"和"企业属性"的多元化目标，使得政府与国有企业之间关系的定位非常困难。OECD 认为，国有企业往往受困于国家对所有权行使的消极和被动，或者是相反，受困于国家不适当的行政干预，这必然会造成国有企业各类受托责任的削弱。更为关键的是，国有企业公司治理的困难主要来自这样一个现实：复杂的代理链条、缺乏清晰可确认（或间接的）的主要委托人[①]。因此，理顺这一受托责任的复杂关系，促进国有企业管理层进行有效的决策和确保其承担相应的责任着实是一个有力的挑战。

2.3.1 OECD 国家所有权行权原则介绍

为了规范政府正确行使国家所有权并实现其赋予国有企业的各项职能和目标，OECD 认为，国有企业应该参考私人和公共部门的治理标准，特别是《OECD 的公司治理原则》[②]，因为这些原则大部分可以很有效地运用到国有企业，这事实上也间接地认同了国有企业的"企业属性"。为此，《OECD 国有企业公司治理指引》在吸收《OECD 公司治理原则》的基础上，专门就国家所有权的行权方式进行了总结，并形成了《OECD 国有企业公司治理指引》中关于国家所有权行权方式的原则性要求：国家应该作为一个知情的和积极的所有者行事，并应该制定出一项清楚和一致的所有权政策，确保国有企业的治理具有必要的专业化程度和有效性，并以透明和问责的方式贯彻实施[③]。

---

① 如前所述，国有企业有多重委托人，包括政府部门、全体人民和利益集团以及国有企业自身。

② 世界经济合作与发展组织（OECD）于 1999 年发布《OECD 公司治理原则》，并在实施过程中进行了大量的公开咨询活动和数次重新审核和修订。本书参照的是 2004 年 4 月 22 日获得 OECD 成员国的一致认可的版本。详见：OECD. OECD 公司治理原则（2004）[M]．张政军译．北京：中国财政经济出版社，2005．

③ OECD. OECD 国有企业公司治理指引[M]．李兆熙译．北京：中国财政经济出版社，2005：27.

具体而言,《OECD 国有企业公司治理指引》所建议的国家所有权的行权方式可以概括为以下几个方面:

(1) 国家应该以积极的态度制定清晰、稳定的所有权政策。

根据《OECD 国有企业公司治理指引》,国家所有权政策包括国家所有权的总体目标、政府在国有企业公司治理中的作用以及应该如何行使它的所有权政策等内容。通常,国家所有权政策制定的困难来源于国家作为所有者目标的多重性和相互冲突,从而使得国家对承担的所有者角色定位出现"混乱"①。因此,为了给国家承担的所有者角色进行准确定位,OECD 建议:国家应清楚地阐明自己的主要目标,如追求盈利或者避免市场扭曲等,并对这些目标的优先次序进行排序,或者在追求股东价值、公共服务、就业保障之间做好权衡。同时,还应该指明如何达到这些目标以及如何解决这些目标之间的内在冲突。

(2) 明确国家所有权的行权主体及职权。

清晰、一致的所有权政策需要有一个执行或行使主体。长期以来,国有企业治理的难点之一在于国家在商业运行过程中的"出资人"和"监管者"的双重身份,特别是当各项职能和目标被授予了相同的机构或部门时,将容易产生各项职能目标之间的混乱和利益冲突。所以,OECD 建议,所有者权力的行使应在政府行政监管部门内得到明确剥离与界定,并可以通过设立一个协调机构,或者更合适地通过一个单独的机构来集中行使所有权职能。这是明确地将国家所有权职能的行使和其他的国家行为如产业政策和管制政策等区分开的一个有效办法。在明确国家所有权的行权主体的基础上,OECD 进一步指出,国家所有权的行权主体为了更有效地履行自己的职责,应该在组织和决策方式上拥有一定的灵活性,并明确界定与其他相关的政府机构之间的关系以及其为之负责的代表机构是什么。同时,为了确保有效实施所有权职能,还应该在全资拥有或控股的国有企业里面建立良好的公司治理结构,并且能够积极参与到国有企业董事会成员的提名任命事务中。

(3) 国家应该积极、谨慎地行使所有者权利。

国家积极、谨慎地行使所有者权利首先表现在国家应该在有效的法律框架内行使其所有者权利。OECD 认为,在某些情形下,国有企业可能会有一个特殊的、与其他公司非常不同的法律地位,这种特殊的法律地位或者反映了

---

① OECD 认为,这种"混乱"源于"国家作为所有者的目标的多重性和相互冲突,使得国家要么对承担的所有者角色消极被动,要么相反,国家对那些本应由企业和治理机构做的决定干涉太多"。详见:OECD. OECD 国有企业公司治理指引 [M]. 李兆熙译. 北京:中国财政经济出版社,2005.

特殊的目标、社会福利以及对于特定的利益相关者的特别保护等社会承诺，或者反映了对所涉及的国有企业行为的严格界定。但无论如何，任何要求国有企业必须承担的特定义务，应该通过法律和法规明确规定并向公众披露。同时，政府应该设法理顺国有企业的法律地位，为在竞争性领域内活跃着的国有企业和私人公司确定一个共同的公平竞争环境。其次，国家在处理与董事会的关系方面，应该尊重董事会的工作和权威。无论如何，国家参与国有企业董事会应该被限制，以便增进他们独立判断的行事能力[1]，所有权或协调主体（即行权主体）传达给国有企业或者其董事会予以指导的能力应该限定在具有战略意义的问题和政策上[2]。此外，考虑到所有权政策的连贯性、公开性和相关利益主体对所有权政策的认同性，政府不应该参与国有企业的日常管理事务，应该放手让国有企业自主经营，以达到政府所设定的目标。为了避免过度的政治干涉或者消极的国家所有者角色，对该行权主体来说，专注于并使自己局限于有效行使所有者权力是非常重要的。因此，OECD建议，"在许多情况下，国家作为所有者，其行为应当像任何能够对一个企业作出重大影响的大股东，或者像一个明智的、积极的少数股东那样适当"[3]，并合理地行使相应的权力来保护自己的所有权和实现自身价值最大化。简单而言，行权主体的国家股股东的身份认定及按照股东身份行事是至关重要的。

2.3.2 我国国家所有权行权方式的构想

回顾我国国企改革的历程，2003年国资委的成立，标志着区别于以往的新型的国有资产管理体制的确立。十多年来，在"国资委—国有企业"的管理体制下，为规范国企监管和提升企业活力，国资委按照所有者和出资人权责利统一，管资产和管人、管事相结合的原则，积极推行股份制、公司制改革，完善法人治理结构，国有企业进入了一个迅猛发展的阶段。近年来，国有企业在稳定经济和增强国力等方面发挥了相应的作用，但同时由于委托代

---

[1] 2014年7月15日，国资委"四项改革"试点新闻发布会宣布，将在中国节能环保集团公司、新兴际华集团有限公司以及中粮集团三家央企展开中央企业董事会行使高级管理人员选聘、业绩考核和薪酬管理职权的试点。这项试点可以看作是探索完善国有企业公司法人治理结构的工作机制、尊重国有企业董事会的工作和权威的一种尝试。

[2] OECD. OECD国有企业公司治理指引 [M]. 李兆熙译. 北京：中国财政经济出版社，2005：30.

[3] OECD. OECD国有企业公司治理指引 [M]. 李兆熙译. 北京：中国财政经济出版社，2005：32.

理、管理体制、多元化目标等影响或制约因素，一些问题也逐步凸显出来，其取得的成就与其拥有的资源与改革目标仍有差距，仍存在着进一步深化国有企业改革的强烈呼声（项安波，2013），特别是在该种管理体制下，国资委"出资人"和"监管人"的双重身份导致国家所有权行权方式不明确，在一定程度上异化了国有企业行为，使得有效监督、国资保值增值和塑造企业市场主体地位以及各类目标之间的平衡变得十分困难。在此背景下，2013年十八届三中全会提出了"完善国有资产管理体制，以管资本为主加强国有资产监管，改革国有资本授权经营体制，组建若干国有资本运营公司，支持有条件的国有企业改组为国有资本投资公司""准确界定不同国有企业功能"等国有企业改革思路。2015年9月，《深化改革指导意见》对以上战略思想进行了进一步的细化分解。因此，结合以上OECD的经验及《深化改革指导意见》，关于我国国有企业国家所有权行权方式，本书有以下建议：

第一，应进一步制定更加明确、系统的国家所有权政策。尽管在十八届三中全会通过的《中共中央关于全面深化改革若干重大问题的决定》以及《深化改革指导意见》中，已初步明确了国家所有权政策的基本方针[①]，但总体看还只是框架性的政治安排（项安波，2013），应进一步借鉴先进的国有企业治理经验，明确关于国家出资和国有资本运作的国家所有权政策，使其更具指导性和可操作性，以顶层设计为深化国有企业改革奠定制度基础。完善的国家所有权政策体系要求有前瞻性和具体化的目标和机制，有服务于目标的政策体系和工具手段，有能不断改进政策设计和实施的组织保证体系。

第二，应严格执行和落实《深化改革指导意见》，区分国家所有权和政府监管的主体和职能。2015年国务院《深化改革指导意见》已经明确提出，"国有资产监管机构要准确把握依法履行出资人职责的定位，科学界定国有资产出资人监管的边界，建立监管权力清单和责任清单，实现以管企业为主向以管资本为主的转变"，以及"科学界定国有资本所有权和经营权的边界，国有资产监管机构依法对国有资本投资、运营公司和其他直接监管的企业履行出资人职责，并授权国有资本投资、运营公司对授权范围内的国有资本履行出资人职责"等指导意见，这事实上是要求重新审视和调整国有资产管理体制中政府与国有企业的关系定位，针对不同功能的国有企业以明确区分"所有权实体或协调主体（即所有权行权主体）"与"监管者"的身份差异。然

[①] 具体可参见十八届三中全会《中共中央关于全面深化改革若干重大问题的决定》中"坚持和完善基本经济制度"部分的阐述。

而进一步具体到行使国家股股东权利，承担国家股股东义务的主体，在实际操作阶段，"国有资本运营公司"或"国有资本投资公司"的主体则毫无疑问是对"所有权行权主体"的具体化和明晰化。

第三，基于国家股股东身份的认同，积极、谨慎地行使所有者权利。OECD的经验认为，国家作为所有者，其行为应当像任何能够对一个企业做出重大影响的大股东，或者像一个明智的、积极的少数股东那样适当。因而，所有权实体或协调主体（即所有权行权主体）应该严格按照所有权政策所界定的职责与权限，以管资本为主，以股权为纽带，以国家股东身份，促进国有企业积极、谨慎地平衡和实现其所承载的主要目标及其他各类目标[①]。

2.4 国企深改政策与价值管理

可以发现，长期以来，国有企业功能、分类、目标定位以及所有权行权方式一直是国有企业改革备受争议的主题。毫无疑问，这些理论界与实务界对相关问题的认知与讨论，在一定程度上也影响到国有企业改革的顶层方案设计。

回顾国有企业改革历程，自改革开放以来，宏观政策层面，国有企业先后经历了1978年党的十一届三中全会"承包经营与放权让利"、1993年党的十四届三中全会"转换经营机制，建立现代企业制度"、1995年党的十四届五中全会"转换经济增长方式'抓大放小'"和1997年党的"十五大"提出的"调整国有企业经济布局"等不同阶段，每一阶段均呈现出国有企业改革发展的时代战略特征。在此进程中，"国有企业改革发展不断取得重大进展，总体上已经同市场经济相融合，运行质量和效益明显提升，在国际国内市场竞争中涌现出一批具有核心竞争力的骨干企业，为推动经济社会发展、保障和改善民生、开拓国际市场、增强我国综合实力做出了重大贡献"[②]。但是，不可否认的是，国有企业在管理体制、运行机制和布局结构等方面还有许多不完善的地方，仍然存在一些亟待解决的突出矛盾和问题，这也使得国

---

① 国内学者顾功耘和胡改蓉（2014）研究认为，在市场经济体制下，政府针对公益类国有企业的定位是寻求政府管制与企业自治间的平衡，而对于营利性国有企业，政府应该充分尊重国有企业的自治。

② 引自《中共中央 国务院关于深化国有企业改革的指导意见》（中发〔2015〕22号）。

有企业的进一步深化改革显得紧迫而必要。

在此背景下，2013年十八届三中全会发布《中共中央关于全面深化改革若干重大问题的决定》，国有企业改革进入了新一轮"深化改革"阶段，其中积极发展混合所有制经济，准确界定不同国有企业功能和实施分类改革，健全法人治理结构和完善现代企业制度，以管资本为主完善国有资产监管体制以及国有资本经营预算制度，优化国有经济的布局和结构等一系列国有企业改革的战略方案被提上日程。2014年初，为了贯彻党的十八届三中全会精神，国务院国资委就加强中央企业价值管理发布了《关于以经济增加值为核心加强中央企业价值管理的指导意见》（国资发综合〔2014〕8号，以下简称《价值管理指导意见》），基于国家股东价值最大化并统筹兼顾相关方利益的目标定位，从实践角度首次明确了中央企业（或国有企业）推行价值管理的基本原则、指导思想和主要目标等价值管理要素，这是具体落实以管资本为主加强国有资产监管战略的重要举措。《价值管理指导意见》首次明确了国有企业的价值管理"是基于经济增加值（EVA）的价值管理"[①]。在此概念基础上，《价值管理指导意见》从经济增加值价值管理的驱动因素出发，对构建完善价值管理体系、不断提升价值创造能力等提出了原则性的指导建议。

2015年9月，《中共中央 国务院关于深化国有企业改革的指导意见》（中发〔2015〕22号，以下简称《深化改革指导意见》）公开发布。《深化改革指导意见》在明确指导思想、基本原则以及主要目标的前提下，对党的十八届三中全会（包括党的十八届四中全会）提出的各项国有企业改革方案进行了细化落实，具体就分类改革、完善现代企业制度、完善国有资产管理体制以及发展混合所有制经济等提供了清晰可行的指导意见，其中《深化改革指导意见》在强调完善国有资产管理体制、以管资本为主改革国有资本授权经营体制环节的政策解释中，明确指出"价值管理"是实现国有资本合理流动、实现保值增值的操作模式之一，"价值管理"得以进一步提升其政策层次。

需要说明的是，由于《深化改革指导意见》与《价值管理指导意见》两个文件的制定依据均是贯彻落实"十八大"精神，因而在国有企业价值管理体系构建方面的基本要求和思路方面保持了高度一致。尽管在《深化改革指导意见》中并未就如何进行价值管理进行具体的规范，但由于《价值管理指导意见》已经于2014年初由国资委发布实施，因而《深化改革指导意见》实际上是对《价值管理指导意见》的进一步肯定和认同。具体而言，从国有企

---

① 引自《关于以经济增加值为核心加强中央企业价值管理的指导意见》（国资发综合〔2014〕8号）。

业微观理财及价值管理体系构建角度，国有企业一系列不同层面的深化改革"决定""指导意见"（简称"深改政策"）提供了以下指导依据：

第一，国有企业分类改革明确了价值管理地位。根据《深化改革指导意见》关于"分类推进国有企业改革"的具体指导意见，国有企业分为商业类和公益类两大类，并分别按照其功能、性质的界定不同，实施分类监管与考核。尽管两类国有企业的功能定位和主要目标不同，但两者均有"保值增值"考核要求，是在具体指标的考核权重方面有所区别。另外，《深化改革指导意见》明确要求"通过股权运作、价值管理、有序进退，促进国有资本合理流动，实现保值增值"，因而，"价值管理"实际上成为国有企业实现"保值增值"目标的方式（或模式）之一。所以，分类改革背景下，不同国有企业仍存在价值管理的制度考核要求。

第二，"以管资本为主"的新型国有资产管理体制明确了国有企业价值管理的目标。党的十八届三中全会所确立的构建"以管资本为主"的国有资产管理体制，要求国有企业资产监管机构要依法履行出资人职责，科学界定监管边界以及所有权与经营权的边界，建立科学的国有资产授权经营机制，从而实现国有企业资本的合理流动与优化配置。可以发现，"以管资本为主"的国有资产管理体制实质上是对国家所有权行权方式的规范，是依据现代公司治理规范的要求、以国家股东的身份行使所有权的具体体现。在此基础上，以"资本""股权"为纽带，规范资本运作，提高资本回报，并要求通过"价值管理"等操作模式促进国有资本合理流动，实现保值增值。因而，国有企业监管部门基于国家股东的身份（即出资人身份）提出最低投资报酬率要求，即以国家股权资本成本来约束国有企业的经营行为，并以此明确国有企业价值管理的目标是追求股东价值最大化，并兼顾其他相关方利益的维护，是"以管资本为主"的新型国有资产管理体制的必然要求。

第三，明确了经济增加值价值管理体系为国有企业价值管理体系的实施模式。自国资委从2007年开始在部分中央企业试行经济增加值考核开始，截至2014年，经济增加值考核经历了两个任期（即2007~2009年的试行阶段和2010~2012年的全面推行阶段）的实践检验，已经成为国有企业有效推动国有企业价值创造、实现国有经济改革战略目标的重要管理工具。2014年1月20日，国务院国资委发布《价值管理指导意见》，明确中央企业建立基本完善的EVA价值管理体系模式的目标，并在《深化改革指导意见》中得以进一步明确和肯定。

第四，国有企业分红比例目标对国有企业的价值管理形成倒逼机制。党的十八届三中全会及《深化改革指导意见》均明确要完善国有资本经营预算制度，提高国有资本收益上缴公共财政比例，具体比例目标是至2020年提到30%①，更多用于保障和改善民生。这种"强制性"分红机制与明确的分红比例目标，势必对国有企业的盈利能力和价值管理活动形成一种倒逼机制。在充分考虑和平衡30%分红比例以及可持续增长资金需求的前提下，如何增强与维持国有企业的盈利能力，并进一步提升价值创造能力是国有企业EVA价值管理体系构建的一大挑战。

2.5 本章小结

准确界定不同国有企业的功能、分类及目标，是进行国有企业理财问题研究的前提。通过以上分析，就国有企业的功能而言，一方面"公益属性"使得国有企业承载着政府一般活动的职能和目标；另一方面"企业属性"又要求其遵循一般企业的生存和发展逻辑，追逐国有企业保值增值（或营利性）或股东财富最大化则是其财务目标的集中体现。国有企业的分类及目标设定实质上则是对国有企业各类功能特质的协调和平衡。尽管目前国民经济的发展战略对国有企业的分类改革提出了迫切要求，以管资本为主加强国有资产监管的思路已经提出，但可以预见的是，基于不同功能特质、目标的分类过程一定存在目标和利益的兼顾与平衡，国有资本管理体制仍处于改革与完善过程中。

因此，本书认为，就现阶段而言，针对国有企业所承载的各类目标及其之间可能的冲突与矛盾，应该把国有企业保值增值目标的实现视为国有企业各类社会政策目标实现的手段，并进行科学合理的引导和监管。进一步回到本书研究的微观财务主题，国家（或政府）对国有企业的资产拥有控制权，

---

① 需要说明的是，《中共中央关于全面深化改革若干重大问题的决定》和《中共中央 国务院关于深化国有企业改革的指导意见》（中发〔2015〕22号）两个文件中，尽管均提出"提高国有资本收益上缴公共财政比例，2020年提到30%"的目标，但具体是哪个比例提升至30%，尚存争议。具体从国有资本收益上缴来看，通常要按照"国企利润—收益上缴—公共开支"程序，这其中涉及两个比例，一个是国企分红比例，另一个是国有资本收益通过国有资本经营预算划转到公共财政预算的比例。因而，具体是哪个环节的比例提升至30%，目前存在截然不同的两种看法：一种认为，国企的分红比例，要由现在的水平提高至30%；另一种看法认为在国资经营预算的支出里，调入公共财政、补充全国社保基金的支出，占总支出比重要达到30%，但截至目前也没有明确的解释和说明。本书持第一种看法。详见：陈中小路."30%"的秘密：国企给大家"交"多少钱[EB/OL].[2014-01-19]. http://www.infzm.com/content/97393.

是基于国家股东角度"所有权"的体现,或者说是国家股东意志的体现,因而基于国家股东身份的认同,积极、谨慎地行使所有者权利,明确国有企业股东财富最大化(或股东价值最大化)理财目标①的追求,与国有企业公司治理的理念是一致的,也符合我国国有企业改革的方向,特别是符合现阶段国有企业 EVA 价值管理的理念,充分体现了对国家股股东要求报酬率的补偿观念。当然,鉴于目前关于国有企业分类改革及目标定位的热议,从学术研究的角度,本书更愿意把国家股东财富最大化(或股东价值最大化)作为本书研究的一项假设②。

尤其值得一提的是,2014 年 1 月 20 日,为全面贯彻党的十八届三中全会精神,以管资本为主加强国有资产监管,指导中央企业提升以经济增加值为核心的价值管理水平,促进中央企业转型升级,增强核心竞争能力,加快实现做强做优、科学发展,国务院国资委制定并发布了《价值管理指导意见》,指导意见明确强调要做到"价值管理与维护各方利益有机统一",既要"坚持股东价值最大化",又要统筹兼顾其他各相关方的利益,积极履行社会责任,创造和谐美好、互利共赢的社会环境。可以看出,这实质上是对中央企业(或国有企业)推行价值管理的过程中坚持"股东价值最大化"理财目标并合理兼顾相关方利益的一种制度安排。

---

① Levy 和 Sarnat(1986)曾就"企业价值最大化""股票价格最大化"及"所有者权益总价值最大化"等几种理财目标进行了专门研究,通过较为严密的数学推导,最终证明了这三种理财目标实质上都意味着股东财富最大化。转引自:余绪缨. 企业理财学 [M]. 沈阳:辽宁人民出版社,1995:28. 详见:Levy H., Sarnat M. Capital Investment and Financial Decisions [M]. UK:Prentice-Hall International,1986:432-434.

② 众所周知,开展理财问题的研究,必须要有非常明确的理财目标导向。目前,企业理财目标的理论观点仍旧处于发展过程中,国内外学者对企业应该追求什么理财目标仍旧存在争议。本书主要是基于特定的研究内容及目标,将理财目标定位为股东财富最大化(或价值最大化),因而理解为是一种假设或许更加客观。

3 西方价值管理理论及体系框架介绍
——基于文献评述的视角

"基于价值的管理（Value Based Management，VBM，以下简称价值管理）"① 是一种旨在评价、激励和支持"净值创造（the Creation of Net Worth）"的综合管理控制系统（Ameels et al.，2002）。作为目前世界范围内备受推崇的一种企业管理思想（Condon and Golstein，1998）或管理工具（Simms，2001），价值管理的理念与模式尽管还处于不断发展和创新过程中，但仍有一系列可以追溯的体系架构、实践经验可供借鉴。因此，对价值管理的产生、发展以及相应的体系框架进行回顾和探究，一方面可以为现行国有企业改革战略的设计提供相应的理论基础和支持，另一方面也可以为进一步具体构建、实施和完善国有企业的价值管理体系提供相应的参考与启示。

3.1 价值管理的产生

价值管理的思想起源和演化，与长期以来企业价值观念的逐步形成、理财目标的变化以及财务估价技术的发展密切相关。通常认为，价值管理的思想最早可以追溯到 20 世纪初 Fisher（1906）的资本价值理论。资本价值理论基于利息率对资本价值的影响，把资本价值看作是未来所有收入（All Income）的折现值，即把资本所带来的未来的现金流量按照利息率折算成现值。Fisher（1906）的研究从利息率的角度探求了资本收入与资本价值的关系，并提供了一个量化的企业价值评估模型②，从而初步奠定了资本价值评估的基础。但是，由于 Fisher 的资本价值理论是确定性条件下的一种价值评估模型，模型把企业视为能产生未来已知的、确定收益流量的投资资本，价值评估所使用的利息率（或折现率）则是与之匹配的无风险利率。然而实际的市场环境充满了不确定性，因而 Fisher 理论模型的应用在随后很长一段时间

---

① "基于价值的管理"（Value Based Management）的英文表达首次被 Taggart 等（1994）缩写为 VBM，此后便流行开来，成为价值管理的标志性表达。

② Fisher（1906）的企业价值评估公式为：CV=I+NPV。其中，CV 代表资本价值；I 代表投资；NPV 代表企业价值的净增量。详见：Fisher Irving. The Nature of Capital and Income [M]. New York：The MacMillan Company，1906.

内，由于其特定的假设前提而受到制约①，如何计量不确定条件下包含风险补偿因素的折现率成为企业价值评估的关键。值得一提的是，Fisher（1930）在其《利息理论》（The Theory of Interest）一书中系统地阐述了"分离定理（Fisher Separation Theorem）"的思想。该理论认为，资本市场产生了一个单一的利率，借贷双方在进行筹资和投资决策时均以此为依据，致使投资决策与筹资决策相分离。可以看到，Fisher 的"分离定理"认识到是资本所有权与使用权的分离形成了市场利率。在此思想下的市场利率也被后来的许多学者认为是资本成本的起源②，但当时对市场利率的理解仍没有加入风险补偿的因素，直至 Hicks（1946）将完全确定性条件扩展到了不确定性条件，其认为市场利率必须加上风险补偿因素，公司的投资决策应该以风险调整后的市场利率为标准，资本成本构成才得以完善，并被认为随公司投资项目风险水平的变化而变化③。

尽管 Hicks（1946）解决了不确定条件下资本成本风险补偿的问题，但是其观点主要还是从宏观的角度来解释资本的形成过程和经济周期的变动情况，仍然没有具体到企业资本成本的计量问题（沈艺峰、田静，1999），加上当时的理论界对企业资本结构与利息率（或资本成本）之间的关系也不明确，因而也就无法根本性地推动价值评估技术的发展，直至 1958 年，伴随着 Modigliani 和 Miller（1958）《资本成本、公司财务和投资理论》（即 MM 资本结构无关论）一文的发表，才标志着价值管理开始步入科学量化阶段，MM 理论从而也被认为是"奠定了现代企业价值理论的基础"（汪平，2005）。

MM 理论在特定假设条件下④，将一个公司的总价值描述为其预期的息税

---

① 主要是指当时的理论发展无法解决不确定性条件下的风险计量问题，所以就无法确定风险补偿后的利息率。

② 根据国内学者沈艺峰和田静（1999）的研究，那时候经济学家主要从宏观经济学的角度把资本成本理解为在完全确定性条件下的"债券的市场利率"。例如，凯恩斯（1936）曾说，"当前之实际投资量，一定会达到一点，使各类资本之边际效率，皆不超过现行利率"（转引自：凯恩斯. 就业、利息和货币通论 [M]. 北京：商务印书馆，1963：116）。

③ Hicks（1946）认为，"在正常情况下，长期利率可能超过短期利率，其差额等于风险报酬，这种报酬的功能是补偿因利率的不利变动而引起的风险"（转引自：沈艺峰，田静. 我国上市公司资本成本的定量研究 [J]. 经济研究，1999，11（7）：45-52）。另外，Modigliani 和 Miller（1958）认为，"直到最近，经济学家们才开始严肃地对待资本成本与风险的问题"（详见：弗朗哥·莫迪里阿尼，默顿·H. 米勒. 资本成本、公司财务和投资理论 [A]//卢俊. 资本结构理论研究译文集 [C]. 上海：上海人民出版社，2003：2）。

④ MM 理论的证明除了有四个基本假设条件之外，还有一些隐含的假设前提，但在不同的文献评述中对这些假设前提的概括不尽一致。比如，Megginson（1997）认为，有七个直接或间接的假设前提，而 Copeland（2003）等则认为有九项明显或暗含的假设前提。

前盈余按其适用的风险等级的折现率折现后的结果,即公司市场价值可以表示为所有证券的期望收益与平均资本成本①的比率。相应地,公司的平均资本成本被表示为所有证券的期望收益与市场价值相除的结果,有负债公司的权益成本等于无负债公司的权益成本加上一笔风险报酬。同时,MM 理论的相关命题指出,任何股票的市场价格是股权资本成本资本化其期望收益的结果。这样,在 MM 理论中,Modigliani 和 Miller(1958)将公司的平均资本成本与公司的市场价值、股权资本成本与股票的市场价格完美地结合起来。概括而言,从企业价值评估的角度,MM 理论主要解决了以往企业价值评估无法解决或较为模糊的三个关键问题:

第一,MM 理论为企业价值提供了一个明确的度量标准。价值管理的前提是明确价值的性质与构成,企业价值如果没有一个客观和明确的度量标准,价值管理的目标将无法确定,价值管理的理论体系构建也就无从谈起。但是事实上由于人们可以通过各自的立场或角度来认识和理解企业价值及其形成过程,继而在不同的价值观念基础上来构建价值管理体系模式,这无疑增加了企业价值认定和度量的复杂性(翁世淳,2010),而 MM 理论将企业价值量化为企业预期息税前盈余按与之风险程度相适合的折现率进行资本化后的结果,从而为企业价值的模糊认定提供了一个明确的度量标准,这使得"企业理论研究者们摆脱了新古典经济学将企业视为个体的局限,开始探究企业应当如何运作来增长企业价值"(翁世淳,2010)。

第二,MM 理论明确了企业价值评估的理财目标导向使企业价值最大化。由于在 20 世纪早期的资本价值评估阶段,对资本价值的认识大多是基于宏观经济学的角度来解释资本的形成过程和经济周期的变动情况(沈艺峰、田静,1999),所以早期的企业价值管理的目标与经济学中厂商利润最大化的目标假定是一致的。但是 MM 理论则以量化的方式将企业价值区分为股票市场价值和债务市场价值两个部分,引导企业价值最大化目标的追求,从而也影响和

---

① MM 理论中资本成本的计算实质上是"加权平均"的原理,但 Elliott(1980)的研究认为"加权平均"不适合 MM 理论。随后,Modigliani 和 Miller(1966)的一项研究中使用的资本成本虽然还是一个平均的概念,但已经不再是加权平均的含义,所以本书在此用"平均资本成本"的表达。另外,国内学者沈艺峰和田静(1999)的研究认为,准确而言,大致从 20 世纪 60 年代初开始,企业资本成本才开始被理解成一个"加权平均资本成本"的概念,并在当时的学术界广为流行。

决定着未来价值管理的发展方向①。

第三，MM 理论对资本成本的科学计量为企业价值评估提供了技术支持。MM 理论在 Hicks（1946）风险观念的基础上将风险补偿因素计入资本成本，使得企业价值评估得以在不确定条件下来进行，与实际市场环境保持了一致。此外，MM 理论还充分考虑了资本结构（或负债比例）对资本成本的影响，从而用"平均资本成本"来折现计量企业价值。

MM 理论之后，学术界对企业价值以及证券估价技术给予了持续的关注，并一度成为 20 世纪下半期现代理财学的研究主流②，特别是 20 世纪六七十年代，借助于资本资产估价以及相关理论的发展，资本成本估算技术得以丰富和完善，先后产生了 Sharpe（1964）的资本资产定价模型（CAPM）、Brennan（1970）的税后资本资产定价模型（After-tax CAPM）、Merton（1973）的跨期资本资产定价模型（Intertemporal CAPM）、Black 和 Scholes（1973）的期权定价模型（Black-Scholes Option Pricing Model）、Ross（1976）的套利定价理论（Arbitrage Pricing Theory，APT）等估算方法。这些针对资本成本估算技术的持续探究和"繁荣"无疑为证券价值评估提供了有力的支持，从而也为之后有关企业价值管理的研究与实践推广打下了坚实的基础，并最终促进了 20 世纪 80 年代中期以后"基于价值的管理（Value Based Manangement，VBM）"（即价值管理）理论思想的形成和应用发展③。

---

① 文献研究表明，1962 年，Friedman 提出了"股东价值理论"（The Shareholder Value Theory），股东价值最大化的理财目标开始盛行并长期占据主导地位。1984 年，Freeman 创建了"利益相关者理论"（The Stakeholder Theory），在相关学者的推动下，出现了"利益相关者福利最大化"（Maximization of Stakeholder Welfare）的观点。翁世淳（2010）研究认为，这与对企业价值最大化理财目标的理解和定位不同，在 20 世纪 90 年代以后直接导致了价值管理的两种截然不同的发展路径，即股东价值管理和利益相关者价值管理。

② 国内学者余绪缨（1995）认为，现代理财学总的来说是围绕估价问题而展开和发展的，因而资本资产估价技术的发展和运用在一定程度上是现代理财学的一个缩影和写照。另外，李常青（2001）在谈及股利政策等相关研究主题时也指出，"最初的股利政策研究都是和证券估价特别是股票估价分析联系在一起的，很少作为一个专门的研究领域引起经济学家们的注意"（转引自：李常青. 股利政策理论与实证研究 [M]. 北京：中国人民大学出版社，2001：22）。

③ 需要说明的是，基于客观的立场来回顾价值管理的发展历程，事实上可以明显感受到价值管理思想的纷繁与复杂。第一，由于价值管理具有非常鲜明的"实践性"或者"应用性"，所以很难准确地定位其形成和提出的确切时点；第二，当今"价值管理"已经发展成为一个非常庞大的"体系"或"系统"，其内涵与外延已经很难进行清晰的界定。这也使得依据什么样的脉络和线索进行梳理变得非常困难。

3.2 价值管理的发展

从已有的相关文献来看,通常的看法是,价值管理在实践中的应用发展始于20世纪80年代中期的北美和英国,与当时公司治理理论的发展背景以及盛行的并购重组浪潮①密切相关。

20世纪20年代之前,公司治理的委托代理问题并不突出。Berle和Means(1932)在《现代公司与私人财产》中指出,所有权与控制权的持续分离可能会使管理者对公司进行掠夺(即经营者控制,Management Control),这使得"两权分离"导致的代理问题日益引起各方面的重视。20世纪60年代,公司所有权和经营权的分离及经营者支配公司的状况进一步加剧,投资者无法有效地监督经理人员的行为,代理成本不断加大。20世纪70年代中期,美国拉开了有关公司治理问题讨论的序幕。Williamson(1979)发表《现代公司的治理》一文,正式提出了"公司治理"的概念。随后,Jenson和Meckling(1976)等学者提出了通过降低代理成本来实现资本所有者利益最大化(即股东价值最大化)的观点。因此,在整个20世纪90年代中期之前,强调股东利益保护的公司治理理念占据了绝对的主导地位,因而反映在公司的理财目标上,股东价值最大化成为这一阶段主流财务理论研究所依赖的假设前提(Rappaport,1986;Shleifer and Vishny,1997;Copel and et al.,1996;Van Horne,1998)。

另外,20世纪80年代中期至20世纪90年代初期,杠杆化的企业重组运动逐步兴起和推进,包括大的杠杆收购和恶意收购在内的并购浪潮不断涌现,其中成立于20世纪60年代晚期和20世纪70年代的许多大型多元化的企业集团也无法幸免。恶意收购者以机构的报表评估为基础低估公司价值,他们把股票价格视为现金流和股本收益经风险调整后的一个函数值,这样公司就变成了可以交易的商品,于是公司买卖现象频繁,许多有较好发展前景的盈利公司被收购,并购浪潮在短期内为恶意收购者们制造了一种"价值增长"的短期繁荣现象。但是这种收益毕竟不是可以长期持续的,因此在恶意收购停

---

① 通常认为,在西方的资本运营市场上有五次大的并购浪潮,其中第四次并购浪潮主要发生在20世纪80年代,高峰期为1985~1990年,这次浪潮中超级兼并成为主流。

顿期间，经营不善公司的投资者们要求公司管理层运用价值管理的理念和工具来提高管理效率，大量的公司开始应用价值管理体系来改善公司的运营现状，力图为公司的股东创造价值。在此阶段，奉行股东价值最大化的价值管理理念和方法先后被麦肯锡顾问公司（McKinsey & Compony）以及波士顿咨询公司（Boston Consulting Group）等财务规划和咨询公司明确提出并加以推广应用，从而也标志着价值管理理论的正式形成（唐勇军，2007）。

之后，一些实施价值管理并积累成功经验的典型公司，如美国的可口可乐公司以及英国的劳合银行等引领了价值管理理念在世界范围内的推广。20世纪90年代中期，价值管理开始登陆欧洲大陆，20世纪90年代末期开始在亚洲出现①。INSEAD②（2001）曾对1999年年收入在20亿美元以上并实施价值管理的1862家企业进行了为期两年的深入调研，报告中有关价值管理公司的地理分布情况如图3-1所示。

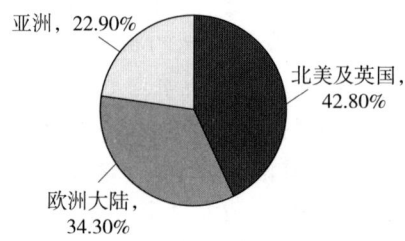

图3-1 价值管理公司的地理分布

资料来源：国务院国有资产监督管理委员会业绩考核局，毕博管理咨询有限公司. 企业价值创造之路——经济增加值业绩考核操作实务［M］. 北京：经济科学出版社，2009：102.

从以上价值管理在20世纪下半期以来的发展过程来看，价值管理理论及实践的发展受到了公司治理理论、证券估价理论等发展水平的影响。在这一阶段，基于股东至上的公司治理理念，无论是理论界还是实务界均倡导和奉行股东价值最大化为主的价值管理导向，从而使得价值管理的概念、模式以

---

① 详见：国务院国有资产监督管理委员会业绩考核局，毕博管理咨询有限公司. 企业价值创造之路——经济增加值业绩考核操作实务［M］. 北京：经济科学出版社，2009：102.

② INSEAD是欧洲工商管理学院的缩写，也叫英士国际商学院，是世界一流、规模最大的研究生商学院之一。Haspeslagh等（2001）对INSEAD的调查进行了整理汇总，并将结果发表在2001年的《哈佛商业评论》上。详见：Haspeslagh P., Noda T., Boulos F. Getting the Value out of Value-based Management［J］. Harvard Business Review Research Report, 2001. 或者 Boulos F., Haspeslagh P. C., Noda T. Getting the Value out of Value-based Management: Findings from a Global Survey on Best Practices［M］. Boston: Harvard Business School Publishing Corporation, 2001.

及驱动因素等价值管理体系要素得以较为全面地发展。

3.2.1 价值管理的概念界定

价值管理的概念界定本质上来源于对企业价值以及价值最大化理财目标的认可（汪平，2005）。自 MM 理论为企业价值提供了一个明确的度量标准以及伴随着企业价值最大化理财目标获得越来越多人的认可和支持①，实务界开始尝试将价值管理理念运用到企业的经营实践中，用以引导自身的决策，提高管理和运营的效率，价值管理的理念开始系统化和规范化。Rappapor（1986）和 Copeland 等（1996）是将价值管理观念化的代表，他们以股东价值最大化为目标，分别对股东价值管理的理念②、体系以及实施的方法、程序等进行了系统化的描述，对价值管理的理论化做出了重要贡献，从而助推了价值管理研究的热潮和推广应用，使得价值管理被认为"正在以最高的标准来改变世界上一些大公司的财务管理水平"（Bromwich，1998）。随后，其他许多学者也纷纷从不同的角度按照不同的依据、标准阐述对价值管理的认识和理解，从而使得价值管理的内涵和外延不断得以扩展，持续地丰富着价值管理的理论体系。根据对有关价值管理概念的汇总和比较，Ameels 等（2002）将价值管理的相关概念界定区分为三大类③。

第一类，依据价值管理的结果来进行界定和描述，其中有代表性的观点如表 3-1 所示。

表 3-1 依据价值管理结果的概念界定

学者（或机构）代表	观点描述
Rappaport（1986）	公司的市场价值是其资产和预计的未来成长所创造的折现现金流量的结果，价值管理是对企业价值各驱动要素进行管理的活动

---

① 本书第 2 章已述及，Levy 和 Sarnat（1986）认为，"企业价值最大化" "股票价格最大化"及 "所有者权益总价值最大化" 等几种理财目标实质上都意味着股东财富最大化。所以，本书在此对二者不作区分，但在下文涉及 "利益相关者福利最大化" 的观点时会加以专门说明。

② 国内学者翁世淳（2010）的研究中，分别将以股东价值最大化为目标的价值管理观念和以利益相关者理论为基础的价值管理观念称为 "股东价值管理" 和 "利益相关者价值管理"。本书在以下相关的论述中，借用了该种概念区分。

③ 事实上，Ameeles 等（2002）认为，价值管理概念界定的类型主要有两大类，第一类为依据价值管理的结果（Outcome），第二类为依据过程和结果（Process 和 Outcome）的结合，而单纯依据价值管理过程（Process）来定义的很少。本书在此为了体现分类的完整性，将其分为三大类。

续表

学者（或机构）代表	观点描述
Simms（2001）	价值管理从本质上来说是一种管理方法（或工具），公司的驱动哲学是通过产生超过资本成本的收益来最大化股东的价值
Ronte（1998）	价值管理是一个管理框架。该框架可用于计量业绩，更重要的是用于控制公司业务，从而为股东创造出长期持久的价值，并满足资本市场和产品市场的要求
Marsh（1999）	价值管理是用来管理和评价企业创造长期卓越股东价值能力的一个框架，其对回报的计量是根据股价和股利的增长来进行的
Condon 和 Goldstein（1998）	价值管理是一种管理思想，其使用一些分析工具和程序将组织定位在单一的创造股东价值的目标
Christopher 和 Ryals（1999）	价值管理是一种新的管理方法，它关注于真正的价值而不是账面利润。只有当公司收入在弥补了投资人的全部成本之后仍有剩余，公司才真正创造了价值
Bannister 和 Jesuthasan（1997）	价值管理是一种管理观念，对于公开交易或上市的公司，其最终的目标是最大化股东价值，价值管理为公司提供了一个符合逻辑的、系统的方法来追求股东价值最大化

资料来源：根据 Ameels 等（2002）相关研究整理完善。

第二类，依据价值管理的过程来进行界定和描述。根据 Ameels 等（2002）的研究统计，该种类型概念界定的研究比较少，其中 Boulos 等（2001）是典型的代表，他们认为价值管理是一种整体性和系统性的管理方法，它包括重新定义的目标、重新设计的组织结构和体系、重新激活的战略和运营程序以及更新的人力资源流程等实践活动，并认为价值管理并不是一项快速的应急措施或修补活动，而是"一条需要坚持不懈并做出承诺的艰辛之路"[①]。

第三类，依据价值管理的过程和结果综合进行描述和界定。基于该种界定角度的观点也较为普遍，相关代表性观点如表 3-2 所示。

---

① Ameels A., Bruggeman W., Scheipers G. Value–Based Management Control Processes to Create Value through Integration: A Literature Review [M]. Leuven, Gent: Vlerick School Voor Management, 2002: 77-128.

表 3-2 依据价值管理过程和结果的概念界定

学者（或机构）代表	观点描述
Mc Taggart 等（1993）	价值管理是一系列信念、原则和程序的综合框架，其目标是使公司在对抗外部竞争与内部损耗中取得成功。这些信念、原则和程序构成了系统方法的基础，并实现公司治理的目标
Arnold（1998）	价值管理是一种管理方法，其首要目标是股东财富最大化，公司的发展目标、制度、战略、程序、分析技术、业绩评价以及文化等目标导向均是股东财富最大化
KPMG Consulting（1999） Pricewaterhouse Cooper（1999） 普华永道英文	价值管理是一种管理方法，它将股东价值创造作为公司发展理念的核心，用股东价值最大化来指导公司的战略、组织结构和流程，它通常依据业绩的监控来激励和约束管理层的薪酬和贡献
Martin 和 Petty（2000）	价值管理本质上是对公司价值进行折现的一种模型。尽管如此，但是 VBM 更倾向于是一种业绩评价系统。持该种观点的人认为，如果它是成功的，它一定要将绩效评价与薪酬维系在一起，VBM 的导向原则是那些创造股东价值的业绩评价与回报活动最终将导致股东价值的增长

资料来源：根据 Ameels 等（2002）相关研究整理而得。

通过以上关于价值管理概念界定的相关文献回顾，可以发现，基于股东价值最大化目标，不同的概念对价值管理的界定角度和立场各不相同[①]，有的偏重于理论概念的描述，如 Mc Taggart 等（1993）等的研究；有的则立足于价值管理的推广应用，更加注重价值管理实践经验的总结，倾向于将其描述为一种"管理工具""管理方法""管理活动"等，如 Simms（2001）、KPMG Consulting（1999）以及 PricewaterhouseCooper（1999）等的总结；有的则注重价值管理整体概念框架的描述，如 Ronte（1998）、Arnold（1998）以及 Marsh（1999）等的研究；有的则更注重价值评估技术的应用和程序，如 Rappaport（1986）等的研究。但无论如何，这些有关价值管理概念的描述一方面是对同

---

① Ameeles 等（2002）的评述认为，那些号称卓越的 VBM 业绩评价指标往往处于互相竞争之中。无论是咨询公司还是学术界为了便于利用"天花乱坠的广告宣传"努力争夺更为宽广的市场平台，它们都习惯于把一些 VBM 评价指标及管理框架描述为如 EVA、EP、CFROI 或者 Q-ratio 等字母缩写，并在一些文献中告知我们哪一个是目前最流行的。所以本书认为不同的概念界其"角度和立场各不相同"。此外，Myers（1996）的研究曾将这种现象称为"指标大战"（Metric Wars）（详见：Myers R. Metric Wars [J]. CFO: The Magazine for Chief Financial Officers, 1996, 12: 41-50）。

一问题共同方向的思考①；另一方面又分别从不同的角度丰富了价值管理的内涵，并使其日益上升到企业战略管理工具的层面（Ittner and Larcker，2001）。

Ameeles 等（2002）在汇总对比了以上各种观点后认为：价值管理是一种旨在评价、激励和支持"净值创造"（The Creation of Net Worth）的综合管理控制系统，其特点可以从以下三个方面来看：第一，"管理理念"（Management），价值管理是一种管理工具、控制系统抑或者是一种机制，其旨在整合企业的资源和任务，从而实现组织的目标。第二，"方法流程"（Approach），价值管理是一种或一组可供遵循的、重复的活动，其目的是增加整个组织的价值，正是严格而规范的流程使其处于企业决策的中心。第三，"股东价值最大化"（Maximizing Shareholders Value），价值管理的目标是最大限度地进行"净值创造"，换句话而言，是将资源分配到最有价值的投资领域，"最大化"也暗示着一种未来的愿景以及预期的结果。

所以，综合来看，价值管理的产生和发展是建立在企业实践活动基础上的，该实践活动旨在为衡量与管理企业而提供的一个综合战略管理框架（或系统）或运行模式，其明确的目标是"为股东创造长期而卓越的价值"（Copeland et al.，1996；Dixon and Hedley，1997；KPMG Consulting，1999）。

3.2.2 价值管理的模式及驱动因素

3.2.2.1 价值管理的模式

在对价值管理的理念获取基本认知并积极运用于企业实践的基础上，20世纪80年代中期以来，西方主要的财务规划和咨询公司均致力于对价值管理的体系和程序进行探索和总结，并"号称"创建了自身特有的价值管理及创造模式，甚至每一家公司都声称有一套如何进行价值管理的详尽流程（England，1992）。值得一提的是，在 Ameeles 等（2002）开展的研究中，曾经对思腾斯特（Stern Stewart & Company）、麦肯锡（McKinsey & Company）、普华永道（PricewaterhouseCoopers）以及艾意凯（L. E. K. Consulting）等六家典型的财务规划和咨询公司②的价值管理模式进行了调研，通过对比这些公司实施价值管理的目标、驱动因素、战略、业绩评价、薪酬激励以及教育和培训等

---

① Ameels 等（2002）评述道，无论如何，VBM 再多的界定和描述都只不过是相同思考方式的一种符号或标志而已。

② Ameels 等（2002）调查的另外两家公司是 Marakon Associates 和 HOLT Value Associates。

价值管理体系要素①，从多个维度对这六家公司的价值管理的模式特征进行了对比总结，是迄今为止价值管理领域最具有代表性的文献。

根据 Ameels 等（2002）的总结，由于这些财务规划和咨询公司在许多价值管理要素方面是比较一致或相同的，只是强调的重点或角度以及价值管理目标的实现程序存在区别，毕竟"企业的价值终究是企业的价值"②。所以后来的相关研究在介绍和评述这些典型的价值管理模式的时候，通常又进行了再次的归类和整合，以便以更为显著的特征来描述各种价值管理模式所倡导的理念。尽管再次分类模式仍存在不同的依据和标准③，但获得比较一致认同的价值管理模式主要有思腾斯特（Stern Stewart）模式、麦肯锡（McKinsey）模式以及艾意凯（L. E. K.）模式④三类。三种价值管理模式相关要素之间的对比如表 3-3 所示。

根据表 3-3 针对三家财务规划和咨询公司有关价值管理十六个主要项目的集中列示和对比，可以发现，这种对比不仅仅揭示了各种价值管理模式的相似之处，而且也展示了它们之间的区别以及不同的侧重点。

在表 3-3 所列示的思腾斯特、麦肯锡模式以及艾意凯模式三家财务规划和咨询公司的价值管理模式中，有一些非常明显的一致性，在此可以概括为以下七个方面：

第一，价值管理均强调以股东价值最大化为目标。尽管在追求股东价值最大化的出发点方面有细微差别，但最终期望达到的结果是一致的。比如，思腾斯特模式是基于所有权的观念而追求股东价值最大化，而麦肯锡和艾意凯模式均是基于企业的经营目标的成功而追求股东价值最大化。

第二，对利益相关者目标的观点是一致的。三种模式均认同利益相关者理论（the Stakeholder Theory）中利益相关者之于企业发展的重要性，提倡价

---

① 在 Ameels 等（2002）的研究中，对比的价值管理一级要素项目达 18 个。需要说明的是，本书在以下的对比分析中对一些项目进行整合，最终分析列示的有 16 个项目。

② Grant（2003）在谈及企业价值评估时曾指出，"当存在几种价值评估模型时，必须牢记的重要原则是：企业的价值终究是企业的价值！也就是说在任一时刻，公司的市场价值是以其现有资产和预计的未来成长所创造的折现现金流为基础的"。详见：[美] 詹姆斯·L. 格兰特. 经济增加值基础 [M]. 刘志远等译. 大连：东北财经大学出版社，2005：81.

③ 例如，国内学者何瑛（2005）的研究介绍了麦肯锡模式、德勒模式以及拉帕波特模式三种；唐勇军（2007）仅仅介绍了麦肯锡模式和拉帕波特模式两种；翁世淳（2010）的研究中则将价值管理模型区分为麦肯锡模式、思腾斯特模式以及拉帕波特模式三种。

④ 艾意凯（L. E. K.）模式也称为拉帕波特（Rappaport）模式。L. E. K. 咨询公司成立于 1983 年，致力于为全球客户提供战略咨询和商业支持，由于 1993 年它们与 Alcar Group 的合并，股东价值管理领域的杰出代表 Rappaport 成了 L. E. K. 的战略顾问，从而将股东价值管理的理念积极运用于企业的战略规划中。所以，艾意凯（L. E. K.）模式主要以 Rappaport 的价值管理思想为基础。

值管理过程中与利益相关方的合作,认为日益增长的股东价值与其他利益相关者的长期利益其实并不冲突,从而倡导一种信念,即当把股东放在第一位的时候,所有股东群体的利益会得到最好的服务。

第三,价值管理的思想定位基本一致。三种模式均认同将价值管理置于战略管理的程序框架中,并认为在价值管理的实施保障上应该获取管理层的承诺及支持,并应该任命成立正式的实施团队。

第四,投资决策及资源配置标准基本一致。一般而言,投资决策与战略发展程序密不可分,三种模式均认同用折现现金流量模型(DCF)来指导公司的投资决策和资源分配。此外,麦肯锡模式以及艾意凯模式在并购决策的程序步骤上也基本趋于一致[1]。

第五,业绩管理的分析方法有相通之处。尽管三种模式在业绩管理具体的目标设定上存在差异,都有自己特定的评价指标,但为了对经理们进行价值管理的指导,思腾斯特以及麦肯锡也都借鉴采用了类似于 Rappaport(即艾意凯)的股东价值树分析方法进行业绩评价指标驱动因素分析。

第六,均认识到薪酬激励机制对于价值创造的重要。通常,薪酬奖励制度被看作是将业绩管理和内部合作连接起来的系统。因此,三种模式均建立了一套相应的薪酬及奖励制度,明确了奖励的基础、绩效目标以及奖励的形式,并能够意识到长期激励与短期激励的结合以及多种激励手段的运用。

第七,均认识到价值管理观念及企业文化对成功实施价值管理的重要。尽管价值管理的业绩评价系统在某种程度上是"通用"(All Purpose)的,并且依赖于信念和原则来实施(Ameels et al., 2002),但三种模式均认识到这还远远不够,必须有非常具体的观念或文化作为成功实施价值管理的先决条件,所以每种模式均开展有针对员工进行的价值管理培训与教育项目,以支持价值管理的实施。

除此之外,在以上关于价值管理理念共同认知的基础上,三种价值管理模式又基于股东价值最大化的目标追求,分别在价值管理的关键要素环节呈现其特有的模式特点。

---

[1] Ameels 等(2002)的调查发现,Rappaport(1998)拓展后的并购决策五步骤(计划、搜寻、竞争分析、财务评估以及战略审视)与麦肯锡的"严格的并购计划"(The Disciplined Acquisition Plan)五步骤非常类似。

西方价值管理理论及体系框架介绍——基于文献评述的视角

表3-3 价值管理典型模式对比表

对比项目 \ 典型模式	思腾斯特模式	麦肯锡模式	艾意凯模式
代表人物或学者	Stern 和 Stewart	Copeland 和 Koller	Rappaport
管理目标（重点）	基于所有权的观念而追求股东价值最大化	基于企业的经营成功而追求股东价值最大化	基于企业的经营成功而追求股东价值最大化
对利益相关者的观点	借助于将股东价值置于首位，利益相关者可以得到最好的兼顾，两者并不冲突	借助于将股东价值置于首位，利益相关者可以得到最好的兼顾，两者并不冲突	借助于将股东价值置于首位，利益相关者可以得到最好的兼顾，两者并不冲突
价值创造的基础	战略、组织结构以及评估指标体系	评估指标以及信念系统	战略和评估指标体系
价值管理的基本要素	侧重于业绩衡量、培训及薪酬激励制度	文化、组织结构以及侧重于公司战略和评估的体系制度	文化以及侧重于战略和教育的体系制度
外部沟通	为投资者提供高质量的决策信息，并获取市场竞争优势	为所有的利益相关者群体提供单一明确的决策信息	为投资者提供高质量决策信息并做出承诺
价值管理工具对内部沟通的贡献	澄清了重要的经济学观念，成为共同的沟通语言	增进了内部不同主体之间的对话和沟通	提高了管理的生产力
战略定位	认为企业应该有一个全局性的战略（Overarching Strategy）及相应的组织结构	公司所有层面的决策都侧重于价值评估战略的实现	公司所有层面的战略分析应该是战略制定与战略评估的结合
战略实施	■ 自上而下进行战略分解 ■ 战略实施的重点是增加EVA ■ 明确EVA价值驱动因素 ■ EVA成为业务沟通的共同语言	■ 倾向于自下而上实施战略 ■ 战略实施的重点是注重可获利的增长而不是增长本身 ■ 明确组织不同层面的关键价值驱动因素以及关键业绩评价指标	■ 在集中指导下自下而上实施战略 ■ 战略实施的重点是最大化股东增加值（SVA） ■ 进行股东价值树分解直至关键价值驱动因素

续表

对比项目		思腾斯特模式	麦肯锡模式	艾意凯模式
价值管理评价指标		■ 市场增加值（MVA）——适用于公司层面 ■ 经济增加值（EVA）——适用于公司、业务单元以及产品线层面	■ 企业折现现金流量（DCF）——适用于公司、业务单元层面 ■ 经济利润（EP）——适用于公司、业务单元、客户及产品线层面	■ 股东增加值（SVA）——适用于公司和运营层面 ■ 剩余收益（RI）或EVA的变动额 ■ 运营层面推行价值先行指标（Leading Indicator）
投资决策或资源配置标准		意识到投资回报率超过资本成本的重要性，决策评价以EVA评价为基础	注重评价方法的技术性，如折现现金流量模型（DCF）以及实物期权模型的运用	注重市场信号分析，综合使用折现金流量模型（DCF）以及实物期权模型
并购决策		利用EVA分析进行决策，并综合考虑企业战略	实施严格的并购决策程序	实施严格的并购决策程序
业绩管理		■ 最优的业绩目标是增加EVA ■ EVA通过不同功能的团队合作被内部化 ■ 偏好EVA价值评估模型和自由现金流量模型 ■ 采用类似于Rappaport的股东价值树分析方法	■ 法定的业绩评价系统包括三个要素，即项原则。 三个要素： ● 业务单元层面的价值创造战略 ● 在每一个层面确保价值目标与价值驱动因素之间的一致 ● 结构化的业绩反馈 四项原则： ● 量身定做 ● 长短期业绩目标的结合 ● 财务和运营指标的结合 ● 采用先行指标 ■ 采用类似于Rappaport的股东价值树分析方法	■ 注重发展业主导向的企业文化，包括三个步骤： ● 克服盈余短视行为 ● 衡量和奖惩长期业绩 ● 提倡所有权有关的风险报酬观念 ■ 注重业绩评价的等级和层次 ■ 进行股东价值分析

续表

对比项目	典型模式	思腾斯特模式	麦肯锡模式	艾意凯模式
奖励制度		■ 奖励的基础是将奖励与价值创造相关联 ■ 把经理层与股东处于同一风险等级,奖励制度从高级管理者开始,依排名逐渐扩展到中层管理者 ■ 明确是奖励结果而不是奖惩业绩,奖励制度的特点包括: • 以EVA衡量为基础 • 清晰的目标 • 上不封顶的红利计划 • 建立在相应水平提高的基础上 • 从短期奖励到长期奖励 • 现金奖励应该与内部激励相结合(如奖励、员工持股计划等)	■ 奖励的基础是将个人的行为与企业整体的价值创造活动相关联 ■ 让经理像股东一样去思考,奖励制度在全员范围内实施 ■ 个人行为和业绩表现是奖励的基础,奖励制度的特点包括: • 财务和非财务目标的结合 • 短期和长期目标的结合 • 拒绝奖金封顶 • 业绩的匹配性 • 为各层级量身定做的业绩 KPI指标 • 奖励的具体性和可实现性 • 奖励的差别化 • 奖励制度应该将财务激励与个人发展机会、个人价值实现以及信仰等结合起来	■ 薪酬奖励建立在较好的业绩(SSVA)基础上 ■ 在获取奖励之前,必须首先理解股东价值管理方法并拥有相关经历,奖励制度在全员范围内实施 ■ 将超过较好业绩标准的临界值作为奖励的基础,奖励制度的衡量为基础 • 以SVA的衡量为基础 • 以相应层级的业绩提升为基础 • 短期目标与长期目标的结合 • 制定公司层面的目标,并为较低组织层级制定符合的目标 • 拒绝奖金封顶 • 承担相应的责任 • 薪酬相关依据3~5年进行滚动的SVA计划 • 存入红利银行的方法 • 为获取相关业绩进行奖励 • 奖励相关的方式包括股指期权、股权或股票期权的激励

续表

对比项目	思腾斯特模式	麦肯锡模式	艾意凯模式
培训与教育	自上而下进行 EVA 相关知识培训，形成价值管理的观念，并与全体员工持续保持沟通	首先在改变信念与价值观之前，针对具有模糊认识的经理人员进行调查，其次再进行全员范围内价值创造的培训与沟通。培训与教育课程建立在有利于价值创造的战略发展与战略实施基础上的	持续进行培训教育，并制定股东价值培训日程表，自上而下至各个层面得到认可。培训的重点是更好的股东回报总额。培训与教育课程建立在有利于价值创造的战略发展与战略实施基础上的
价值管理实施的人员保障	■ 任命成立由 CEO 和 CFO 参加的指导委员会 ■ 正式的实施团队 ■ 定期与咨询公司召开会议接受相关知识的传授	■ 有明确的高层管理委员会 ■ 扩大业务单元层面经理参与价值驱动分析	■ 有 CEO 的承诺，并获得董事会及管理层的支持 ■ 没有明确建立专门的实施团队，但认识到一些保障要素
标杆管理	■ 公司层面：将 EVA 总和与公司市场价值进行对比 ■ 业务单元层面：内部部门之间进行 EVA 驱动因素对比	■ 公司层面：折现现金流量（DCF） ■ 业务单元层面：将折现现金流量（DCF）以及经济利润（EP）与标杆进行对比	■ 公司层面：当缺乏真实可靠的市场标杆时，将相关股东回报总额或公司的总回报与竞争对手的 DCF 对比 ■ 业务单元层面：选择部门的运营计划、历史业绩、价值驱动因素的竞争性业绩，整个公司的市场预期价值作为标杆，当缺乏真实可靠的市场标杆时，选用 DCF

资料来源：根据 Ameels 等（2002）相关研究整理完善。

(1) 思腾斯特模式。

该模式将价值管理作为企业全局性战略管理程序的一部分,而战略实施的重点是增加 EVA,EVA 成为企业上下级以及内外部沟通的共同语言,从而在企业形成以 EVA 为依据和标准的业绩考核、战略管理、薪酬激励和文化理念等组成的 EVA 价值管理体系,并注重从高层支持、团队建设、人员培训、红利计划设计等方面为股东价值最大化目标的实现提供综合完善的保障机制。该模式的突出特点是充分意识到投资回报超过资本成本的重要性,价值管理评价特定指标是市场增加值(MVA)和经济增加值(EVA),并运用价值树分析方法进行价值创造驱动因素分析[1]。

(2) 麦肯锡模式。

该模式将企业文化、组织结构以及企业战略和评估体系作为价值管理的基本要素,强调将个人行为与企业整体价值创造活动相结合的理念,明确战略实施的重点是可获利的增长而不是增长本身,要求明确组织不同层面的关键驱动因素以及关键业绩评价指标。实施严格的业绩评价制度,注重长短期业绩目标、财务指标和非财务指标、先行指标(Leading Indicator)等的运用,并认为个人行为和业绩表现是奖励的基础,倡导物质奖励和个人发展、自我价值实现等的结合,以激发管理者及全体员工创造价值的动机。该模式提倡使用折现现金流量(DCF)以及经济利润(EP)作为价值管理评价指标[2],并运用价值树分析方法进行价值创造驱动因素分析。

(3) 艾意凯模式。

该模式由 Rappaport 创造并被艾意凯公司(L. E. K. Consulting)采纳应用,因而又称为 Rappaport 模式。另外,由于该模式认为企业价值管理的目标是最大化股东增加值(Shareholder Value Added,SVA),所以又被称为 SVA 模式。该模式将企业文化以及侧重于战略和培训教育的体系视为价值管理的基本要素,并认为战略实施的重点是最大化股东增加值(SVA),提倡进行价值树分解直至关键业绩驱动因素。在投资决策及资源配置原则方面,注重市场信号(Market signal)的分析,认识到资本成本的关键作用,但更关注股东收益超过预期回报(Hurdle Rate)的重要性。业绩评价以及薪酬奖励建立在 SSVA(Superior Shareholder Value Added)基础上,注重相应层级的业绩提升以及长

---

[1] 思腾斯特模式以及麦肯锡模式所使用的价值树分析方法,实际上是吸收和参照了 Rappaport(1986)价值树驱动因素分析方法。Ameels 等(2002)调查也发现思腾斯特公司以及麦肯锡公司均"采用类似于 Rappaport 的股东价值树分析方法"(见表 3-3)。

[2] DCF 以及 EP 指标并非麦肯锡公司发明,所以在价值创造目标方面,其没有明确的指标要求,但 EVA 以及 SSVA(Superior Shareholder Value Added)则分别是被思腾斯特和艾意凯注册保护的特有指标。

短期目标的结合，薪酬计划依据 SVA 计划 3~5 年进行滚动，采用股指期货、股权或股票期权等激励手段。价值管理活动的实施注重获得高层的承诺，并注意持续进行有利于价值创造的教育、培训和沟通。该模式主要采用股东增加值（SVA），并结合剩余收益（RI）或 EVA 变动额等指标进行价值管理的业绩评价。

基于以上三种典型价值管理模式的汇总对比，可以发现价值管理已经不仅仅局限于价值评估技术和方法的运用，其已经上升至企业战略以及文化的层面。在股东价值最大化目标的引导下，每种价值管理模式均以鲜明的业绩评价指标作为符号，借助于"指标大战（Metric Wars）"向外界传递其价值管理的理念和文化，也由此形成了"基于价值管理（VBM）"的浪潮[①]。根据 Boulos 等（2001）汇总的 INSEAD 针对 VBM 所做的调查报告的统计（详见表 3-4），在各种价值管理模式发明推广的众多价值管理评价指标中，EVA 指标的使用范围最广，应用比例接近 47%，思腾斯特公司（Stern Stewart & Company）由此也毫无争议地（Unambiguously）被称为在 VBM 领域享有"声誉（Renown）"的公司（Ameels et al., 2002）。

表 3-4 INSEAD 关于 VBM 指标应用情况的调查统计

分类标准	项目	股东价值替代指标	应用比例*	指标所属公司
上市公司角度 （Listed Perspective）		股票收益率（TSR）	7.4%	Boston Consulting Group.
		市场增加值（MVA）	7.9%	Stern Stewart & Company
非上市公司角度 （Not-Listed Perspective）	单期指标	经济增加值（EVA）	47%	Stern Stewart & Company
		股权市场价值对账面价值比率（P/B）	—	Marakon Associates HOLT Value Associates
	多期指标	投资现金流量回报率（CFROI）	23%	HOLT Value Associates Boston Consulting Group
		股东增加值（SVA）	8%	L. E. K. Consulting

注：*应用比例指在受调查的实施价值管理公司中，使用该指标的公司所占的比重。

资料来源：Boulos F., Haspeslagh P. C., Noda T. Getting the Value out of Value-based Management: Findings from a Global Survey on Best Practices [M]. Boston: Harvard Business School Publishing Corporation, 2001.

---

① Ittner 和 Larcker（2001）在评述相关价值管理模式及方法时认为，尽管研究者们通常把这些技术方法看作是有显著差异的，但是还是有越来越多的公司把这些管理实践统一使用一个综合的名称"基于价值管理"（即 VBM）。

3.2.2.2 价值管理驱动因素

MM 理论虽然为企业价值提供了一个明确的度量标准，但是企业价值驱动因素并没有被揭示，直至 1986 年，Rappaport 描述并提出股东价值增加值（SVA）综合评价模型（翁世淳，2010）。SVA 被定义为税后净营业利润的现值与净投资（包括固定资本与营运资本投资）现值之间的差额①，其核心理念在于：只有收益增长带来的价值增量足以弥补为获取收益增长而新增的投资时，股东价值才得以创造。在 SVA 综合评价模型中，Rappaport 首次运用了价值树分析模型（Driver Tree Model 或者 Shareholder Value Network）将 SVA 分解为销售增长率（Sale Growth Rate）、营业毛利率（Operating Profit Margin）、所得税率（Income Tax Rate）、营运资本投资增长率（Incremental Working Capital Investment Rate）、固定资本投资增长率（Incremental Fixed Capital Investment Rate）、资本成本（Cost of Capital）以及价值增长期间（Value Growth Duration）或计划期（Planning Period）七个与股东价值有关的驱动因素，从而引发了一场管理层和股东业绩观念的重要转变（Nichols，1998），也成为思腾斯特、麦肯锡等其他财务规划和咨询公司争相效仿的分析工具，极大地推动了价值管理的进步。

在 Rappaport 股东价值树分析模型中，Rappaport（1986）借助于价值驱动因素的分解，描述了股东价值创造与基本价值驱动因素之间的内在联系。Rappaport（1986）认为，在他的分析模型中，每一特定的驱动因素均分别与价值评估模型中的经营现金流量、折现率以及债务②三个构成要素之一相关联，其中销售增长率、营业毛利率以及所得税率受经营决策的影响；营运资本投资增长率和固定资本投资增长率取决于投资决策；而融资决策影响加权资本成本，价值增长期间则根据期望投资回报高于资本成本的年份数的估计值来确定（见表 3-5）。同时，Rappaport（1986）指出，关键驱动因素分析方法即价值驱动路线图程序不仅仅局限于公司层面的价值管理活动，还可以被进一步推广应用到公司不同层面相应的价值驱动因素分析中。

---

① 该定义基于自由现金流量模型对 SVA 的估计。详见：[美] 詹姆斯·L. 格兰特. 经济增加值基础 [M]. 刘志远等译. 大连：东北财经大学出版社，2005：87-90.
② 根据 Rappaport（1986，1998）对 SVA 的相关研究，SVA 有两种表述方式，一种是 Rappaport（1986）早期描述的倾向于股东价值树（网络）分析的公式；另一种是为了体现对股东价值的贡献，SVA 表示为公司视野期间价值、剩余期间价值以及市场化证券价值之和扣除负债价值后的差额。此处所涉及的 SVA 三个构成要素经营现金流量、折现率以及债务主要是基于第二种表达而言的。

表 3-5　Rappaport 价值驱动因素分析

价值评估指标 \ 驱动因素分析	驱动因素	对 SVA 影响及决策环节
SVA	销售增长率	影响现金流入量，受经营决策的影响
	营业毛利率	影响现金流入量，受经营决策的影响
	所得税率	影响现金流出量，受经营决策的影响
	营运资本投资增长率	影响现金流出量，受投资决策的影响
	固定资本投资增长率	影响现金流出量，受投资决策的影响
	资本成本	影响折现率，受融资决策影响
	价值增长期间	影响现金流量预测，需要根据期望投资回报高于资本成本的年份数估计值来确定

资料来源：根据 Rappaport（1986，1998）的研究所得。

　　Rappaport 股东价值树分析模型的提出，从动态的角度分析了 SVA 的来源及形成过程，从而有助于经理们理解价值创造的动态过程（Mills and Print，1995）。但不可否认的是，股东价值树分析往往从既定的价值指标出发，因而分解而来的驱动因素指标仅仅局限于财务指标，从而忽略了非财务指标，这使得其不能具备平衡计分卡对财务和非财务因素的兼顾能力（Ameels et al.，2002），同时在实践应用中也没有其他评价指标（如 EVA 等）那么流行[①]。尽管如此，但其价值树分析的方法与思路却引起了实务界和理论界对企业价值驱动因素进一步探究的热情（Haspeslagh et al.，2001），以至于 Copeland 等（1990）认为，价值驱动因素应该作为公司最主要的业绩评价指标，它不但可以帮助企业了解目前绩效现状的原因，而且有助于把握绩效的未来发展方向及价值创造能力的提升。

　　自 Rappaport（1986）股东价值树分析模型提出以后，后续的一些研究分别基于不同的价值管理模式或理论背景，分析提出了其他一些价值驱动因素，其中思腾思特公司的 Stern（1999）也建立了类似于 Rappaport（1986）股东价值树分析模型，并提出六个 EVA 价值驱动因素。但是，由于公司的管理活动仅仅能够影响其中的四个因素，另外的两个关键因素只能被市场所影响（Ameeles et al.，2002），所以后来的实践中，EVA 的价值驱动因素又被整理完善为五个提高或增加 EVA 的方法，即增加销售收入、明智地减少营业费

[①] 根据 INSEAD（Boulos et al.，2001）的调查，SVA 的使用率仅为 8%（见表 3-4）。

用、提高资本周转率、在正的 EVA 增长机会出现时使用更多的资本以及降低资本成本。然而麦肯锡公司的 Copeland 等（1994，1996）则认为最根本的价值驱动因素就是投资回报率和公司预期增长率两个最基本的财务指标。随后，他们对价值驱动因素又进行了细化和分层：第一个层面是投资回报率，第二个层面则是从具体运营部门（或单元）角度识别价值驱动因素；第三个层面是最基层的操作性价值驱动因素。除此之外，其他后续研究发现的价值驱动因素还有利益相关者关系（Wheeler and Sillanpää，1997）、Wallace（2003）、Lougee 和 Wallace（2008）等研究中的公司社会责任声誉（Corporate Social Responsibility，CSR）以及公司利润预期（Copeland et al.，2004）等。

可以发现，Rappaport 提出的价值驱动因素在一定程度上，可以看作是公司价值的"通用性"驱动因素，而事实上决定公司价值的因素是多元化的[①]。另外，尽管 Rappaport（1998）强调其价值树分析方法可以推广应用到不同的组织层面，但毕竟不同层级基于其相应业绩目标的价值驱动因素还是有区别的（Copeland et al.，1996）。所以可以预见的是，伴随着价值管理理论及实践的发展，公司在追求价值最大化的过程中，必然有更多的价值驱动因素以及分析方法被发现和利用。

3.2.3 价值管理发展与相关方利益的协调

如前所述，从 20 世纪 80 年代中期开始直至 20 世纪 90 年代，以追求股东价值最大化为目标的价值管理模式在西方极为盛行，尤其是在美国，追求股东价值最大化的价值管理模式甚至一度被认为创造了美国 20 世纪 90 年代的经济繁荣。但是，不可否认的是，在实施价值管理的过程中，管理层一直都面临着如何协调股东与其他利益相关方诉求的两难境地（Ameels et al.，2002），特别是 20 世纪 90 年代中期以后，伴随着利益相关者理论（Freeman，1984）对理财目标的影响和冲击，如何协调股东与利益相关方之间的目标"冲突"（Conflict）日益成为价值管理实施过程中所必须应对的一个问题，这在一定程度上也影响了股东价值管理的发展进程。

利益相关者理论（Freeman，1984）认为，公司的业绩不仅仅应该根据股东满意的程度来衡量，而且还要根据其他重要利益相关方的满意度来进行评

[①] 比如，国内学者张济建和苗晴（2010）在国内外相关研究的基础上，将影响上市公司内在价值创造的驱动要素分为四类，即财务性价值驱动要素、公司治理价值驱动要素、客户关系管理价值驱动要素、投资者关系管理价值驱动要素，每一类进一步又区分为若干要素指标。所以，本书认为价值驱动因素是"多元化"的。

价，公司应该认可所有相关利益方的利益，从而寻求不同利益集团目标以及优先顺序方面的平衡。该理论提出以后，在 Blair（1995）、Donaldson 和 Preston（1995）等学者的支持和推动下，逐步发展成为与"公司社会责任"（Corporate Social Responsibility，CSR）思想相一致的理论观念，并在与股东价值管理理念的"纷争"中不断表明"公司社会责任""相关方利益"正成为市场评价企业价值的重要因素（Wallace，2003；Lougee and Wallace，2008）。与此同时，围绕利益相关者价值管理的相关实证研究也纷纷展开，其中 Clarkson（1995）构建了利益相关者战略管理模型（RDAP），并通过实证总结了五类典型利益相关者问题；Jawahar 和 Mclaughlin（2001）则提出了基于企业生命周期的利益相关者管理战略等。这些研究的相关成果均进一步助推了利益相关者价值管理观念对股东价值管理体系的冲击。

但是应该认识到，利益相关者理论观点发展中存在一些不容回避的问题。一方面，由于利益相关者群体众多，相关实证研究并不能解决利益相关者战略管理模型的针对性问题；另一方面，委托代理问题在利益相关者理论下仍然存在，在各利益相关者群体的多重目标下，甚至更容易导致管理者最大程度追求自利而摧毁企业长期价值的现象（Jensen，2001）。而且，利益相关者理论的最大问题是，它不能为管理层提供一个平衡各方利益冲突的解决方案，也无法解决各利益相关方在理财目标函数中的权重问题。所以，Jensen（2001）认为其违背了理性公司应当遵守的单一价值目标原则，"多重目标即是没有目标"（Multiple Objectives Is No Objective），最终导致的结果是公司没有目标可以追求。不过，尽管如此，但围绕利益相关者理论的相关研究和争论，在一定程度上却促进了股东价值管理体系中价值驱动因素分析的进一步完善。

面对这种局面，一些学者尝试转换看待问题的角度，开始考虑股东和利益相关者群体目标冲突"协调"（Reconcile）的可能性，并得到了一些有价值的结论[①]。其中，有两种有代表性的"协调"理念和思路，即基于股东价值最大化的"协调"观点以及基于利益相关者理论的"协调"观点。

3.2.3.1 基于股东价值最大化目标的协调

该种观点实质上仍旧坚持股东价值最大化的价值管理目标，是传统股东价值管理体系的进一步完善，前述的思腾思特、麦肯锡以及艾意凯等财务规

---

① 例如，Jensen（2001）提出的"进步价值最大化"（Enlightened Value Maximization）或"进步利益相关者理论"（Enlightened Stakeholder Theory）就是基于该种背景下的研究成果。本书将在 3.2.3.2 部分专门进行介绍。

划和咨询公司的价值管理模式均可以看作是该种观点"协调"后的结果。

首先，该种观点认为利益相关者是客观存在的，利益相关者理论的观点无论是从理论角度还是从实践角度均不应该被忽视。根据 Ameels 等（2002）对思腾思特、麦肯锡以及艾意凯等财务规划和咨询公司实施股东价值管理体系的总结，一个企业的价值创造程序只有在各利益相关集团的支持下才有可能进行，尽管不同利益集团的目标通常难以完全一致，但只有各方一起合作实现了公司的多重目标才是实现各自目标的唯一途径。其次，应该认识到，过于强调股东与利益相关者目标方面的差异，实质上容易混淆价值创造与价值分配两个不同的价值管理环节。Mills 和 Weinstein（2000）的研究指出：如果价值的创造和评价与价值的分配事项被分开来看的话，股东和利益相关者价值最大化原则就没有必要发生冲突。因而他们认为，对于一个企业而言，价值创造才是最重要的问题，资源的有效使用应该是确保取得超过资本成本的经济回报。然而在价值分配环节，没有理由认为合法的利益相关者不应该成为财富分配程序的一个关键部分。此外，Rappaport（1998）也认为，价值管理本身应该是"具有社会责任感的企业行为"（Socially Responsible Business Behavior），在此理念下，如果不忽略其他利益集团和重视组织之间的竞争，则利益相关者的利益与股东利益是完全一致的。

因而，Ameels 等（2002）在综合了众多观点后认为：追求股东价值的日益增长与其他利益相关者群体的长期利益并不冲突。相反，价值管理甚至可以被认为是减缓了公司股东与其他主体之间目标的不一致状况。尽管股东的目标与其他利益相关者的目标并不总是一致，但是股东价值最大化与利益相关者理论是可以协调的，即各利益相关方合作并完成公司整体的使命目标是实现自身目标最有效的途径。而且，如果将价值管理与社会责任行为结合起来的话，股东价值最大化与利益相关者的目标更没有发生冲突的必要。

3.2.3.2 基于利益相关者理论的协调

Jensen（2001）是基于利益相关者理论协调观点的典型代表。2001年，Jensen 发表《价值最大化、利益相关者理论以及公司目标函数》一文，在文中通过一系列的分析和论证，提出了"进步价值最大化"（Enlightened Value Maximization）和"进步利益相关者理论"（Enlightened Stakeholder Theory）的观点[①]，并以此为基础引导公司追求"长期价值最大化"（Maximization of the

---

① Jensen（2001）认为，"进步价值最大化"（Enlightened Value Maximization）和"进步利益相关者理论"（Enlightened Stakeholder Theory）没有区别，所以本书在以下的论述中不作区分。

Long Run Value）。由于 Jensen（2001）的进步利益相关者理论将价值最大化和利益相关者理论"融合"（Melding）在一起，Jensen（2001）也因此被认为开辟了价值管理发展的"第三条路径"①。后续的研究中，Wallace（2003）、Benson 和 Davidson（2010）等对此观点提供了一定的经验支持。

Jensen（2001）指出，通常在讨论公司是否应该追求价值最大化时，往往需要明确两个事项：第一，公司是否应该追求单一的目标函数；第二，如果是，那么应该是价值最大化还是其他的目标（如雇员利益或者环境保护等）。但是，大多数情况下对问题的讨论都集中在对第二个事项的争论中，并大多把矛盾和冲突限定在股东和利益相关者之间，很少有人认识到真正的冲突其实是第一个事项，也就是说，公司是否应该拥有单一的目标函数或是记分卡（Scorecard）才是问题的关键。在这个逻辑判断的基础上，Jensen（2001）一方面对利益相关者对于公司价值的作用予以肯定，认为一个忽视利益相关者利益的公司是不可能最大化其价值的；另一方面他指出由于利益相关者理论无法在各利益相关方相互竞争的利益之间具体地做出平衡，因而对于经理而言也就无法做出有目的的决策。而且，利益相关方理论由于无法计量和评分，使得经理们无法对他们的行为负责。很明显，该种理论只能导致经理和董事会成员的自利行为，多重目标即是没有目标。由此，在利用传统利益相关者理论框架结构的基础上，Jensen（2001）提出了"进步价值最大化"即"进步利益相关者理论"的思想。"进步价值最大化"观点或"进步利益相关者理论"对价值最大化和利益相关者理论进行了"融合"（Melding），认为应该把"长期价值最大化"作为公司价值管理的目标。

对于 Jensen（2001）"进步价值最大化"的准确理解可以从以下三个方面来看。第一，Jensen（2001）认为，在不存在外部性和垄断的前提下，只要经济活动中的每一家公司均追求最大化其市场总价值，则社会福利最大。这里的总价值不仅包括股权的价值，而且还包括其他财务要求权如债券、优先股以及认股权证等的市场价值。将"最大化市场总价值"（Maximizing the Total Market Value）即"长期价值最大化"作为公司的目标函数，将引导管理层在多个利益相关者之间做出最优的平衡。第二，"进步价值最大化"观点基于利益相关者理论所提出的"长期价值最大化"，更准确的称谓应该是"价值追求"（Value Seeking）。因为在利益相关者理论框架下，管理层无法明确其目

---

① 国内学者翁世淳（2010）的研究认为，Jensen（2001）的"进步价值最大化"或"进步利益相关者理论"不同于传统的股东价值管理观念和利益相关者价值管理观念，因为它对价值最大化与利益相关者理论进行了融合，因而可以看作是价值管理发展的"第三条路径"。但从已有的文献来看，该种观点目前认可度不高。

标函数，这时候"最大化"并不是必要的，关键是沿着正确的方向去改变公司的长期市场价值，即价值追求。在此意义上，"长期价值最大化"成为评价经理、董事以及其他可能导致组织成功或失败的利益相关方的记分卡，其意义不是告诉利益相关者如何发现和证实创造价值的动机和方法，而是告诉他们如何在行动中评价成功。第三，关于"长期价值最大化"中的"长期"，是考虑到资本市场并不一定能及时准确地理解公司政策的全部信息。所以，管理层必须注重向外界沟通传递各项政策对公司价值的预期影响，并等待市场理解和确认其决策的真正价值，从而表现为市场份额、顾客和雇员忠诚度以及现金流量的增加。同时，价值创造并不意味着对公司价值每天的波动均做出反应，也不意味着市场每天都会对公司的政策行为做出反应，这是一个"长期"的传递和反应过程。因而，"长期价值"体现了可持续发展观念下的一种价值观念。

Jensen（2001）的"进步利益相关者理论"提出以后，Wallace（2003）以1996~2000年美国财富杂志"美国最受尊敬的公司"的排名作为基础，对"利益相关者的利益如何影响股东价值"的问题进行了研究。研究结果表明，有较高信誉的公司（即为利益相关者提供更多利益的公司）拥有较高的MVA趋势，从而表明对利益相关者关系进行投资能够创造价值，两者之间是可以融合的。Benson和Davidson（2010）则检验了公司价值、利益相关者管理和经理人员薪酬之间的相关性。研究发现，进行利益相关者管理与公司价值呈正相关关系，而且经理层薪酬和公司价值存在内生性关联，从而支持了Jensen（2001）的进步价值最大化理论。

至此可以看出，Jensen（2001）基于利益相关者理论对"价值最大化"以及传统的"利益相关者理论"进行融合的观点，无疑为价值管理的发展提供了一条"协调"途径，促进了价值管理过程中对相关方利益的认可，并进一步丰富完善了价值管理的理论体系。此外，该理论的贡献还在于提出了"长期市场价值"的概念，从而使人们进一步认识到市场价值管理的重要，推动了基于预期的市值管理（Copeland，2004等）、社会责任投资（Wallace，2003）和宏观市值管理理论（施光耀、刘国芳等，2007）的研究，并导致了"市场价值管理成为价值管理理论发展的第三条路径"（翁世淳，2010）。但是，由于Jensen（2010）的"进步价值最大化"理论并没有能够构建价值管理的具体模式①，从而该理论的价值更多地停留在理论意义的层面上。

---

① Jensen（2010）明确指出，"进步利益相关者理论"更多地利用了传统"利益相关者理论"的框架结构。

针对以上有关价值管理目标"冲突"与"协调"过程的回顾，可以发现：价值管理目标应该遵循单一目标函数原则，单一目标函数的设定是基本的前提。相关研究与实践表明，股东价值管理已经拥有非常成熟的理论体系和实践经验，而且在利益相关者理论的影响下，一直在与利益相关者理论的"协调与平衡"中不断完善，而利益相关者理论由于不能为管理层提供一个平衡各方利益冲突的解决方案，也无法解决各利益相关方在理财目标函数中的权重问题，因而并不能得到一致认同。即使是 Jensen（2001）基于利益相关者理论的协调所提出的"进步利益相关者理论"，由于其并没有构建价值管理的具体模式，所以其理论意义可能更强于实践意义。基于此，本书认为，在可以预见的相当长的一段时间内，价值管理将仍旧是以股东价值最大化为目标，并积极协调和平衡与各方利益相关者的关系，继续沿着股东价值管理的路径发展和完善。这既符合理性公司单一价值管理目标追求的原则，也是多年来价值管理实践经验的总结。

3.3　价值管理的基本逻辑框架

从以上关于价值管理概念及模式的回顾来看，价值管理在这一阶段的发展过程中，其理念和方法与管理实践紧密结合，其特点突出表现在置价值管理于企业战略发展的整体框架之中，以股东价值最大化为目标并认同利益相关者目标的协调，以价值管理文化及理念的培养为先决条件，以各具特色的价值评估技术为基础，以价值驱动因素分析为起点，以管理层承诺和专业实施团队为保障，以业绩评价考核及薪酬激励制度为手段，其实施运行的结果在于股东价值的创造。可见，价值管理已经发展成为一套综合的管理体系和框架，立足财务估价指标，但已经拓展至企业发展战略的方方面面，成为企业独特的文化理念的一部分。

Haspeslagh 等（2001）针对 INSEAD 所做的 VBM 调查报告进行分析，揭示了价值管理基本框架应该包括的基本要素。第一，有清晰的价值承诺目标，并以透明的方式成为每个人思考和行动的指南；第二，注重教育和集中培训，让每一个在股东价值创造流程中的管理人员和雇员都明确自己的行动对价值创造的贡献意义；第三，构建所有权观念（Building Ownership）；第四，对业务单位的授权，该种授权是建立在业务单位长期经济利润创造最大化的基础上的;第五,广泛的流程再造,包括避免会计账目的复杂化、识别价值、将预算与战略规划相结合,进行信息系统的投资以支持发展公司整体的战略等。

然而 Ittner 和 Larcker (2001) 在总结 Dixon 和 Hedley (1993)、Copeland 等 (1996)、KPMG Consulting (1999) 等的研究及对比相关模式基础上,提出了更具代表性的基于财务视角的价值管理框架(见图 3-2)。Ittner 和 Larcker (2001) 基于增加股东价值的总体目标 (Objective),认为财务视角的价值管理逻辑框架通常包括以下六个基本环节和步骤:

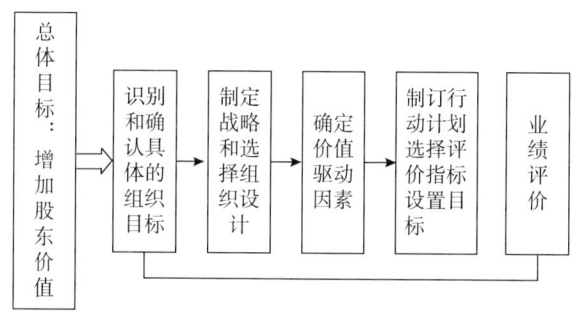

图 3-2 基于财务视角的价值管理框架

资料来源:根据 Ittner 和 Larcker (2001) 的研究整理。

第一,识别和确认具体的组织目标,即选择能导致股东价值增加的具体的内部目标 (Internal Objectives)。

第二,制定战略和选择组织设计,即选择与既定目标相一致的战略和组织设计。

第三,确定价值驱动因素。识别并确认具体的业绩变量或价值驱动因素,并确保这些因素在选定的战略和组织设计中能够真正地创造价值。

第四,制订行动计划,选择评价指标和设置有针对性的目标 (Targets)。要确保行动计划的制订,评价指标的选择和有针对性的目标设置是建立在价值驱动因素分析所确定的优先顺序基础上。

第五,业绩评价。评估行动计划成功与否,并进行组织和管理绩效的评估。

第六,反馈和调整。根据实际结果评价正在执行的组织内部目标、战略、计划和控制系统的有效性和合理性,并进行必要的反馈和调整。

依据 Ittner 和 Larcker (2001) 的研究,基于价值的管理理念和框架主要表现在:第一,明确和实施最大限度为股东创造价值的战略目标;第二,在企业的业务单元、产品以及客户等部门建立和实施有利于价值创造和关键驱动因素的信息系统；第三，将企业的管理流程设计（如企业计划和资源分配等）与企业的价值创造结合起来；第四，设计和构建价值创造导向的业绩评价和薪酬激励机制。

图3-2的价值管理框架在价值管理概念认知以及明确相关价值管理特征的基础上，为我们提供了一个基于财务视角的价值管理体系的整体逻辑关系框架，即在股东价值最大化总体目标的引领下，识别确定价值衡量指标及具体目标，并制订相应的实施战略和组织设计。在此基础上，进一步明确价值衡量指标的驱动因素，制订相应的行动计划和标准，依据执行的结果进行业绩评价、薪酬激励和系统的修正调整，最终目标是增加股东价值。不容忽视的是，在此逻辑框架中，在价值评价指标既定的前提下，驱动因素的识别和确定至关重要，是价值管理行动计划的起点，也是价值管理业绩评价的基础和根本。

3.4 本章小结

综合以上有关价值管理产生和发展过程的回顾，对于西方价值管理的理论体系及其观念，可以得出以下几方面的认识：

第一，价值管理的产生和发展与资产评估技术的发展密不可分。从最初Fisher（1906）的资本价值评估开始，价值管理更多的是伴随着风险补偿观念、资本成本估算技术、证券估价等资产评估要素的发展，以及人们对公司价值的理解和认知的完善而发展。在这个发展过程中，尤其值得一提的是资本成本估算技术，其发展一方面助推了价值管理体系的进步和完善，另一方面也使得资本成本成为实践中各类价值管理模式的关键驱动因素，从而使资本成本观念也成为企业构建和实施现代价值管理体系应该拥有的企业文化理念之一。

第二，价值管理的目标是股东价值最大化。如上文所述，价值管理一直奉行股东价值最大化的价值管理目标，但价值管理发展不可避免地受到利益相关者理论以及公司社会责任理论等的冲击和影响。相关研究与实践均表明，股东价值管理已经拥有非常成熟的理论体系和实践经验，而且其一直在与利益相关者理论的"协调与平衡"中不断完善,并确保股东价值地位的重要①。所以,股东价值最大化与利益相关者的利益目标没有发生冲突的必要,以股东价值最大化作为价值管理目标是价值管理发展和实践中的必然选择。同时,价值管理目标的"冲突"与"协调"也凸显出价值创造或价值寻找的重要,价值创造或者价值追求才是价值管理目标实现的途径。

第三,价值管理的概念演化及逻辑框架描述表明,价值管理已经从最初单纯的并购评估工具,日益发展成为与企业战略结合的管理工具(Ittner and Larcker,2001),其建立在企业实践活动基础上,旨在为衡量与管理企业提供一个综合的战略管理框架(或系统)或运行模式,其明确的目标是"为股东创造长期而卓越的价值",但具体到某一企业的应用,则需要进一步结合企业现有的资源、流程以及文化理念等加以整合和完善。

第四,各类价值管理模式实践相互融合趋势明显,但 EVA 模式占据优势。典型价值管理的模式对比表明,各类模式立足实践,均以特定的业绩评价指标为中心,形成了诸如 EVA 以及 SVA 等独具特色的价值管理体系,从而为企业的价值管理实践提供了众多可供选择的思路和理念。但也可以发现,各类模式在价值管理目标、与相关方利益的协调、价值管理的战略思想定位、投资决策及资源配置原则、价值管理文化建设以及业绩管理评价方法等方面均存在较为一致的观点,价值驱动因素的分析也呈现互补的趋势,从而反映出各价值管理模式在实践中的趋同,毕竟"企业的价值终究是企业的价值"(Grant,2003)。但无论是从近些年理论界的研究热度还是实务界的普及应用程度来看,EVA 为指标特征的价值管理模式占据了绝对优势。

第五,价值管理应力求内在价值与市场价值的统一。价值管理的发展过程回顾表明,价值管理体系包括了价值创造、价值实现等环节②。其中价值创造产生内在价值,内在价值推动价值实现,即公司市场价值与内在价值的统一,从而才能实现股东价值最大化的目标。价值管理的一个核心问题即是说明价值创造指标与市场价值指标之间的相关程度,或者价值创造指标对市场价值指标的解释力。但截至目前,即使是最流行的 EVA 指标③,尽管有许多研究表明其与股票价格回报有较强的相关性(O. Byrne,1996;Lehn and Ma-

---

① Jensen(2001)明确指出:进步利益相关者理论尽管没有把股东作为特殊的相关方排在首位,但是股票的长期价值与债务以及其他金融工具一起,仍是公司长期市场总价值一个重要的决定性因素。

② 国内学者翁世淳(2010)、张济建和苗晴(2010)等的研究均认为,价值管理包括价值创造、价值实现以及价值经营等环节,但本书的看法是"价值经营"环节仍旧属于价值创造。

③ 在 INSEAD(Boulos et al.,2001)的调查中,EVA 成为受调查公司中使用范围最广的价值管理指标,其应用比例达 47%(见表 3-4)。

khija，1996），但是也有其他的一些研究（Dodd and Chen，1996；Biddle et al.，1997）指出了 EVA 与股票市场回报的关系并不占优势。如果抛开价值管理指标本身的因素，这种情况的出现，也许与价值管理系统中价值传递的机制有关，也就是说内在价值的创造如何借助于信息沟通、投资者关系管理等手段传递并反映到市场价值中，这恰恰是价值管理的关键，也是我国国有企业价值管理体系构建与实施过程中亟待研究与解决的问题。

4

国有企业价值管理体系构建的现实基础

2014年初，国务院国资委就加强中央企业价值管理发布了《关于以经济增加值为核心加强中央企业价值管理的指导意见》（国资发综合〔2014〕8号），基于国家股东价值最大化并统筹兼顾相关方利益的目标定位，从实践角度首次明确了中央企业（或国有企业）推行价值管理的基本原则、指导思想和主要目标等价值管理要素①，经济增加值价值管理正成为国有企业实现其理财目标及其他公共政策目标的重要工具和手段。由于价值管理的研究和应用在我国起步较晚，因而，本章回顾价值管理在我国理论与应用研究的状况，并梳理国企分红、经济增加值考核等与国有企业价值管理构建相关的制度背景，从而为进一步综合全面地兼顾相关因素，构建科学完善的国有企业价值管理体系打下基础。

4.1 价值管理国内研究状况

梳理价值管理在国内的研究现状，可以了解和把握价值管理在我国的发展脉络与理念趋势，从而为国有企业价值管理体系的构建提供相应的理论基础。从已有的文献来看，相对于西方价值管理理论与实务的发展，价值管理在我国的理论研究与实际应用均起步较晚。

依据中国学术期刊网络出版总库（CAJD）② 的检索系统，我们分别按照"价值管理"并含"VBM"、"价值管理"并含"EVA"以及"经济增加值（EVA）"三个关于价值管理相关研究主题的检索路径，对我国价值管理的相关研究状况进行了检索统计③，2000~2014年共计15年的详细检索结果经剔除整理后的统计如表4-1所示。相关检索主题的选择主要是基于以下因素的考虑：第一，选取"价值管理"的研究主题进行检索，主要是了解发源于西方管理实践的价值管理理念框架什么时候开始被介绍引入我国，而检索的同

---

① 详见：国务院国有资产监督管理委员会文件《关于以经济增加值为核心加强中央企业价值管理的指导意见》（国资发综合〔2014〕8号）。

② 中国学术期刊网络出版总库（China Academic Journal Network Publishing Database，CAJD）是世界上最大的连续动态更新的中国学术期刊全文数据库，因而具有较强的代表性。

③ 检索时，我们使用的是"全部期刊"搜索条件，没有按期刊来源进行筛选与剔除。因为我们认为EVA是个理论与实践相结合或者"雅俗共赏"的研究主题，只有通过"全部期刊"检索，才能够反映其在某一时期的受关注程度。

时加入"VBM"限制条件,则可以剔除一些名称一致但含义不同的"价值管理"研究。第二,对"价值管理"并含"EVA"的研究主题进行检索,主要是了解在价值管理的概念框架介绍引进时,经济增加值或 EVA 的影响力①。第三,单独对经济增加值(EVA)进行检索,主要是因为经济增加值(EVA)作为西方最为流行的价值管理评价指标,其本身是价值管理的一种标志性符号,它在我国学术领域的研究热度,可以用来初步了解我国理论界与实务界研究和应用西方价值管理理念的状况②。

表 4-1　国内价值管理相关研究主题的文献数量统计

检索主题 年份	价值管理+VBM	价值管理+经济增加值(EVA)	经济增加值(EVA)
2000	0	0	8
2001	0	0	34
2002	1	2	51
2003	3	4	110
2004	2	15	135
2005	8	14	165
2006	3	16	192
2007	17	20	179
2008	8	23	149
2009	6	22	161
2010	5	64	288
2011	7	80	330
2012	2	52	265

---

① 需说明的是,在检索时,我们也试图将"价值管理"研究主题与其他价值管理指标如"股东增加值(SVA)""现金增加值(CVA)""投资的现金流回报(CFROI)"等一并进行检索,但结果很不理想。这种结果也与 EVA 在西方价值管理研究与实践中占有较大影响力的状况是一致的。也就是说,绝大部分价值管理的研究主题往往都与 EVA 相关联。

② 需要说明的是,尽管目前平衡计分卡也被一些学者视为价值管理的工具,并且有大量的研究文献,但其更倾向于是汇集了各种指标的业绩评价系统或"平台"。西方大量文献在谈及基于价值的管理(VBM)及模式时,很少将其作为一种价值管理模式,所以本书并未将其视为价值管理工具或模式来进行对比。

续表

检索主题 年份	价值管理+VBM	价值管理+经济增加值（EVA）	经济增加值（EVA）
2013	5	37	220
2014	4	45	196
合计	25	255	2483

资料来源：根据中国学术期刊网络出版总库（CAJD）检索结果整理。

根据相关研究主题的检索以及表4-1的统计结果，我们可以发现，首先，单纯以"经济增加值（EVA）"为主题的研究出现的时间要早于按照"价值管理"并含"VBM"和"价值管理"并含"EVA"研究出现的时间，这表明我国关于价值管理理念的接触是从20世纪90年代中期以后经济增加值（EVA）指标的引进介绍开始的[①]。其次，按照"价值管理"并含"VBM"和按照"价值管理"并含"EVA"的研究主题进行检索，两个检索路径的检索结果在相关研究最早出现的时间与研究变动趋势等方面均表现出较为一致的特征[②]，这表明在我国，系统的价值管理理念框架介绍与引进是在21世纪初才开始出现，而且价值管理理念的介绍通常与经济增加值（EVA）指标的介绍联系在一起。最后，通过单独对经济增加值（EVA）进行检索可以发现，关于"经济增加值（EVA）"为主题的研究是我国关于价值管理研究的主流，这一方面可以表明起步较晚的中国价值管理研究对于在西方最为流行的EVA指标的接受和认可程度非常高；另一方面如果将经济增加值（EVA）单独检索的结果与按照"价值管理"并含"EVA"的检索结果进行对比，可以发现关于经济增加值（EVA）的研究绝大部分仅仅是基于业绩评价指标的角度，并没有将经济增加值（EVA）置于一个企业价值管理的整体框架之中，缺乏基于价值管理体系框架构建的整体观念。

---

① 事实上，关于经济增加值（EVA）指标的介绍最早出现在20世纪90年代中期，但由于2000年之前的文献少而零散，并不成体系，所以表4-1没有列示出对2000年之前相关研究的统计数量。其中，2000年之前的研究主要有张先治（1995）、郑英隆（1996）、张小利（1998）以及刘力和宋志毅（1999）等。

② 需要说明的是，按照"价值管理"并含"VBM"的研究主题检索，在2007~2008年出现一次研究高峰，主要是因为2007年5月14日，由中国会计学会主办、对外经济贸易大学国际商学院承办的"VBM（基于价值的管理）与财务管理创新"专题研讨会在京召开，从而推动了这个阶段VBM框架、理念等相关主题的研究。

4.1.1 价值管理概念框架的研究

早期国内学术界关于价值管理的研究主要集中在对价值管理概念框架及其理念的引进介绍与思考。

首先,在对价值管理理念的引进介绍方面,有相当一部分学者基于文献评述的视角,对价值管理的概念、价值管理模式以及驱动因素等进行介绍,其中汪平(2005)结合 Ameels 等(2002)的研究对价值管理的概念进行了总结和提炼,强调指出价值管理理念的推行应以股东价值最大化为目标,注重把握现金流量、资本成本以及预算控制等重要特征。刘淑莲(2004)则基于 Rappaport(1986)的价值管理模式重点介绍和分析了公司价值驱动因素,指出驱动企业价值增值的本源是企业的经营活动和投资活动。何瑛等(2005)、唐勇军(2007)和刘圻等(2011)通过文献综述的形式就价值管理的概念、特征以及流行模式、驱动因素等进行了对比总结,并结合价值管理在我国的应用前景提出了相关改进思路和建议,而翁世淳(2010)则以企业经营目标的变迁对价值管理理论的影响为主线,系统梳理了价值管理的发展路径,并将价值管理分为股东价值管理、利益相关者价值管理以及市值管理等不同阶段,以此为基础建议中国等发展中国家在借鉴运用西方价值管理模式的过程中,当务之急是修正和完善价值管理的体系框架,设计出符合国情的价值管理模式。纵观这些以文献综述为基础的研究,往往停留于介绍西方国家理论与实践的经验,提出"应该怎样"的愿景,但具体到"怎么办"则没有进行实际的规划与对策。

与此相关的一部分研究,则在介绍引进西方价值管理理念的基础上,结合我国实际对价值管理的体系架构提出了具体的完善建议,陈良华(2002)、汤谷良等(2003,2004)是这方面研究的早期代表。陈良华(2002)基于价值的内涵,将企业价值区分为内在价值与外在价值,并指出企业整体的价值增长是通过企业的价值增值活动实现的。在此理念下,他主张将会计学、财务管理和审计等技术进行融合,提出了以价值管理为特征的"泛会计"的框架,强调赋予会计新含义和新内容,通过价值增值管理,来提升企业的价值。汤谷良和林长泉(2003)的研究主要基于 Rappaport(1986)的价值管理理念,一方面对价值管理的概念特征进行了总结描述,认为价值管理是"管理理念""管理技术"以及"管理制度"的综合,其奉行资本成本观念以及"现金为王"的行为准则,依赖多种价值驱动因素及决策模型以实现股东价值最大化目标等。另一方面他们的研究结合公司理财实际对价值管理框架下价值型财务管理模式提出了改进与完善建议，认为价值型财务管理模式应该全方位对接战略发展，注重现金收益与风险的平衡，分析关键价值驱动因素，通过资产组合和风险控制，确保公司的可持续发展，最终以完善的业绩评价系统和激励机制促进价值创造与追求。在此基础上，汤谷良和杜菲（2004）又进一步结合平衡计分卡的思想，以 Rappaport（1986）的价值评估模型为分析对象，提出了公司价值管理战略的重心应该是增长、盈利与风险三个维度之间平衡的框架理念，由此也认为公司价值管理的任务实质上就是管理增长、追求盈利和控制风险。类似地，张振川（2004）的研究也认识到企业风险控制体系的完善对企业价值贡献的影响。

此外，张先治（2008）在价值管理思想的基础上，提出了集财务分析、资本经营和管理控制等功能为一体的、创新的公司理财体系框架。何瑛（2005）的研究则认为，公司价值管理的关键是融资管理和投资管理，而价值管理的过程控制在于战略管理、预算管理和绩效管理，其基础在于公司治理结构的完善、组织与流程管理、市场营销管理以及文化管理，并建议以此理念来构建价值管理模式。刘圻（2010）的研究侧重于从价值管理的流程及程序设计来完善价值管理的框架，在回顾介绍价值管理模式的基础上，提出了企业价值创造应该遵循一种程序理性的管理架构思想。

总体上，以上的相关研究是对价值管理理念及整体框架的介绍，尽管一些研究结合价值管理理念在我国应用的实际，就价值管理的框架设计提出了改进建议，但大多仍旧停留在理念探讨的层面上，并未应用于实际。

4.1.2 以 EVA 应用为特征的价值管理研究

价值管理应用的研究主要来源于价值管理实践经验的总结与有效性的检验。如前所述，我国关于价值管理理念的最早引入是从经济增加值（EVA）指标的介绍引进开始的，而且与价值管理有关的研究绝大多数都与经济增加值（EVA）有关，因而有理由认为价值管理在我国的具体应用主要以经济增加值（EVA）业绩评价体系为主。

根据前文对 CAJD 的检索结果，2000~2014 年国内有关经济增加值（EVA）研究主题的文献数量分布如图 4-1 所示。根据图 4-1 可以发现，有关经济增加值的研究热度自 2000 年以后一直呈上升趋势，在最初近 5 年的时间内（到 2006 年左右）达到第一个高峰，随后略有下降，至 2008~2009 年趋于稳定，但 2009 年以后又开始近乎直线式地上升，在 2011 年达到了新的高峰，相关文献的研究数量相当于 2009 年的两倍，之后又趋于下降和稳定，但仍旧热度不减。据此并结合相关经济增加值文献的研究重点，我们可以以第一个高峰期 2006 年为标志将国内有关经济增加值（EVA）的研究区分为 2000～2006 年和 2007 年至今两个阶段来进行分析。

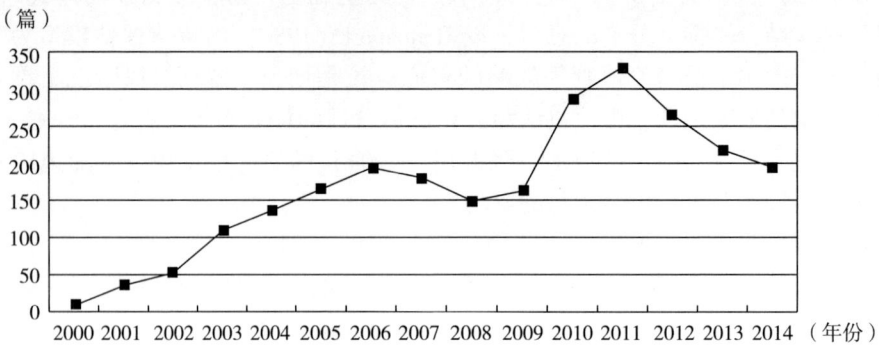

图 4-1 国内关于经济增加值（EVA）研究主题的文献统计

资料来源：根据中国学术期刊网络出版总库（CAJD）检索结果绘制。

4.1.2.1 EVA 的引进与尝试应用（2000~2006 年）

这一时期是 EVA 指标被开始介绍引进、尝试应用并迅速发展的阶段，主要以理念普及及应用探讨为主要特征，结合具体行业应用、产权特征等的研究并不常见。需要说明的是，2000 年之前，国内关于经济增加值（EVA）的引进介绍事实上已经开始，刘力和宋志毅（1999）是系统引进介绍 EVA 的代表，他们基于企业经营业绩评价新方法引进的角度，对经济增加值（EVA）以及修正的经济增加值（REVA）进行了介绍，并选取上海证券交易所 30 家公司的数据进行检验，发现在中国股票市场上，净资产收益率指标具有更强的价值相关性，这一研究应该是国内学者试图将 EVA 应用于中国实际的一次初步尝试。随后，谷祺和于东智（2000）从业绩评价与激励系统的角度追溯了 EVA 的理论渊源，并对 EVA 指标调整项以及红利银行等框架制度进行了介绍，以期为 EVA 在我国企业的应用提供参考。类似地，陈毅（2000）也在对西方业绩评价系统的文献评述中，引进介绍了 EVA 指标。

2000 年以后，EVA 的研究与尝试应用开始引起关注，国内的一些研究机构开始介绍国外的先进经验并探索经济增加值（EVA）在我国应用的可能性，同时 EVA 的理念开始被一些大型企业接受（国资委和毕博咨询，2005）。2001 年 6 月和 8 月，《中国经营报》和《财经》杂志分别刊登了两篇运用经济增加值对我国企业进行诊断的专题报道①，在此影响下，从 2002 年开始，一些竞争性的国内大型企业②开始了 EVA 价值管理体系的初步实践，由此 EVA 在我国企业的应用和研究也逐步升温，EVA 理念的引进与探讨以及利用我国上市公司数据进行 EVA 价值相关性检验的文献均逐步增多。

(1) EVA 理念的引进与应用探讨方面。

在 EVA 理念的引进方面，一些学者侧重于 EVA 基本的概念框架及要素介绍。茅宁（2002）在对 EVA 与 MVA 计算原理深入剖析的基础上，指出运用 EVA 作为管理层业绩评价指标可能存在的弊端，即管理层可能基于自身利益最大化而寻求投入资本的博弈、风险转移博弈以及未来增长博弈。夏清华（2003）利用 EVA 指标对我国企业的成长绩效进行诊断，指出 EVA 相对于净利润、净资产收益率的战略优势，从而表明企业追求创利与追求价值创造的不同意义。孙铮和吴茜（2003）的研究以设问的形式从企业价值分析入手，剖析了 EVA 与企业价值的内在联系，在此基础上对 EVA 实施过程中资本成本计量的精确性、会计调整项的有效性以及管理者补偿的可行性等关键问题进行了探讨。王化成和刘俊勇（2004）基于业绩评价模式的角度，对 EVA 模式进行了系统介绍，并认为 EVA 系统是最具有代表性的价值管理模式。李春瑜（2006）基于股东和经理人投资决策模型及其风险态度的不同，利用数理推导的原理论证了 EVA 调整事项存在的必要性。

此外，有一部分学者在引进 EVA 理念的同时，对其拓展应用提出了相关建议。张纯（2003）在剖析 EVA 构成的基础上，以案例分析的形式探讨了新经济时代 EVA 的效用性。印猛等（2006）基于战略管理的视角，运用层次分析法（AHP）将 EVA 与平衡计分卡（BSC）战略管理系统进行整合，从而建议构建有利于企业价值创造的战略管理框架和业绩评价体系。聂丽洁等（2004）以及曾宪文（2006）的研究均尝试将股票期权与 EVA 结合，以期建立完善的激励机制。孙烽和苏舟（2004）的研究则建议利用 EVA 体系将股东价值管理的理念运用于国有控股公司的投资项目管理之中，以此为基础构建了投资项目价值驱动要素与日常决策管理的对应关系框架，而张新和蒋殿春

---

① 尤其是 2001 年 8 月 20 日，《财经》杂志以《谁在创造财富，谁在毁灭财富——2000 年中国上市公司财富创造和毁灭排行榜》为题进行的专题报道，引起了社会各界的高度关注，被认为是"应用经济增加值对国内企业最早的诊断（国资委、毕博咨询，2005）"。负责此次排名研究工作的，是当时美国思腾斯特管理咨询公司（Stern Stewart & Company）的中国公司。

② 根据国资委和毕博咨询（2005）的调查，典型的企业有：青岛啤酒、中化国际、宝钢集团、复兴实业、上海轻工控股集团、央视调查公司、东风汽车公司、国家开发投资公司、中国建设银行、上海浦东发展银行等。

(2002)以及杜胜利和张杰(2004)等均以 EVA 作为企业微观绩效的替代,以进一步分别研究企业价值创造能力对宏观经济增长以及独立董事的影响①。

(2) EVA 应用有效性的实证检验。

与 EVA 理念的引进与应用探讨同步进行的是关于其在我国企业应用有效性的检验,其中部分学者结合我国上市公司的数据进行实证分析,结果表明不能支持 EVA 的价值相关性或者 EVA 相对于传统的盈余指标并不占优。乔华和张双全(2001)随机选取了青岛啤酒等在上海证券交易所上市的 70 家公司,对 EVA 和 MVA 的相关性进行检验,发现 EVA 对 MVA 的解释度较低,其认为中国股市的有效程度比较低是造成这一结果的主要原因。此前,刘力和宋志毅(1999)的研究也发现在中国股票市场上,净资产收益率比 EVA 指标具有更强的价值相关性。王化成等(2004)实证分析对比了经济增加值、剩余收益、会计盈余、现金流量之间的价值相关性,检验结果表明:尽管 EVA 特有的组成部分(资金成本和会计调整)能提供一定的增量信息,但是与传统的会计指标相比其价值相关性总体上并不占优势。丁君凤和翟俊生(2004)利用 EVA 及其相关指标,对 1994~2001 年中国上市公司价值管理的整体特征进行了评估,实证结果表明,中国上市公司的价值创造能力整体上严重不足,且市场价值与经济价值严重背离。沈维涛等(2004)对 EVA 对资本结构的影响进行了检验,研究结果表明 EVA 对资本结构有一定的解释力,但相对于传统会计指标并不占优,因而建议完善 EVA 的计算方法,以适应我国企业的实际。李亚静等(2004)利用 1999~2001 年沪市 456 家上市公司的数据,检验了 EVA、传统会计指标和剩余收益与公司市场价值间的相关性,结果表明 EVA 尽管与公司的市场价值正相关,但其相对于传统会计指标增量信息的解释能力并不占优。

相应地,另有一部分研究在较大程度上却支持了 EVA 的价值相关性。王喜刚等(2003)以上交所的数据为基础,运用回归分析方法,检验对比了 EVA、会计盈余指标对公司价值的解释力,研究结果表明 EVA 在总体上的解释力强于会计盈余指标,但并不能完全替代。王平心等(2006)利用 EVA 指标对传统业绩评价系统进行整合,并利用沪深两市 A 股上市公司数据进行检验,结果表明绩效评价模式在整合 EVA 之后更加有效。李春瑜(2006)利用上市公司的数据对 EVA、ΔEVA 以及 REVA 指标进行了对比检验,从而说明了各指标的适用性,并指出单一的 EVA 无法说明价值增值的基本情况,需要与 ΔEVA 以及 REVA 的结合运用。张玲等(2006)利用沪深上市公司的数据

---

① 姜再勇等(2007)也采用同样的方法利用我国及北京市制造业的数据进行了类似的研究。

对 EVA、MVA 及传统会计指标对股票收益的解释能力进行检验，发现 EVA、MVA 在我国有一定的适用性。李洪等（2006）利用主成分分析方法等检验了 EVA 作为绩效评价指标的有效性，结果表明了 EVA 指标与传统财务指标的一致性。

总体来看，这一阶段国内有关 EVA 价值相关性检验得到的结果与西方文献的研究结论比较一致，即"与 EVA 有关的实证研究结果是混杂的（Mixed）"（Worthington et al.，2001）。这种状况的出现，一方面也许与"经验研究的局限性"有关[1]，另一方面有学者指出与我国资本市场的有效性有很大关系（刘力、宋志毅，1999；乔华、张双全，2001；丁君凤、翟俊生，2004）等。

4.1.2.2　与国有企业 EVA 考核有关的研究（2007 年至今）

2007 年以后，EVA 在我国的发展研究状况与国资委将经济增加值引入央企负责人任期业绩考核体系以及央企的战略发展目标有直接的关系。根据国务院国资委当时的职责和定位，国资委从 2003 年开始以出资人身份对央企负责人进行考核。经过一系列较为全面的前期调研和论证[2]，国资委从 2007 年开始采用鼓励的形式在部分中央企业试行经济增加值考核，2007~2009 年（第二任期）为试行阶段。随后，2010~2012 年（第三任期）国资委在央企开始全面推行经济增加值考核，在 2013~2015 年（第四任期）进一步增加经济增加值权重、降低利润总额权重。2014 年 1 月 20 日，国务院国资委为贯彻落实十八届三中全会"以管资本为主完善国有资本管理体制"的精神，发布《关于以经济增加值为核心加强中央企业价值管理的指导意见》，明确提出要用两个任期左右时间，确保建立中央企业基本完善的价值管理体系。毫无疑问，国资委关于央企 EVA 业绩考核制度的一系列举措，极大地推动了这一时期 EVA 应用研究在我国的发展，并使得这一阶段的 EVA 研究呈现出

---

① Worthington 等（2001）针对 EVA 的研究认为，大量研究频繁地使用 R 的平方来进行相关性检验，而近期有证据表明由于规模效应的存在，在多层次回归（Levels Regressions）的时候该种计量方法可能会导致混乱（Brown，Lo and Lys，1999）。类似地，在这些会计类型的关系检验中会存在非线性的可能性，这也可能会歪曲在这一领域的研究结果。

② 为尽快建立起一套科学的资本经营激励与约束机制，国资委业绩考核局与国际知名的毕博管理咨询公司认真总结了国际上大型企业实施经济增加值管理的经验教训，并运用 2003 年财务指标对中央企业的经济增加值进行具体测算，并走访了不少中央企业，了解企业实施经济增加值考核体系的意见和建议，在此基础上对经济增加值在我国应用的可行性、需要解决的理论和方法问题进行了研究。详细的调研成果参见：国务院国有资产监督管理委员会业绩考核局，毕博管理咨询有限公司. 企业价值创造之路——经济增加值业绩考核操作实务 [M]. 北京：经济科学出版社，2009.

以国有企业为主要研究对象的典型特征①，其相关的研究主题可以区分为以下三类：

（1）国有企业 EVA 考核办法的应用剖析。

自国资委发布实施经济增加值考核实施办法以来，有一部分研究主要基于 EVA 的原理，从制度设计的合理性等方面对经济增加值考核实施办法进行了广泛深入的探讨。池国华等（2010）对央企前期鼓励实施 EVA 的现状进行分析，总结了实施过程中 EVA 评价体系对央企战略规划、投资决策、研发投入、生产经营决策等方面的支持经验，以此为基础，提出了理念先行、系统整合、权变主导和稳步推进 EVA 实施的建议。刘放等（2011）则针对国资委公布的 EVA 考核办法，指出其统一设定资本成本存在的问题，认为如果资本成本设定过低，则可能会扭曲 EVA 的结果，从而达不到预期的价值创造目的，并建议应该兼顾国有企业的实际以及国家股东的要求，采用科学的估算方法来确定资本成本。刘圻（2011）则结合 EVA 原理对国资委发布的 EVA 业绩考核办法进行了详细解读，以此为基础提出了基于 EVA 的企业价值管理流程创新模式框架，并依据该框架对央企进行价值诊断，认为中央企业 EVA 业绩指标的提高，需要借助外部供应链和内部管理两个层面的价值管理流程的支持。朱碧新（2011）认为 EVA 业绩考核的本质是一种资源配置的手段，应该符合帕累托最优的目标，因而中央企业在引入推广 EVA 绩效评价体系追求国家股东财富最大化时，需要把帕累托最优作为评价原则和目标。邓同钰等（2014）对国资委发布实施的 EVA 业绩考核办法进行探讨，指出现行 EVA 考核办法存在税后净营业利润计算没有考虑利息资本化因素、资本成本设定单一以及资本占用计算不科学等问题，以此为基础提出了相应的完善建议。李小平等（2014）的研究在肯定 EVA 考核办法的同时，提出了进一步将 EVA 理念引入国有企业治理文化的思路和建议中。

（2）国有企业 EVA 考核案例经验总结。

该类研究主要是结合国有企业 EVA 业绩考核应用的实际，进行相关 EVA 实施案例的经验总结。刘运国和陈国菲（2007）结合 GP 企业集团进行案例分析，提出了 EVA 与平衡计分卡相结合的绩效评价指标体系构建的思路。李琦和池国华（2010）结合宝钢集团、青岛啤酒等应用案例进行分析，剖析了 EVA 与资金使用效率之间的关系，认为 EVA 的使用有助于激励管理者提高资金使用效率。万晓榆等（2010）结合央企推行 EVA 业绩考核的相关规定，尝

---

① 尽管这一时期，有关 EVA 其他领域的研究仍旧存在，但相对于国有企业 EVA 的应用研究而言，数量很少。

试对电信运营企业的价值创造流程进行改造，尝试构建 EVA 导向的企业内部价值链模型，从而为电信运营企业进一步完善 EVA 绩效考核体系提供了思路。池国华等（2013）针对华为、许继、TCL、宝钢等国有企业实施 EVA 的案例进行分析，总结了各个企业 EVA 的特色及实践经验，提出了合理划分 EVA 中心和非 EVA 中心、实施 EVA 的个性化改造等建议。姜军等（2013）在对 EVA 模型的应用进行修正的基础上，结合中联重科收购意大利 CIFA 的案例对模型的应用及效果进行了验证，从而为加强 EVA 为基础的并购交易过程的控制提供了建议。王沿棋等（2014）以石油石化企业实施 EVA 业绩考核为例，提出兼顾利益相关方、完善 EVA 考核，以提升企业价值的思路。牛彦秀等（2015）针对电力行业央企 EVA 实施前后的绩效进行对比，发现 EVA 考核办法的实施促进了央企价值创造能力的提升。

(3) 国有企业 EVA 考核实施的相关检验。

按照国资委的规划，2010 年推行实施经济增加值考核的主要导向包括引导央企科学决策，谨慎投资；优化资源配置，注重做强主业；注重研发投入和可持续发展，增强国际竞争力等。伴随着经济增加值考核在央企的试行以及全面推行，与这些导向相关的实证研究也成为这一阶段 EVA 应用研究的热点。

首先，有众多的文献针对 EVA 考核实施对央企投资行为的影响进行了检验。张先治等（2012）利用央企控股上市公司的数据，实证检验了 EVA 对企业过度投资行为的影响，研究结果支持了 EVA 考核制度，认为其实施能够抑制央企过度投资行为。刘凤委等（2013）也发现 EVA 业绩考核的实施可显著降低央企过度投资，并发现市场竞争性越强的企业，EVA 对过度投资的抑制作用越强，从而建议应该持续推进提高国有企业的市场竞争程度以减少过度投资。池国华等（2013）对央企实施 EVA 考核的第一个任期（即 2010~2012 年）实施效果选取样本进行了检验，结果表明 EVA 的实施整体上有利于企业价值的提升，但同时也指出，对于存在投资不足的国有企业，EVA 考核的实施可能会加剧投资不足，进而毁损企业价值。然而李琦（2014）选取沪深 A 股 2008~2011 年央企控股上市公司作为样本，利用 Richardson（2006）的投资效率模型，对央企实施 EVA 考核是否会导致投资不足问题进行检验，检验结果却表明国资委对 EVA 指标的调整没有导致央企的投资不足行为，反而还起到了抑制作用。池国华等（2014）的另一项研究则分别基于 EVA 的管理层薪酬机制对代理成本和非效率投资的影响后果，考察了 2010~2012 年沪深 A 股国有上市公司样本，研究结果发现，基于 EVA 的管理层薪酬机制有效抑制了非效率投资，从而在实证结果上支持了央企的 EVA 绩效考核政策。

此外，另有一部分文献对央企 EVA 考核的其他导向问题进行了检验分析。卢闯等（2010）以国资委测算的 95 家央企 2005~2007 年 EVA 的结果为分析对象，发现央企 EVA 的排名与其高管人员的政治关联有显著关系，据此质疑央企 EVA 考核的公平性，并发现如果舍弃国资委统一设定的资本成本而使用 CAPM 模型进行资本成本的估算，则可以有效降低高管人员政治关联度的影响。因而，卢闯建议 EVA 考核应该使用行业为基础的个性化资本成本，以确保 EVA 考核的公平性。赵岩等（2012）则选取央企 EVA 排名前 30 名样本公司，区分绝对有效、相对有效以及一致性三个方面，对 EVA 指标评价央企经营业绩的有效性进行检验，相关检验结果表明，央企应用 EVA 进行经营业绩评价是科学有效的。姚颐等（2013）从不同薪酬激励制度设计的角度，对比分析了 ROE 和 EVA 为导向的央企高管薪酬激励强度与企业价值的关系，实证检验的结果发现 EVA 导向的薪酬制度有利于央企的价值创造。李志学等（2014）的研究则针对央企所属 130 家上市公司，检验对比了样本公司在 2009~2012 年实施经济增加值考核前后研发支出的差异，实证检验结果发现，经济增加值考核有利于引导央企上市公司的研发投入，从而为 EVA 考核政策提供了经验证据。鲁冰等（2015）的研究也表明，EVA 考核制度的实施显著提高了中央企业的研发投入。

从以上针对国有企业实施 EVA 考核的相关实证分析来看，大部分研究的结论均认为经济增加值考核在央企的全面推行是科学有效的，但也有少量研究持相反态度，如王婧等（2014）选取 2007 年以前上市的国资委下辖央企集团控股的 A 股上市企业作为样本，采用数据包络分析方法（DEA），对样本公司 EVA 实施的效果进行评价，以判断 EVA 的实施是否实现了预定的政策导向。但是实证检验结果却发现，EVA 的执行给央企带来的改观并不理想，除了规模效率有所改善以外，央企整体的有效性没有明显的提高，EVA 实施对减少盲目投资、提高投资效率、实现保值增值的引导作用并没有达到预期，回归主业的引导成效也比较微弱。

总体来看，以上有关以经济增加值（EVA）应用为主题和特征的价值管理研究，倡导股东价值最大化的理财目标，注重以 EVA 为基础的价值创造机制的构建，极大地推动了价值管理理念在我国的推广与应用，特别是在很大程度上直接促成了经济增加值（EVA）与央企（或国有企业）业绩考核制度的结合，为进一步构建与完善国有企业价值管理体系提供了相应的理论依据和经验支持。

4.1.3 市值管理研究[①]

2005年以来,伴随着价值管理理念在中国的盛行,基于中国股市开始逐步实现股份全流通的特殊背景,价值管理在中国的实践应用出现了一个新的概念"市值管理",并一度成为部分学者和实务界"热捧"的话题[②]。根据施光耀等(2007)的研究,"市值管理"起源于我国资本市场缺乏有效性、公司内在价值与市场价值大幅偏离的市场环境,由于在国外成熟的资本市场,公司的内在价值与市场价值相关程度高[③],所以注重公司价值创造能力的价值管理(VBM)极为流行,并不存在"市值管理"的概念。因而,"市值管理"也成为中国价值管理领域特有的一个现象。

4.1.3.1 市值管理的理念与定位

根据施光耀等(2007)的研究,"市值管理"最初的概念界定来源于"第一届中国上市公司市值管理论坛"众多学者对市值管理内涵达成的共识[④],即"所谓市值管理,就是上市公司基于公司市值信号,综合运用多种科学、合规的价值经营方法和手段,以达到公司价值创造最大化、价值实现最优化的战略管理行为。市值管理就是要使价值创造最大化、价值实现最优化和价值经营最优化,最终实现股东价值的最大化"[⑤]。

依据施光耀等(2007)关于市值管理框架的进一步描述,市值管理的理论基础是价值管理(VBM)理论,其奉行股东价值最大化目标,立足于公司价值创造,并借助于各种合规的价值经营活动和手段,以保持或实现上市公

[①] 本部分内容转引自:李光贵. 市值管理的困境、框架重构与价值回归——基于理论与实践评述的视角[J]. 商业会计,2017(11):6-10.

[②] 2005年5月我国资本市场股权分置改革启动,2005年9月16日,北京鹿苑天闻投资顾问公司董事长施光耀在公司组织的"首批股改回顾与展望专家座谈会"上首次明确提出了"市值管理"的概念(施光耀等,2007)。自此开始,"市值管理"的观念受到一定程度和范围的关注,特别是实务界。但由于"市值管理"在我国属于一个新生事物,实务界对市值管理的认识出现了许多误区(刘国芳,2007),以至于许多违规违法的操作手段与工具均被冠以"市值管理"的字眼,一时间,"市值管理"乱象丛生(详见:熊锦秋. 莫将价值管理当成市值管理[EB/OL]. http://jjckb.xinhuanet.com/2014-07/29/content_514547.htm,2014-07-29)。

[③] 例如,Stewart(1991)检验了美国公司EVA与MVA的关系,发现两者之间有强烈的相关性。

[④] 2007年5月26日,第一届中国上市公司市值管理高峰会议在北京召开。据相关报道,有众多理论界和实务界的专家出席了该次会议,并就"市值管理"的概念定位等问题进行探讨(详见:施光耀,刘国芳,王珂. 市值管理在中国的来龙去脉[J]. 市值管理,2007,2:52-54)。

[⑤] 施光耀,刘国芳,王珂. 市值管理在中国的来龙去脉[J]. 市值管理,2007,2:52-54。

司内在价值与市场价值的协调一致（即价值实现）。因而，市值管理是上市公司价值管理（VBM）活动的延伸，其本质就是"价值管理"（VBM）。它是在我国资本市场缺乏有效性、内在价值与市场价值大幅偏离情形下，将公司的价值创造能力合理地传递给资本市场的一种机制与安排，严格来说，"它只是个过渡，当市场成熟以后，市值管理也就等同于 VBM"（施光耀等，2007）。

需要明确的是，以上市值管理的理念定位是基于上市公司角度的市值管理，尽管上市公司在具体实施市值管理活动的过程中，其参与者可能也包括了管理层、股东、券商以及基金公司等这些微观主体，以及证券监管部门等宏观主体（施光耀等，2007），但由于其定位是以上市公司为主导，所以可以称为上市公司的"微观市值管理"（翁世淳，2010）。在后续的相关研究中，有学者分别基于不同主体实施市值管理活动的需要及立场，又提出了其他的市值管理概念。其中，刘国芳（2009）以证券化率作为测度虚拟经济与实体经济量化关系的指标，进一步构建了基于政府相关监管部门角度的资本市场市值管理模型，以期通过对资本市场供求的调节影响总市值，从而确保虚拟经济与实体经济的最佳匹配与相互促进。由于这种市值管理的目标是从宏观角度确保虚拟经济与实体经济在资本市场的最佳匹配与促进，其主导主体是中央政府（或相关监管部门），因而被称为"宏观市值管理"（刘国芳，2009）。此外，李琦（2014）的研究基于大股东进行市值管理的角度，提出了"大股东市值管理"的概念，并强调其理念在于大股东在保证控股权的前提下，运用相关交易工具，科学合规地盘活存量股权，从而实现自身股权效用的最优化。但本书认为，由于大股东本身可以参与上市公司的市值管理活动，"大股东市值管理"与上市公司的微观市值管理行为在一定程度上是很难区分的；而且，在控股权不变的前提下，其最终目标与上市公司市值管理的目标是完全一致的[①]，所以其仍属于上市公司市值管理的范畴。另外，我们还认为，在"市值管理"本身"鱼龙混杂"的现状和背景下（黄莹颖，2014），如果以"肯定"的态度对大股东角度的市值管理进行理论探讨，很容易混淆市值管理的框架概念，产生市值管理认知和实践的偏差，导致市值管理可能沦为大股东（控股股东）管理自身财富、损害其他中小投资者利益的有力工具（李文华，2015）。

因而，从"市值管理"概念框架的完整性来看，基于市值管理活动参与主体的不同，将市值管理区分为"微观市值管理"和"宏观市值管理"两类

[①] 鞠娟（2015）的研究表明，上市公司市值管理的目的主要是实现公司大股东和实际控制人的战略目的。

是比较恰当的。其中，"微观市值管理"是由上市公司主导的市值管理行为，其理论基础是价值管理（VBM）理论，其奉行股东价值最大化目标，立足于公司价值创造，并借助于各种合规的价值经营活动和手段，以保持或实现上市公司内在价值与市场价值的协调一致。然而"宏观市值管理"则是由政府及相关监管部门主导，借助于相关制度及规则的制定，调节资本市场的供求关系，并对微观市值管理活动加以规范，从而确保虚拟经济与实体经济总量上的最佳匹配与相互促进。可见，在此意义上，微观市值管理与宏观市值管理尽管角度和立场不同，但两者是相互促进的。上市公司微观市值管理的最优化为宏观市值管理提供了基础，而宏观市值管理行为和手段的实施则为上市公司微观市值管理营造了公平、公正、公开的市场环境，并有利于规范上市公司的微观市值管理行为。本书在以下的论述中，除了有特殊说明，"市值管理"仅指"上市公司的微观市值管理"。

4.1.3.2 市值管理的模式及途径

如前所述，市值管理是基于中国资本市场发展的特殊背景而提出的一个全新理念，由于没有可供借鉴的成熟模式可供参考，因而自"市值管理"的理念提出以来，有关市值管理的模式与途径的探讨也成为市值管理理论与实务发展的热点。

（1）理论界的观点。

从理论界来看，关于上市公司市值管理模式及策略的看法和观点是相对比较一致的。施光耀等（2007）明确指出，市值管理的主要内容和模式在于价值创造、价值经营以及价值实现三个维度（以下简称市值管理"三维模式"）。其中，价值创造注重公司自身经营管理和内在价值的创造，是市值管理的根本和核心，而价值经营与价值实现则包括了其他合规运用的、追求市值溢价的工具与手段。以此为基础，施光耀等（2008）构建了以 EVA、MVA 等反映价值创造能力指标为主体的上市公司市值管理绩效评价指标体系，借以评价上市公司市值管理的综合绩效[①]。巴曙松和矫静（2007）的研究认为，上市公司的市值管理着重强调使企业的股价能够正确、真实地反映企业内在

---

① 2006 年 12 月，中国上市公司市值管理研究中心在北京成立，是中国第一家专门从事上市公司市值管理的理论、规律、趋势和操作实务等研究的民间学术机构。该机构利用构建的上市公司市值管理绩效评价指标体系，自 2009 年 2 月发布首份上市公司市值管理年度报告（后改称中国上市公司市值管理绩效评价报告）《2008 中国上市公司市值管理年报》开始，截至 2017 年已经发布了九届年报。该指标体系最初有价值创造、价值实现以及价值关联度三大类一级指标，后来的评价中根据实际进行了完善。截至 2015 年的报告，目前包括价值创造、价值实现、价值关联和市场溢价四大一级指标。

价值，其市值的增加是以内在价值的创造为前提的，并非进行股价操纵的结果。因而，上市公司市值管理可以从主业溢价、管理溢价和投资者偏好溢价三个维度来进行，其中主业溢价和管理溢价是进行内在价值的管理与创造，而投资者偏好溢价则是通过与投资者的有效沟通，降低信息不对称的程度，以促进投资者对公司价值的发现与认可。张济建等（2010）基于施光耀等（2007）关于市值管理的价值创造、价值经营以及价值实现三个环节，系统构建了中国上市公司市值管理框架，并指出市值管理的目标是实现市值与内在价值的匹配，但不是操纵股价，具体的市值管理策略包括完善公司治理结构、加强客户关系和投资者关系管理以及合规运用并购重组、定向增发、股票回购等资本运营的手段等[①]。易莹（2013）、魏建国和陈骏（2013）等均认为，在股票市场缺乏有效性，内在价值与市场价值严重偏离的背景下，市值管理有其必要性，可供运用的市值管理工具包括并购重组、分红送配、投资者关系管理、大股东股份增持、股份回购、大宗交易、股权激励、员工持股等。

可见，学术界对市值管理的模式及策略的认知原则相对比较谨慎：第一，市值管理的本质是价值管理（VBM），其目标是实现市值与内在价值的匹配，即追求股东价值最大化；第二，市值管理的根本模式就是价值管理模式，以内在价值创造为市场价值增加的驱动力，并借助于资本运作、投资者关系管理等手段，实现市值与内在价值的匹配；第三，市值管理不是操纵股价的管理；第四，所有市值管理工具与手段的运用必须合规。

（2）监管部门的态度。

市值管理的理念提出以后，基于中国新兴资本市场的特殊实际，除了引起我国学术界以及实务界的关注之外，也引起了我国政府相关监管部门的重视。其中，早在2005年9月股权分置改革推动期间，国资委就提出要着手研究"在对上市公司国有控股股东进行业绩考核时，要考虑设置其控股的上市公司市值指标"[②]，这应该是"市值管理"进入政策视野的开始（易莹，2014）。之后，尚福林、黄淑和等时任国资委的领导均在不同场合强调了要将市值纳入央企考核办法，以引导央企树立股东回报意识，不断增强企业的价值创造能力。2013年12月27日，国务院办公厅发布《关于进一步加强资本

---

① 张济建等（2010）的研究提及的可用于市值管理的资本运作手段和工具包括整体上市、资产分拆、并购重组、定向增发、大股东增持与减持、发放股票股利、转增股本、股票回购等。

② 详见2015年9月9日国务院国有资产监督管理委员会发布的《关于上市公司股权分置改革中国有股股权管理有关问题的通知》（国资发产权〔2005〕246号）。该文件尽管没有提出完整的"市值管理"概念，但其明确提出的拟将国有控股上市公司市值纳入业绩考核指标体系的思路，要比施光耀（2005）提出的"市值管理"概念要早。

市场中小投资者合法权益保护工作的意见》，就优化投资回报机制、保障中小投资者知情权等方面做出了一系列规定，其中完善公司治理，提高盈利能力和价值创造能力以及完善股份回购制度等微观市值管理的操作模式也初见端倪。

2014年5月8日，国务院发布《关于进一步促进资本市场健康发展的若干意见》（以下简称《新国九条》）中明确指出，为了提高上市公司质量，鼓励上市公司建立市值管理制度，这是"市值管理"首次被写进资本市场顶层制度设计的纲领性文件中（曹中铭，2014）。至此，市值管理才有了宏观政策依据。2014年11月28日，证监会新闻发言人张晓军在例行发布会上表示，证监会正在研究鼓励上市公司建立市值管理制度，上市公司和相关机构在开展市值管理过程中，不得触碰虚假披露、内幕交易、市场操纵等"高压线"，这应该是监管部门就"不可为"的市值管理行为的首次表态。2015年3月，时任中国证监会主席肖钢对明确提出要围绕构建中国特色市值管理体系加强宣传，展开深入讨论，但至今基于宏观角度的上市公司市值管理意见或指引仍旧没有出台，清晰可行的市值管理模式及途径仍不明朗。

在此背景下，一方面，市值管理理念得到了学术界、实务界尤其是监管层的认可，但另一方面由于缺乏界限分明的操作规范和指引，实践中的市值管理模式"千奇百怪"（刘国芳，2014）、遮遮掩掩，各种专业金融机构、管理公司甚至资金掮客裹挟其中，市值管理模式及途径的实践一直行走在"略显暧昧"的边缘（鞠娟，2015）。

4.1.3.3 市值管理的践行困境

基于以上市值管理的状况，尽管学术界对市值管理的理论基础、实务操作模式等进行了积极、持续的探讨，但基于长期以来宏观市值管理的理念及建设进程滞后，缺乏明确的指导微观市值管理的政策和规范，因而造成市值管理理论和制度规范的发展不能完全跟上实务运用的进程，特别是理论界与实务界在"市值管理"理念方面存在的认知偏差（李文华，2015），致使实践中市值管理"鱼龙混杂""乱象丛生"（刘国芳，2007；黄莹颖，2014），陷入了理念认知与践行偏差的双重困境。

（1）市值管理理念存在的认知误区。

刘国芳（2007）的研究总结了实务界对于"市值管理"常见的认知误区，其中比较典型的理念偏差包括：第一，将市值简单地理解为股本与股价的乘积，没有认识到市值是公司内在价值的具体体现，忽略了市场对股票内在价值的发现和认同。这种认知偏差可能直接导致将"市值管理"等同于

"股价管理"①,甚至是"股价操纵"。第二,"市值差别"就是"股价差别"。该种理念认知偏差,将市值与内在价值管理割裂开来,没有认识到市值只是公司价值的外在表现,市值差别的主要根源并非股价之差,而是公司内在价值创造能力的差别,是公司战略、盈利能力、成长前景、治理结构以及投资者关系管理等驱动因素的综合结果。第三,市值管理就是迎合市场。毫无疑问,市值管理需要考虑投资者偏好、市场周期、估值标准、市场人气等因素,但绝不是简单迎合,而是在遵循市场规律、充分考虑不同投资者期望的前提下,引导资本市场的价格发现。第四,市值管理就是追求股票价格最大化。该种认知偏差没有认识到由于市场有效程度的不同,股东价值最大化并不等于股票价格最大化,而市值管理的目的是使股价能够正确、真实地反映公司的内在价值。价格不可能长期背离价值,如果放弃股东价值的创造而去追求股票价格最大,则是本末倒置。易莹(2013)、魏建国和陈骏(2013)以及李文华(2015)等均对以上实务界在市值管理理念的认知偏差进行了探讨。

(2) 市值管理践行模式的异化。

如前所述,传统的市值管理策略与工具包括并购重组、定向增发、投资者关系管理、信息披露、大股东股份增持、上市公司股份回购、大宗交易、股权激励、员工持股等。在正确的市值管理理念以及内在价值创造的前提下,这些交易工具与手段本应该成为上市公司内在价值与市场价值有效传递的机制与安排,但现实的情况是,由于理念认知的偏差以及监管的缺失,从而导致市值管理在实践中偏离了其价值管理的本意,即这些市值管理工具大多被滥用,从而导致内幕交易、虚假陈述、市场操纵等违法违规行为的时有发生②。根据中国上市公司市值管理研究中心(2013)的研究,近年来,随着证券监管的趋严,对上市公司违法违规处罚力度加大,因公司治理违规受到谴责和批评的公司呈倍增趋势③。

---

① 熊锦秋(2014)指出,当前 A 股上市公司的市值管理概念已被庸俗化,市值管理成为单纯的股价管理(详见:熊锦秋. 莫将价值管理当成市值管理[EB/OL]. http://jjckb.xinhuanet.com/2014-07/29/content_ 514547.htm,2014-07-29)。

② 2014 年 12 月 17 日,由上海证券交易所和中国上市公司协会共同主办的"第十三届中国公司治理论坛"上,中国上市公司协会副会长毕晓颖在谈及现行市值管理存在的问题时指出:既有的市值管理工具多存在被滥用而导致内幕交易、虚假陈述、市场操纵等违法违规行为的可能性,行为界限较为模糊,急需监管部门明确界限和底线。

③ 依据中国上市公司市值管理研究中心发布的《2013 年度中国上市公司资本品牌评价报告》,从违规公司家数来看,2013 年有 168 家,占当年样本比例的 8.62%;而 2012 年仅 9 家,仅占当年样本比例的 0.62%。

根据刘国芳（2014）的总结[①]，实践中市值管理工具被滥用的典型模式主要包括：①以高抛低吸为特征的券商"市值管理"模式。该类模式主要围绕上市公司大股东存量持股市值的盘活来设计，通常上市公司股东将股票交由券商管理，由券商根据市场行情进行高抛低吸，到约定的时间再将股票交由该股东，这其中高抛低吸产生的收益由双方按约定的比例进行分配。②以拉升股价为特征的大宗交易商"市值管理"模式。具体实务操作过程中，又区分为先大宗交易后拉升和先拉升后交易的大宗交易两种，但不管是具体采用哪一种，都存在上市公司减持股东事先与大宗交易商谈好交易与分成协议，从而侵害其他中小股东利益的情形。③以联合坐庄为特征的私募基金"市值管理"模式。该种类型往往以"市值管理"为名，由私募机构与上市公司联合坐庄，私募机构负责拉升股价，上市公司予以配合出利好，成功出货后，相关参与方按约定比例分配投资收益。④以并购重组（或产业整合）为名的管理咨询公司"市值管理"模式。该种类型的"市值管理"主要有两种方式，一是先减持后重组，重组启动前，大股东减持股份，而并购基金代为接盘；二是先增持后并购，利用基金子公司的产品通道，以结构化产品的方式实现增持。但不管哪种方式，内幕交易、不实信息披露等违法违规行为往往隐匿其中。除了以上典型模式之外，实务中还有以投资者关系管理为主要内容的财经公关"市值管理"模式、以稳定股价为目的的股权质押"市值管理"模式以及定向增发"市值管理"模式等。具体市值管理"异化"的典型模式汇总如表4-2所示。

表4-2 市值管理"异化"典型模式汇总

异化模式	主导主体	特征
券商"市值管理"模式	券商	高抛低吸，盘活存量
大宗交易商"市值管理"模式	大宗交易商	拉升股价，高位减持
私募基金"市值管理"模式	私募基金	联合坐庄，高位获利
咨询公司"市值管理"模式	管理咨询公司	炒作并购，长线内幕
财经公关"市值管理"模式	财经公关公司	危机管理，关系维护
大股东"市值管理"模式	大股东	定向增发，控制股价

资料来源：根据刘国芳（2014）的研究，结合其他资料整理完善。

[①] 刘国芳. 正确把握上市公司市值管理制度内涵 [EB/OL]. 百度文库. https://wenku.baidu.con/view/0da4fcf585868762caaedd3383c4bb4cf6ecb70a.html.

可以发现，这些被"异化滥用"的市值管理模式，往往有其共同点：第一，割裂了内在价值创造与市场价值之间的内在联系，仅仅注重市场价格的操纵，忽视了内在价值创造对市场价值的驱动；第二，主体往往不是上市公司，而是其他机构主导、上市公司配合，以市值管理名义，利用资本市场监管漏洞，内外勾结、集中资金和信息优势等操纵市场以牟取利益。因而，其本质上并非真正意义的"上市公司市值管理"，属于"伪市值管理"（刘国芳，2014），必须通过明确市值管理的价值取向、加强市值管理的制度建设等予以规范，从而把上市公司的市值管理活动导入健康发展的轨迹。

（3）市值管理绩效异常。

如上所述，近年来，在市值管理监管制度不完善、理念认知偏差及践行模式异化的背景下，实践中市值管理偏离应有的价值管理目标，股票价格异常波动时有发生，公司内在价值与市场价值背离的现象依然比较严重，市值管理绩效指标反映不一，总体效果不甚理想。李文华（2015）选取了总股本、股价、净资产等指标对我国上市公司市场价值和内在价值的关联度进行分析，发现 2006~2013 年，A 股市场借助于相关市值管理工具（如 IPO、定向增发、公开增发、配股等）迅速扩容，总股本增长了 1.73 倍，但每股价格从 2007 年的最高 17.99 元下降到 2013 年的 6.71 元，降幅达 62.70%，每股市值下降幅度很大；而另一方面 A 股价值创造能力的指标[①]却稳步增加，2013 年的每股收益、每股净资产分别较 2006 年增长了 1.32 倍、0.85 倍。李文华（2015）认为，这总体反映出该阶段 A 股市场对上市公司内在价值的溢价效应在降低，但是 2013 年以后，市场的溢价效应则表现出反转飙升、异常波动的态势[②]。根据中国上市公司市值管理研究中心发布的相关数据，2013~2015 年，一方面由于多种因素共同影响，沪深股市上市公司市值迅速飙升，总市值从 2013 年底的 23.76 万亿元一跃上升至 2015 年 6 月 12 日的 71.25 万亿元，累计上涨了近 2 倍，内在价值溢价能力异常；而另一方面内在价值与市值的关联度却一直呈下降趋势。根据《2015 年度中国上市公司市值管理绩效评价报告》的资料[③]，2015 年度 A 股上市公司绩效总分创有绩效评价指标体系以来的最高分，主要原因是因为这一年内"市值被快速推升"，价值实现指标得分增幅达 80%；但报告同时显示 A 股上市公司的价值创造能力指标得分却在下降，这

---

① 李文华（2015）的研究用每股收益、每股净资产等指标代表价值创造能力。

② 以上证综指为例，2013 年 6 月 25 日上证综指最低为 1849.65 点，到 2015 年 6 月 12 日达到 5178 点，累计上涨近 180%，随后却一路下跌，截至 2015 年 8 月底的统计，最低跌至 2015 年 8 月 26 日的 2850.71。

③ 报告财务年度的起止时间为 2014 年 5 月 1 日到 2015 年 4 月 30 日。

实际上表明我国上市公司的内在价值与市场价值在这一阶段正处于"渐行渐远"的背离状态。

进一步分析，我们发现这种价值背离还具有典型的规模和产权特征。根据截至2013年度A股市场的一项统计资料①，从2007年底以来所有持续交易的上市公司A股市值，蒸发市值榜上最多的10家公司有8家是大型蓝筹国企股。其中，中国石油蒸发了3.79万亿元，中国石化蒸发了1.17万亿元，工商银行蒸发了1.13万亿元，中国人寿蒸发了9218.57亿元，中国神华蒸发了8398.88亿元，加上交通银行、宝钢股份、中国国航等，这数十家国企蒸发的市值，累计近十万亿元。另外，通过国资委的统计，这一期间相关公司的EVA价值创造能力则持续增强。这种价值"悖论"在一定程度上反映出我国A股上市公司估值偏离的一种状况，尤其在国有控股公司以及大盘蓝筹股表现更为明显，整体市值管理绩效状况令人堪忧②。

4.1.3.4 市值管理的规范与对策

纵观市值管理在我国近10年的探索研究及实践发展，伴随着我国资本市场的发展历程，市值管理经历了从"意识觉醒"到"局部试水"两个关键的发展阶段③，已经成为提高我国上市公司质量、促进资本市场健康发展必须面临的课题。特别是，2014年国务院发布《新国九条》鼓励上市公司建立市值管理制度以来，市值管理正面临"全面推行阶段"的到来（施光耀，2014）④。

---

① 姜韧. 蓝筹股市值管理就是牛鼻子［EB/OL］. http：//www.stcn.com/2014/0710/11551735.shtml，2014-07-10.

② 根据中国上市公司市值管理研究中心发布的《2013年度中国上市公司市值管理绩效及资本品牌评价》，2013年表现的市值管理格局具有"民企完胜国有企业""大盘股不敌小盘股"等特征。报告认为，造成这种估值状况的原因有很多，国有控股企业所处的行业多是传统行业和周期性行业，企业规模普遍偏大，成长性和投资效率偏低，加之市场投资偏好因素，"新兴加转轨"的A股市场还是一个散户市场，习惯于炒新、炒小、炒ST等。另外，更为重要的原因是，民企与国企在市值管理的价值取向方面存在很大的差异。

③ 施光耀在2014年5月24日召开的第八届中国上市公司市值管理高峰论坛发表的报告指出，自2005年股权分置改革开始，在过去近十年的时间内，市值管理的发展大致可以区分为以下两个阶段，即2005年至2008年左右体现的是"市值意识的觉醒"阶段；2008年金融危机以后到2014年为"局部试水市值管理"阶段。以2014年5月国务院发布《关于进一步促进资本市场健康发展的若干意见》为标志，市值管理将进入全面推行阶段。

④ 施光耀（2014）认为，市值管理自国务院发布《关于进一步促进资本市场健康发展的若干意见》后，将进入全面推行阶段。但本书认为，由于宏观监管角度的上市公司市值管理意见或指引仍旧没有出台，所以全面推行还不适合。

综合以上分析，可以发现，尽管市值管理在理论界和实务界受到一定程度的热捧和关注，但市值管理的理论研究、制度建设相对于资本市场对其的需求仍显滞后，实务中理念认知误区与践行偏差的困境也急需加以引导和规范。2014年11月28日，证监会新闻发言人张晓军就鼓励上市公司建立市值管理制度问题时指出：市值管理的主要目的是鼓励上市公司通过制定正确发展战略、完善公司治理、改进经营管理、培育核心竞争力，实实在在地、可持续地创造公司价值，以及通过资本运作工具实现公司市值与内在价值的动态均衡。可见，基于市值管理的理念定位及发展现状，市值管理的"异化"发展急需回归企业价值管理体系的轨道，其规范与完善仍旧需要学术界、实务界以及监管层等各方面的进一步努力。

（1）应该进一步丰富和完善市值管理的理论框架。

如前所述，由于市值管理是基于我国资本市场实际而产生的一个特殊课题，没有可供借鉴的成熟模式，尽管学术界（或理论界）对市值管理的理念、框架等进行了积极的探索，但囿于研究立场和角度的不同，系统的市值管理概念框架亟待丰富和完善。

首先，应清晰界定市值管理的类型及目标定位。

众所周知，市值管理的主体是整个市值管理体系构建的前提条件，并借以明确其空间范围和目标理念。实践中，现行"市值管理"的参与方既包括上市公司及管理层、股东、券商以及基金公司等这些微观主体，也包括证券监管部门等宏观主体（施光耀等，2007）。由于参与主体众多，利益诉求复杂，"市值管理"概念混乱、边界模糊；加上监管制度不完善，上市公司市值管理的主导地位往往被弱化或替代，从而出现各种各样被"异化"的市值管理模式（刘国芳，2014）。

根据前文的论述，基于中国资本市场实际，从"市值管理"概念本身的完整性来看，划分"微观市值管理"和"宏观市值管理"两种类型是比较恰当的。两者分别基于上市公司和监管层主导市值管理的立场，从微观和宏观两个方面共同组成了整个市值管理的主体框架。其中，微观市值管理（即上市公司市值管理）的目标定位在于追求公司内在价值与市场价值的协调一致，最终目标是股东价值最大化；而宏观市值管理（即监管层主导的市值管理）的目标则定位于调节资本市场的供求关系，并对微观市值管理活动加以规范，以确保虚拟经济与实体经济总量上的最佳匹配。至于其他的主体则只是上市公司市值管理的参与方，而不应当成为市值管理的主导主体，否则在现行的市场环境下市值管理必将被"异化"。详细的市值管理概念框架如表4-3所示。

表 4-3　市值管理的概念框架

市值管理的类别 概念要素	微观市值管理	宏观市值管理
主要理论基础	价值管理理论（VBM） 资本市场理论	宏观经济理论、资本市场理论
主导主体	上市公司	政府监管部门
参与者	各利益相关方，包括公司管理层、员工、股东、券商、基金公司、管理咨询公司、证券监管部门等	资本市场的参与者
目标理念定位	追求公司内在价值与市场价值的协调一致，最终目标是股东价值最大化	调节资本市场的供求关系，并对微观市值管理活动加以规范，确保虚拟经济与实体经济总量上的最佳匹配
管理模式及手段	基于内在价值创造的价值经营模式	资本市场的制度建设与监管

资料来源：根据相关资料整理。

其次，重构市值管理的模式及路径。

现行学术界普遍接受的市值管理模式和路径，来源于施光耀等（2007）界定的以"价值创造""价值经营"和"价值实现"为内容的"三维模式"。依据施光耀等（2007）的解释，市值管理"三维模式"中，"价值创造"是指上市公司抓好公司自身的经营管理，创造公司内在的投资价值；"价值实现"是指上市公司利用投资者关系管理、公司品牌战略和企业社会责任等手段降低信息不对称程度，以促进资本市场对公司的价值发现；而"价值经营"则是指上市公司借助于资本运营等手段，充分分享资本市场的溢价功能，进一步提升公司内在价值，实现公司市值最大化的过程。[①]

由于市值管理在我国是个新的研究课题，基于"先入为主"的观念，继后的相关研究如张济建等（2010）基本上均秉承了"三维模式"的观点，市值管理"三维模式"从而在很大程度上影响和决定了近 10 年来市值管理研究在我国的发展方向，也必然对市值管理的践行效果产生影响。但事实上，回

[①] 关于施光耀等（2007）对价值创造、价值经营以及价值实现的具体阐述，详见：施光耀，刘国芳，王珂．市值管理在中国的来龙去脉［J］．市值管理，2007，2：52-54．本书并不认同其"市值最大化"观点的表述。

顾过去 10 年的市值管理实践，考虑到市值管理概念框架的进一步完善，"三维模式"的框架有以下几个方面值得进一步商榷：

第一，重新定位"价值实现"的属性与评价标准。根据施光耀等（2007）的描述，市值管理的理论基础是价值管理（VBM）理论，而从价值管理理论来看，"价值实现"应该是"价值创造"活动驱动的一种"结果"，其外在表现是市场价值及相关指标，反映了公司内在价值与市场价值动态均衡、匹配与关联的状态，而不应该是市值管理的某个活动或过程。因而在市值管理体系中，"价值实现"应该被定位为一种"结果"。在此意义上，价值创造产生内在价值，内在价值推动价值实现，即公司市场价值与内在价值的关联统一，从而实现股东价值最大化的目标。因而，价值实现的评价标准应该是价值创造指标与市场价值指标之间的相关程度，或者价值创造指标对市场价值指标的解释力；它也可以表现为市值溢价的程度，但绝不是市值最大化。但截至目前，即使是最流行的 EVA 指标①，尽管有许多研究表明其与股票价格回报有较强的相关性（O. Byrne，1996；Lehn and Makhija，1996），但是也有一些研究（Dodd and Chen，1996；Biddle et al.，1997）指出了 EVA 与股票市场回报的关系并不占优势。这实质上也表明了市值管理存在的意义，即在市场有效程度不足时，如何借助于信息沟通、投资者关系管理等手段将内在价值信息传递并反映到市场价值中去，从而有效提高公司的价值实现程度。

第二，重新界定"价值经营"的内容。在"价值实现"被定位为仅仅是一种"结果"的前提下，将原来分别被界定为"价值经营"以及"价值实现"环节的资本运营、投资者关系管理等手段与方法均纳入"价值经营"的范畴，从而可以消除对相关概念理解和市值管理活动践行的混乱。

第三，重新识别"价值经营"的功能与机制。一方面，根据 Grant（2003）的研究，公司的内在价值通常可以分为两个部分，即现有资产创造的经济价值（以下简称"当前经济价值"）以及预计未来投资（或增长）机会所创造的经济价值（简称"未来增长价值"）。然而公司借助于资本运营、投资者关系管理等价值经营手段与方法，即通过影响投资者对公司未来的预期，从而进一步影响到公司内在价值中"未来增长价值"部分。Copeland 等（2006）基于预期的绩效管理（EBM）理论也认为，公司所创造的符合投资者预期的经营现金流，是保证公司市场价值稳定和增长的重要因素。国内学

---

① 在 INSEAD（Boulos et al.，2001）的调查中，EVA 成为受调查公司中使用范围最广的价值管理指标，其应用比例达 47%（详见：Boulos F.，Haspeslagh P. C.，Noda T. Getting the Value out of Value-based Management: Findings from a Global Survey on Best Practices [M]. Boston: Harvard Business School Publishing Corporation，2001）。

者张济建等（2010）的研究也指出，公司潜在经济价值（即未来增长价值）是由"价值经营"系统产生的。因而在此意义上，"价值经营"本质上是内在价值创造活动的一部分，具有价值创造的功能。另一方面，价值经营借助于资本运营、信息披露、投资者关系管理等手段与方法，降低信息不对称程度，具有促进市场对公司的价值发现和增加市值溢价的功能，以实现公司市值与内在价值的动态均衡。因此，重新定义后的"价值经营"具有"双向"功能，即一方面面向公司，是内在价值创造活动的一部分，合理运用可以提升公司的内在价值；另一方面面向市场，促进投资者价值发现，是市场溢价的推动工具。

基于此，重构的上市公司市值管理模式及路径如图4-2所示。可以发现，上市公司市值管理模式实质上是建立在内在价值创造基础上的价值经营模式，其基本路径是借助于价值经营的两种功能，一方面，进一步提升内在价值创造能力，形成公司内在经济价值（包括当前经济价值和未来增长价值）；另一方面，借助于价值经营促进市场的价值发现功能，获取市值溢价，形成市场价值。换句话而言，借助于价值经营方法与手段（或市值管理方法与手段）一方面作用于公司价值创造系统，另一方面影响投资者的价值发现系统，以维持两个系统之间的动态均衡，从而实现内在价值与市场价值的匹配与协调（即价值实现），最终目标是股东价值最大化。因而，从市值管理模式及路径来看，价值经营活动推动投资者的价值发现实质是对公司内在价值的发现及溢价反映，其关键还是提升公司的价值创造能力。如果内在价值上升，借助于价值经营的价值发现功能，市值必然会反映出对内在价值的溢价效应，而如果脱离公司内在价值创造而单纯追求市值溢价，则会失去价值发现的基础，也就不能真正实现公司价值创造系统与投资者价值发现系统的协调平衡。

最后，完善现行市值管理绩效评价体系。

国内目前主流的上市公司市值管理绩效评价指标体系是由中国上市公司市值管理中心于2008年构建的。最初的评价指标体系包括价值创造、价值实现以及价值关联度三大一级指标，其赋予的权重分别为0.3、0.5和0.2。在后续的实践中，该指标体系又几经调整，截至2015年，其指标体系构成包括价值创造、价值实现、价值关联度和市场溢价四大一级指标，分值权重分别为0.3、0.4、0.2和0.1（施光耀等，2015）。

可以发现，尽管经历了多次调整和完善，但现行的市值管理绩效评价指标体系一直偏重于对结果（即价值实现）的考核评价，而弱化了对上市公司价值创造能力的考核，很容易导致追求"市值最大化"、异化市值管理的行为

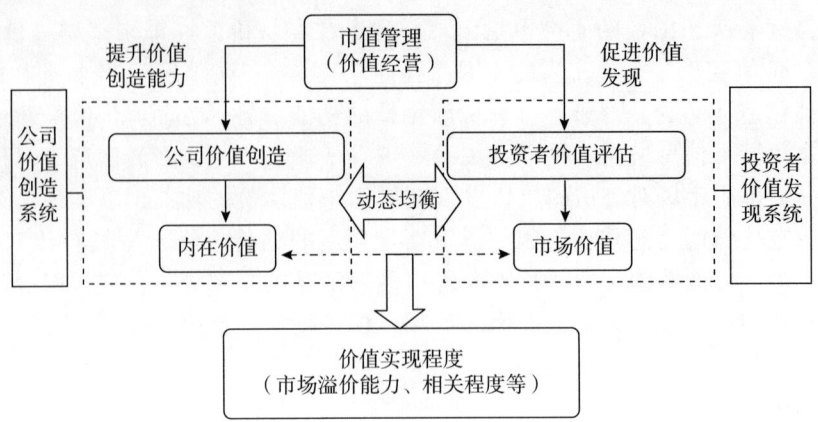

图 4-2　市值管理模式及路径

倾向。因而，本书建议：首先，必须明确市值受制于投资者价值发现能力、宏观经济形势、货币和财政政策、股票市场周期变化以及投资者偏好等众多外部市场条件的影响，因而市值管理绩效评价体系应该综合平衡和考虑这些因素，完善相关评价指标和方法，以还原上市公司市值管理绩效的真正驱动力；其次，应该在完善现有市值管理绩效评价指标体系的基础上，加大价值创造能力指标的评分权重，并注重提高内在价值与市场价值关联度的评价，这样才有助于上市公司树立正确的价值取向，回归价值创造的本源。此外，市值受众多外部市场条件影响的客观性特点，决定了市值管理不适合成为上市公司（包括国有控股）业绩考核的指标条件，否则极易误导上市公司偏离正确的价值取向。

（2）加强宏观市值管理，营造公平市值管理环境。

如前所述，政府监管部门角度的宏观市值管理的基本功能定位在于：运用各种宏观工具与手段调节资本市场的供求关系，提升资本市场的运行效率，确保虚拟经济与实体经济总量上的最佳匹配，并为上市公司的微观市值管理营造公平的市场环境，切实保护投资者特别是中小投资者合法权益。为此，结合我国现行"股票市场不成熟"[①] 的实际状况，其主要可以从加强资本市场的制度建设与加强微观市值管理活动监管两个方面来入手。

一方面，加强资本市场的制度建设。具体包括，尽快出台上市公司市值管理制度指引或指导意见，明确市值管理的概念、厘清市值管理的边界，从

---

① 2015年9月6日，证监会负责人就稳定股市表态认为，"这轮股市异常波动，进一步暴露了我国股票市场不成熟、制度不健全、监管不适应，以及上市公司和投资者结构不合理，短期投机炒作过多等问题。解决这些问题，根本上要靠深化改革，健全法制，完善监管"。

而从制度层面肃清"异化"的市值管理行为；积极稳妥实施股票发行注册制改革；积极稳妥制定并推出长期资金入市制度，优化投资者结构；加快上市公司并购重组的市场化改革；规范大股东和实际控制人股份转售制度；积极推进和完善上市公司股份回购制度、股权激励制度以及员工持股计划；认真落实上市公司分红制度，优化投资者回报机制；尽快制定实施指数熔断机制方案；夯实市场基础设施建设，建立健全风险预警体系和跨市场实时监控体系等。

另一方面，应加强对各类违法违规市值管理活动的科学监管和适度监管，以保障投资者特别是中小投资者的利益。具体包括加强对虚假披露、内幕交易、市场操纵等行为的查处与打击力度；严格管理和限制程序化交易，抑制股指期货过度投机，规范股票融资业务；规范证券公司、基金公司、期货公司等市值管理参与主体的业务活动，完善风险控制指标体系；加强各类账户和信息系统的管理等。

总之，综合来看，市值管理是基于中国资本市场发展的特殊背景而提出的，基于价值管理理论的全新理念，由于没有可供借鉴的成熟模式可供参考，现阶段理论研究及监管的落后致使其陷入了理念认知与践行偏差的双重困境。而且，2015年我国股市出现的"异常波动"事件，则促使我们不得不进一步正视我国上市公司市值管理的现状。因此，我们应该实事求是地认识市值管理，从因果关系、价值取向入手来分析判定，理清思路，确定方向，把上市公司导入价值管理健康发展的轨迹。

4.2 国有企业价值管理体系构建的制度依据

以上有关我国价值管理的研究现状回顾表明，价值管理在我国的应用主要是以 EVA 评价指标体系的引进、应用为主要特征。特别是，自 2007 年国资委在央企负责人业绩考核中开始试行实施 EVA 评价以来，EVA 评价指标体系在理论界与实务界的影响和关注得以空前提升，相关研究成果异常丰富，价值管理体系的构建已经具备了较为扎实的理论基础。与此同时，近年来国有企业改革相关举措及进程的推进与落实，也使得价值管理理念应用于国有企业改革顶层设计的思路逐步进入政策视野，尤其是 2015 年《深化改革指导意见》的发布实施，为国有企业价值管理的构建提供了更加明确的指导依据①。其中，《深化改革指导意见》中关于"分类推进国有企业改革"的意见确立了价值管理在各类国有企业改革中的地位和作用，而建立"以管资本为主"的新型国有资产管理体制则明确了价值管理是实现国有企业"保值增值"目标的主要方式。

除此之外，更为重要的是，国有企业改革相关政策中还有两个与价值管理体系构建有关的内容值得关注。第一，2014年初国资委发布的《价值管理指导意见》明确规定EVA价值管理体系为国有企业价值管理体系的具体实施模式，并在《深化改革指导意见》中作为实现国有企业保值增值目标的方式得以进一步的肯定。第二，党的十八届三中全会及《深化改革指导意见》均提出了至2020年落实30%国有企业分红目标的决定，这种比例明确的"强制性"分红机制，势必对国有企业的盈利能力和价值管理活动形成一种倒逼机制。因而，在充分考虑和平衡30%分红比例以及可持续增长资金需求的前提下，如何增强与维持国有企业的盈利能力，并进一步提升价值创造能力是未来国有企业EVA价值管理体系构建的一大挑战。由此看来，国有企业多年来所推行实施的经济增加值考核制度与国企分红制度，成为科学构建国有企业价值管理体系的重要现实基础。

4.2.1 国企分红

4.2.1.1 国企分红制度的建立

国企分红问题的热议源于2005年10月世界银行发布的题为《国有企业分红：分多少？分给谁？》的研究报告。报告围绕国有企业为什么要支付股利、支付多少以及支付给谁等主要问题，直指当时我国国有企业利润分配制度的缺失。报告认为，在世界范围内的其他国家，国有企业普遍存在，而国家作为国有企业的重要股东，通常会像其他股东一样公平地从国有企业获取红利，但中国的情况并非如此。"由于历史原因，不论是财政部、国资委还是其他任何中央政府部门，都没有从中央大型国有企业那里分红，地方政府和地方负责管理的国有企业大多也都如此②。"报告一经发表，随即引起了我国

---

① 具体参见2.4国企深改政策与价值管理部分的阐述。
② 世界银行. 国有企业分红：分多少？分给谁？ [EB/OL]. 百度文库. https：//wenku.baidu.com/view/4d8a9c126edb6f1aff001fbd.html.

理论界与实务界关于"国企分红"问题的大讨论,各类媒体也争相报道并进行专题研讨①。

从国有企业利润分配的历史沿革来看,我国国有企业的利润分配制度适应不同时期经济体制改革的不同要求,自中华人民共和国成立初期的"统收统支"开始,在经历了"利润留成""利改税""承包制""税利分流制度"等不同改革阶段之后,于1993年提出了要"逐步建立国有资产投资收益按股分红、按资分利或税后利润上交的分配制度"的目标。但在实际工作中,因1994年起新设企业,绝大多数由1993年以前注册的老国有企业出资或改制而来,仍享受税后利润不上交的政策,该办法并未得到有效执行,从而形成了当时集团公司不向国家上缴利润的格局。这种格局从而也被认为是"政府与国有企业之间财务关系改革尚未真正完成的一个后果"(世界银行,2005)。

"国企分红"的讨论中,在"为什么支付"问题上,基于当时"国有企业的利润飞速增长以及由此带来的投资率居高不下,垄断行业收入上升"②的大背景,各界意见基本一致,普遍认为无论是从国家作为投资人收回成本的角度,还是抑制国有企业过度扩张或者补充公共政策领域的资金不足等方面,国有企业均应该向国家上缴红利③。但在分红的其他相关问题特别是"支付多少以及支付给谁"的问题上则存在相当大的争议。其中,关于"支付给谁"争论的焦点主要集中在当时作为国有资产出资人代表的国资委,与作为公共预算编制部门的财政部谁来主导国企分红以及如何针对分红编制预算等问题上,而对于"支付多少"的争论更加复杂,主要涉及支付比例到底是由国家股东代表(如国资委)决定,还是由国有企业董事会报批分红方案,是"一刀切"还是采用"一对一"谈判,以及如何兼顾国有企业投资回报率和利润再投资符合国有经济布局调整的思路和方向等问题。

---

① 例如,2006年2月28日《21世纪经济报道》刊载了该报与北大金融与证券研究中心联合举办的一场关于国企分红问题的讨论,与会专家包括曹凤岐、贾康、张文魁、华生、刘纪鹏和潘岩杰等。另外,人民网也在2006年10月12日的一篇文章谈到了由企业红利的归属问题所引发的争议,有关专家包括杨瑞龙、罗建钢等。

② 根据世界银行(2005)的统计,国有企业的营利能力不断提高,国有工业企业和集体企业的利润总额从1998年占GDP的1.2%增长到了2003年的3.7%,但"这些利润除了用于对国有企业再投资,没有更好的用途"(详见:http://www.worldbank.org.cn/Chinese/content/SOE_cn_bill.pdf)。另据统计,2005年,中央企业实现利润6413亿元,利润排序前10名的央企实现利润占全国国有企业利润总额的55%,而中国移动、中国石油、国家电网、中石化、中国电信这五家企业的利润占中央企业实现利润的70%,它们都是政府授权经营的特大型企业。

③ 当时,也有学者不主张国有企业上缴利润,主要原因在于:一方面是认为对垄断性国企收取过高的红利,会刺激企业有意低报利润的动机,并导致其进行盈余操纵,将利润转化为本单位职工的收入和福利;另一方面是担心分红机制设计不好将引起国家财政的混乱。

但争论归争论，最终"国企分红"的各种猜想与困惑，以国务院2007年9月13日发布《国务院关于试行国有资本经营预算的意见》（国发〔2007〕26号，以下简称《试行意见》）而暂时尘埃落定①。《试行意见》明确了财政部主导国有资本经营预算的模式，对试行国有资本经营预算的指导思想和原则、预算的收支范围、编制和审批、执行以及组织实施等做出了总体的部署和安排。《试行意见》同时明确中央本级国有资本经营预算从2008年开始实施，2008年收取实施范围内企业2007年实现的国有资本收益。2007年进行国有资本经营预算试点，收取部分企业2006年实现的国有资本收益。各地区国有资本经营预算的试行时间、范围、步骤，由各省、自治区、直辖市和计划单列市人民政府决定。随后，2007年12月11日，财政部、国资委联合印发了《中央企业国有资本收益收取管理暂行办法》（财企〔2007〕309号，以下简称《暂行办法》）的通知，《暂行办法》要求，中央企业应交红利的比例，区别不同行业，分三类执行：第一类为烟草、石油石化、电力、电信、煤炭等具有资源型特征的企业（共18家），上交比例为10%；第二类为钢铁、运输、电子、贸易、施工等一般竞争性企业，上交比例为5%；第三类为军工企业、转制科研院所企业，上交比例3年后再定。

由于2007年出台的《试行意见》和《暂行办法》本身的定位就是"试行"与"过渡"，所以相关央企分红政策的规定又进一步引发了更为广泛的讨论。突出的看法是，央企上缴的红利不仅比例偏低，而且纳入上缴红利的企业范围也较小。据统计，从2007~2009年，央企上缴的红利共1572.2亿元，而3年内央企利润却高达2.4万多亿元，按此推算，央企3年来上缴红利比例仅为6.3%②，甚至比个人所得税还低。另外，在此期间，纳入上缴红利的企业只有652家，而如果将当时所有的中央部委所属的企业统计在内，有数千家之多。由此看来，央企未上缴利润的数额十分惊人，这些资金的流向也不透明，从而凸显出央企分红政策及时调整的必要性。在此背景下，2010年11月，国务院常务会议决定，从2011年起，将五个中央部门（单位）和两个企业集团所属共1631户企业纳入中央国有资本经营预算实施范围。随后，2010年12月30日，财政部公布了《关于完善中央国有资本经营预算有关事项的

---

① 之所以说是"暂时尘埃落定"，主要是伴随着《试行意见》的出台以及随后发布的《中央企业国有资本收益收取管理暂行办法》中关于国有企业分红比例的规定，又引起了新的讨论。因为，按照《中央企业国有资本收益收取管理暂行办法》上缴比例最高也只有10%，那么自然引起民众对另外超九成未上缴利润流向何处的猜测与讨论。

② 另据世界银行报告（2010）统计表明，以2007年的营利水平估算，整体的分红比率仅为5.6%，相对于世界上其他国家国有企业的分红比例，有必要提高国企的整体分红率水平。

通知》（财企〔2010〕392号）。按照通知精神，从2011年起，将适当提高中央企业国有资本收益收取比例，央企被分为四类，前三类企业应分别上缴企业税后利润的15%、10%和5%，第四类企业则免交国有资本收益①。

2012年2月，为了更好地实施国有资本经营预算，财政部再次发布《关于扩大中央国有资本经营预算实施范围有关事项的通知》（财企〔2012〕3号），继续扩大中央国有资本经营预算实施范围。根据通知，经国务院批准，从2012年起，中央国有资本经营预算编制范围在原有基础上，新增工信部、体育总局所属企业等301家。新纳入实施范围的国有独资企业按照中央国有资本收益收取政策第三类企业归类，上缴利润比例为税后净利润的5%。

2014年5月6日，在上述国有资本经营预算实施范围扩大的基础上，为贯彻落实党的十八届三中全会及《国务院批转发展改革委等部门关于深化收入分配制度改革若干意见的通知》（国发〔2013〕6号）关于提高国有资本收益收取比例，更多用于保障和改善民生的精神，财政部发布《进一步提高中央企业国有资本收益收取比例的通知》（财企〔2014〕59号），决定从2014年起，再次适当提高中央企业国有资本收益收取比例，国有独资企业应缴利润收取比例在现有基础上提高5个百分点，其中烟草行业应缴比例达到25%②，成为应缴利润比例最高的行业③。此外，事业单位出资企业国有资本收益收取政策，按照《财政部关于中央级事业单位所属国有企业国有资本收益收取有关问题的通知》执行，收益收取比例提高至10%。

众所周知，建立国有资本经营预算的目的，是要增强政府宏观调控能力、推进国有经济布局和结构的战略性调整、规范国有资本收益分配制度。而借助于分红制度的规范也是逐步实现国有资本战略性调整、"有进有退"的手段之一。可以看出，自2007年国务院出台《试行意见》和财政部、国资委联合印发《暂行办法》开始，国有资本收益收取的范围在逐步扩大，收益收取的比例在不断提高。尽管分红比例尚未完全达到国际通行的红利支付水平和既

---

① 依据2010年财政部发布的《关于完善中央国有资本经营预算有关事项的通知》，央企被分为四类：第一类企业有15户，来自于烟草、石油石化、电信、电力这样的垄断型央企；第二类企业有78户，主要是钢铁、运输、电子、贸易、施工等一般性竞争领域的央企；第三类企业有33户，主要是军工企业、设计研究类企业、中国邮政集团、中央管理的出版类企业，以及教育部、文化部、农业部和中国贸促会所属企业；第四类企业是中储棉和中储粮这两家执行国家储备任务的政策性企业。

② 值得注意的是，在此之前，中国烟草总公司2012年上缴的红利已经提高到了20%。

③ 根据2014年财政部发布的《进一步提高中央企业国有资本收益收取比例的通知》，四类央企的应缴利润比例将上调。烟草企业是第一类企业，应缴比例达到25%；第二类企业是石油石化、电力、电信、煤炭等资源型企业，应缴比例为20%；第三类企业是钢铁、电子、贸易、施工等一般竞争型企业，应缴比例为15%；第四类为军工企业、转职科研院所等，应缴比例为10%。

定的改革目标①，但国家通过逐步调整和完善分红比例，增强政府宏观调控能力、推进国有经济布局和结构战略性调整、保障和改善民生的意愿和方向是非常明确的。

4.2.1.2 国企分红制度改革的方向

当前，国有资本经营预算以及国有资本收益收取办法已经实施了近10年，一方面，国家相关部门基于进一步加强对央企（或国有企业）的监管，遏制央企（或国有企业）盲目投资，加快央企（或国有企业）结构调整等方面的考虑，在不断地调整和完善现行央企（或国有企业）国有资本收益收取办法，以规范国有企业分红制度，确保上缴的央企（或国有企业）"红利"能更多用于社会保障和公共服务，让更多的百姓从中受益。另一方面，无论是理论界还是实务界对国企分红制度进一步改革方向的研究和探讨一直没有停止，国有资本经营预算以及国有资本收益收取办法仍处于不断调整和完善过程中。

（1）国企分红制度是抑制过度投资、降低代理成本的手段。

魏明海和柳建华（2007）选取2001~2004年国有上市公司为样本，对国企分红与其过度投资的关系进行了研究，结果发现国有企业当前的低现金股利政策确实促进了过度投资。罗宏和黄文华（2008）的研究选取2003~2006年A股上市公司的样本，基于代理理论的视角对国有上市公司现金股利政策与高管在职消费进行研究，从而发现国企分红有利于降低代理成本，抑制国有企业高管的在职消费。杨汉明（2009）的研究建议应该提高国有企业分红比例，特别是利润丰厚的垄断型企业，这将有利于减少在职消费，提升企业业绩。张建华和王君彩（2011）以及焦健、刘银国等（2014）的研究均表明，分红比例过低会导致国有企业保留相对较高的现金流水平，从而会导致我国国有企业过度投资行为的产生，研究建议应该进一步提高国有企业的分红比例，以抑制国有企业的过度投资和降低国有企业的代理冲突。杨汉明等（2013）的研究还发现因国企分红在一定程度上降低了国有企业的代理成本，所以有利于提高国有企业价值。他们的研究在一定程度上均支持了国有企业应该分红以及应该适度提高分红比例的观念。因此，可以看出，国企分红制度的建立和完善是抑制国有企业过度投资、降低国有企业代理成本的手段之一。

---

① 根据世界银行（2010）针对49家外国国企的研究统计，大部分公司的平均分红率在20%~50%。另外，2013年11月中国共产党第十八届三中全会通过的《中共中央关于全面深化改革若干重大问题的决定》也明确提出了"完善国有资本经营预算制度，提高国有资本收益上缴公共财政比例，2020年提到30%，更多用于保障和改善民生"的目标。

(2) 国企分红制度应该坚持资本成本的理念。

国企分红如果基于政府股东财富最大化的理财目标，那么政府股东要求报酬率的满足（即股权资本成本的满足）是必须坚持的分红观念。汪平（2008）曾对国有企业的财务目标进行了梳理，从而为国有企业分红提供了相应的财务理论依据，以此为基础，他认为我国国有企业分红应当保证政府股东必要报酬率的满足，贯彻以资本成本估算为基础的分红理念。世界银行在2010年关于我国国有企业分红的另一份报告《有效约束、充分自主：中国国有企业分红政策进一步改革的方向》中，建议测定国有企业留存收益的投资回报率，并对照留存收益投资资金的机会成本，从而进行分红比例的评估。可以看出，报告所说的留存收益投资资金的"机会成本"实质上就是资本成本。

(3) 国企分红制度应当兼顾财务可持续增长能力的需求。

关于国企分红应该兼顾可持续发展的问题，一些学者基于财务资源的有限性主要从财务可持续增长能力的角度进行了探讨。陈艳（2008）的研究指出，国企分红政策的制定应该依据现代财务理论的优秀成果，以政府股东财富最大化为目标，并兼顾企业可持续发展的需求。杨汉明（2009）对国企分红、可持续增长以及公司业绩进行了研究，研究发现国企分红比例与可持续增长、公司业绩之间呈正相关关系，从而建议国有企业合理的分红比例应该是与可持续增长率以及公司业绩呈正相关的支付率。汪平和李光贵（2009）以资本成本、可持续增长率以及股利分配理论为基础构建了可持续分红模型，并以2002~2006年央企控制的国有上市公司为样本进行了检验，并认为科学的分红政策应当兼顾国有股权资本成本和可持续增长发展的需要。

(4) 国有资本经营预算必须与公共预算制度衔接。

一直以来，国企分红讨论的热点问题之一便是国有资本收益收取后的用途和去向。国资委2011年初的一项统计资料显示，2006~2009年国有资本收益1686亿元主要用于以下五个方面：一是支持中央企业自主创新和培育发展新兴产业支出221亿元，占13%；二是支持中央企业重组支出908亿元，占54%；三是支持中央企业灾后重建支出305亿元，占18%；四是支持中央企业应对金融危机支出249.7亿元，占14.8%；五是帮助中央企业解决历史遗留问题支出2.3亿元，占0.1%。

樊纲等（2009）的一项研究将"企业的未分配利润"定义为"企业储蓄"，并结合我国国有企业当时的现状指出，国有企业的利润可以增长，但只要通过合理的分红上缴国家财政，就不会出现"企业储蓄"快速增长的问题，从而也可以在一定程度上缓解我国储蓄——消费失衡的现状，但我国的实际情况是：国有企业长期不分红，超额的利润给国有企业留下了大量的可支配资金，从而形成了巨大的企业储蓄。所以，他们建议国有企业利润应该上缴国家财政。这里的"上缴国家财政"实质上即是指纳入国家公共预算的体系。世界银行（2010）的研究报告也结合中国的实际情况和相关的国际经验，认为国企分红应该实现"国有资本经营预算与公共预算的衔接"，国企的分红和改制收入应当纳入公共预算，并按公共财政收入的程序和使用原则进行管理。可以看出，与公共预算制度衔接是国有资本经营预算的必然趋势，通过进入公共预算领域从而确保上缴的"红利"能更多用于社会保障和公共服务，才能更好地实现国有资本经营预算的基本目标①。

（5）国企分红应当与国有企业的业绩评价制度有机结合。

不可否认的是，现有分红制度体系尚不能明确"什么样的中央国企分红率（即中央国企上交的分红总额占其净利润总额的比例）是政府应当瞄准的合适水平"（世界银行，2010）②，因此，期望国资委将是否实现分红率目标纳入现有的年度和任期绩效考核体系本身也存在一定的障碍，但借助于目前正在推行的以经济增加值为基础的绩效考核制度及价值管理体系，将国有企业的相关分红理念贯彻进去，也许是一种更好的选择，更是国有企业改革系统性的一种体现。

4.2.2 经济增加值考核

如果说国企分红制度是通过强制央企分红③、减少留存可支配的资金来抑制过度投资、降低代理成本，那么经济增加值考核则是国资委通过建立一套业绩考核制度，基于国家股东要求报酬率（国家股权资本成本）满足的理念，来引导企业自发地避免盲目投资、减少无效资本占用、提高投资效率，并提升企业价值创造能力的一项举措。

---

① 2013年11月中共十八届三中全会指出，要完善国有资本经营预算制度，提高国有资本收益上缴公共财政比例，2020年力争提高到30%，更多地用于保障和改善民生。

② 世界银行（2010）的研究报告认为，"分红率"问题是迄今为止很难解决的问题，"对于这个问题要给出一个确定的、科学的答案是很困难的，也许是不可能的"。另外，从股利分配理论来说，尽管已有的文献提供了一些可供参考的股利支付率的估价模型，比如 Walter 公式（1956）、Lintner 部分调整模型（1956）以及 Rozeff 代理成本模型（1982）等，但正如 Frankfurter 和 Wood（1997）的总结认为，由于不同公司的股利支付政策会受到多种不断变化的因素影响，因而对所有的公司而言，没有一个统一的股利支付数学模型可供借鉴。

③ 从严格意义上来说，分红应该是公司自发的行为，但目前我国国有企业的分红政策明显带有"强制"的特色。早在国有资本收益收取办法出台前，就有专家质疑分红机制与《公司法》、公司治理机制的矛盾。

4.2.2.1 经济增加值的引入

2009年12月，国务院国资委修订颁布《中央企业负责人经营业绩考核暂行办法》（国资委2009年第22号令）[①]，自2010年1月1日开始实施。相对于以前的经营业绩考核办法，2010年实施的考核办法增加了一个全新的业绩考核指标——经济增加值，以替代前两个任期的净资产收益率考核指标。国资委表示，将经济增加值指标纳入业绩考核，是增强企业股东回报意识、促进企业科学发展的重要举措，旨在引导企业不断提升价值创造能力。

经济增加值（Economic Value Added，EVA）是20世纪80年代由美国思腾斯特咨询公司（Stern Stewart & Company）设计提供的一套公司业绩考核与价值管理体系，其核心思想是注重资本成本的补偿，突出主业经营，强调资本结构的合理搭配，持续提高资本的周转使用效率，以促进企业真正的价值创造，确保股东财富最大化目标的实现[②]。

经济增加值业绩考核体系的引入，与国资委推行的央企负责人不同任期的业绩考核重点以及央企的战略发展目标有直接的关系。根据国务院国资委的职责和定位，国资委从2003年开始以出资人身份对央企负责人进行考核。按照规划，国资委对央企负责人的考核以三年为一个任期，第一任期（2004~2006年）考核的重点导向是提高经济效益，第二任期（2007~2009年）重点考核全面预算管理和实施战略规划的能力。尽管前两个任期的业绩考核导向有区别，但实际执行考核时，前两个任期均遵循国有资产保值增值以及资本收益最大化和可持续发展的原则，其年度经营业绩考核以及任期经营业绩考核基本指标均是以传统的财务指标为主[③]，而以财务指标为核心进行考核则很容易造成企业不注重投资效率，只求数量不求质量以及短期行为等一系列问题。在此背景下，国资委借鉴国外知名企业以及世界上其他国家国有企业管理经验，准备在第三个任期考核中引入经济增加值（EVA）指标，以完善央企业绩考核指标体系。

---

① 此前，最早的《中央企业负责人经营业绩考核暂行办法》是2003年11月25日经国务院国有资产监督管理委员会主任办公会议审议通过公布的，自2004年1月1日起施行。之后，每三年一个任期，期满国资委均要对《中央企业负责人经营业绩考核暂行办法》进行修订完善。截至2019年，已经修订完善了五次。

② 经济增加值指标的计算原理及详细介绍，请参见本书第5章。

③ 依据国资委2003年以及2006年分别发布（或修订发布）的《中央企业负责人经营业绩考核暂行办法》，前两个任期内，年度经营业绩考核的基本指标和任期经营业绩考核的基本指标是一样的。其中，年度经营业绩考核的基本指标包括利润总额和净资产收益率，任期经营业绩考核的基本指标包括国有资产保值增值率和三年主营业务收入平均增长率。

经过一系列较为全面的前期调研和论证,国资委从 2007 年开始采用鼓励的形式,在部分中央企业试行经济增加值考核。国资委的统计数据显示,2007 年自愿参加国资委经济增加值考核的央企有 87 户,2008 年增加到 93 户,而 2009 年推行经济增加值考核的央企已有 100 户,超过了中央企业总数的四分之三。在试点过程中,各中央企业高度重视,周密安排,结合自身实际,积极稳妥推进,为第三任期全面实施经济增加值考核奠定了良好的基础。比较典型的是,部分央企在鼓励试行期间已提前将 EVA 纳入任期考核和年度考核[1],另外一些企业如航天科技集团等则将 EVA 纳入管理层的薪酬评价体系中,从而强化了考核的价值导向。试行结果表明,大部分企业的经济增加值都有了明显改善。在此基础上,2010 年 1 月,国资委召开中央企业负责人经营业绩考核工作会议,启动了央企在第三个任期全面推行经济增加值考核的工作。

4.2.2.2 经济增加值考核的实施

按照国资委的整体规划,2010~2012 年(即第三个任期)是全面推行经济增加值考核的阶段。在此阶段,首先是引导企业科学决策、谨慎投资。通过经济增加值的实施要在央企决策中树立资本成本的观念,建立资本成本为判断标准的投资决策机制,从而在增加净利润的同时,兼顾资本成本水平,增加企业价值,尤其要把避免盲目投资、减少资本占用、提高投资效率作为提升价值的重点工作来抓。其次以经济增加值的实施与考核来引导企业优化资源配置,注重做强主业。通过经济增加值考核,引导企业对现有资源进行调整和优化,处置不良资产,加速资产周转,全面提升资产的价值创造水平。另外,在此阶段,还要引导中央企业更加注重研发投入和可持续发展,增强国际竞争力;要把全员考核与经济增加值考核结合起来[2],引导和鼓励企业管理人员和员工加强内部合作,注重风险防控,降低管理成本,提高工作效率。基于以上导向,为做好经济增加值考核工作,国资委提出了突出抓好"四项重点",用好用足"四条政策"的工作思路[3]。在国资委的组织以及各央企的

---

[1] 据国资委统计的资料,当时中国电信、哈电集团、中国生物等将 EVA 纳入任期考核,中国建筑、一汽集团、有色矿业等已将 EVA 纳入年度考核。

[2] 2009 年 10 月,国资委配合经济增加值考核的实施,印发了《关于进一步加强中央企业全员业绩考核工作的指导意见》(国资发综合〔2009〕300 号)。

[3] 具体内容请参见 2010 年 1 月 7 日国务院国资委副主任黄淑和在 2009 年中央企业负责人经营业绩考核工作会议上的讲话《全面推行经济增加值考核,进一步引导中央企业提高价值创造能力和科学发展水平》。

积极推动下，2010~2012 年第三个考核任期内，央企经济增加值增长迅速，价值创造导向明显。多数中央企业投资决策趋于理性，资本占用、科技投入以及价值创造能力等指标均有显著改善或提升。根据国资委的统计结果，第三任期，中央企业资本占用年均增长 13%，比第二任期增幅降低 5.7 个百分点；管理费用项下的研发投入达到 3123 亿元，比第二任期增长 1.5 倍；累计实现经济增加值 1.1 万亿元，比第二任期增长 46%①。

为了进一步完善经济增加值考核制度，2012 年底，国资委在总结第三个任期考核经验的基础上，对《中央企业负责人经营业绩考核暂行办法》进行了第三次修订，规定从 2013 年（即第四个任期）开始，央企负责人任期考核取消主营业务收入增长率指标、增加总资产周转率指标，进一步增加经济增加值权重、降低利润总额权重。国资委副主任黄淑和也强调，在第四个任期内，必须坚持把经济增加值考核作为促进企业转型升级科学发展的重要手段，要努力构建以经济增加值为核心、与企业功能定位相适应、年度激励约束与任期激励约束相结合的业绩考核体系，为推动中央企业转型升级、做强做优和持续健康发展做出积极贡献。为此，国资委提出在第四个任期内要实现"五个结合"、把握"三个维度"以及加快实现"三个突破"的工作目标②。截至 2013 年底，中央企业全年实现利润总额 1.7 万亿元，经济增加值连续第四年保持在 3000 亿元以上③。

2014 年 1 月 20 日，为了全面贯彻党的十八届三中全会精神，完善国有资产管理体制，以管资本为主加强国有资产监管，国务院国资委发布《关于以经济增加值为核心加强中央企业价值管理的指导意见》（国资发综合〔2014〕8 号）。《价值管理指导意见》在明确经济增加值价值管理体系为央企价值管理体系实践模式的基础上，提出要用两个任期左右，确保建立基本完善的央企（国有企业）价值管理体系的目标。2015 年《中共中央国务院关于深化国有企业改革的指导意见》（中发〔2015〕22 号）又进一步强调"价值管理"为实现国有企业"保值增值"目标的方式之一，这也使得综合平衡各相关因素，构建国有企业科学有效的价值管理体系上升至国有企业改革顶层设计的政策视野。

---

① 相关评价与数据来源于黄淑和 2012 年 12 月在中央企业负责人经营业绩考核工作会议上的讲话《强化考核导向，促进转型升级，引导中央企业加快做强做优实现科学发展》。
② 详见：黄淑和 2012 年 12 月在中央企业负责人经营业绩考核工作会议上的讲话《强化考核导向，促进转型升级，引导中央企业加快做强做优实现科学发展》。
③ 根据国资委自 2010 年实施 EVA 考核以来对央企经营业绩考核的历年统计结果，2010~2012 年，央企各年分别实现经济增加值为 3887.1 亿元、4060 亿元和 3748 亿元。

4.3　本章小结

通过以上有关国内价值管理研究现状及相关现实基础的回顾，在考察国有企业价值管理体系构建的理论与现实基础的同时，为进一步科学构建国有企业价值管理体系提供了方向和相应的支撑。具体而言，关于国内价值管理的理念与应用有以下几方面的启示：

第一，探究西方价值管理理论与中国企业实际应用的结合一直是国内价值管理研究的主题。相对于西方价值管理的发展，我国的价值管理研究与应用均起步较晚，最初的研究是从对西方价值管理概念框架及其理念的引进介绍开始的。但一直以来，有众多学者在持续探究价值管理理念与中国企业实际应用的结合，并提出了多种结合中国实际的价值管理体系框架的设想。这些价值管理的研究及其成果，一方面丰富了我国价值管理的思想，另一方面也为国有企业价值管理体系的构建提供了理论支撑。

第二，经济增加值价值管理理念的应用积累了较为丰富的实践经验。在经历了21世纪初的理念普及及应用探讨阶段之后，自2007年国资委在央企试行经济增加值考核以来，经济增加值价值管理的理念得以进一步地应用与深化推广，经济增加值指标成为我国企业业绩评价体系构建的热门话题。此外，关于央企经济增加值考核的制度剖析以及实证检验也得以迅速发展，尽管相关结论不一，但为经济增加值价值管理理念在国有企业的完善与深化积累了宝贵的经验。

第三，市值管理亟须回归价值管理的本源。市值管理是在我国资本市场缺乏有效性、内在价值与市场价值大幅偏离情形下，基于市场价值信号，将公司的价值创造能力合理地传递给资本市场的一种机制与安排，是我国上市公司实现价值管理目标的必要"过渡"（施光耀等，2008）。相关理论与实践回顾表明，现阶段市值管理正面临理念认知误区与实践偏差的双重困境，必须加强市值管理的制度建设和监管，厘清其概念边界并重构市值管理的框架，坚持内在价值创造基础上的价值经营模式，回归价值创造本源，从而为国有企业价值管理体系的构建提供完善的路径。

第四，国企分红与经济增加值考核的实施为国有企业价值管理体系的构建提供了坚实的制度基础。国有企业分红制度以及经济增加值考核制度实施的回顾表明,"国企分红"与"经济增加值考核"均凸显了"资本成本约束""可持续增长"的要求,并指向国家股东财富最大化与价值创造的目标。基于此,从国有企业微观市场主体的角度,在考虑这两个因素的前提下,如何以"资本成本约束"和"可持续增长"为纽带实现"国企分红"与"经济增加值考核"两种机制的成功对接,从而促进国有企业的价值创造能力、提升国有企业的发展质量和实现国有企业的可持续发展,是国有企业价值管理体系构建的关键。

5 国有企业价值管理体系构建的理论基础

科学设定资本成本率、有效平衡当期回报与可持续发展之间的关系是国有企业价值管理体系的基本要求①。据此，本章对资本成本理论、可持续增长理论、股利分配理论以及经济增加值理论进行回顾和分析，并基于股东价值最大化目标梳理相关理论之间的内在联系，从而为国有企业价值管理体系构建提供必要的理论支撑。

5.1　资本成本理论②

5.1.1　概念界定与起源

资本成本是现代公司理财中最为基本的概念之一，其通常被定义为投资者所要求的必要报酬率，是投资者进行投资所承担的一种机会成本③。实践应用中，基于股东价值最大化的理财目标，资本成本常常被用作投资项目未来现金流量折现的折现率或最低回报率，是评价投资项目可行性的标准和依据。

资本成本的起源与资本市场的发展密不可分。Fisher（1930）的"分离定理"（Fisher Separation Theorem）认为，资金使用权与所有权的分离形成了资本市场单一的均衡利率，投资方和筹资方均以此作为自身决策的依据和标准。这个单一的市场利率一方面是资金所有者让渡资金使用权所获得的补偿，另一方面也是融资方获取资金使用权而付出的代价，在此思想下的市场利率因而被认为是资本成本的起源（沈艺峰、田静，1999）。但当时从宏观角度对市场利率的理解并没有加入风险补偿的因素，直至1946年，Hicks在解释资本的形成过程和经济周期的变动情况时，首次基于不确定性条件进行了扩展分析，认为市场利率必须考虑风险补偿因素，资本成本的构成才得以完善，并

---

①　详见：国资委《关于以经济增加值为核心加强中央企业价值管理的指导意见》（国资发综合〔2014〕8号）。
②　详见：李光贵. 资本成本、可持续增长与分红比例估算研究 [M]. 北京：经济管理出版社，2012.
③　详见：彼得·纽曼等. 新帕尔格雷夫货币金融大辞典 [M]. 胡坚等译. 北京：经济科学出版社，2000：470.

认为随项目风险水平的变化而变化①,而真正应用于企业微观理财层面,资本成本的具体计量始于 1958 年 MM 理论的提出②。MM 理论通过相关命题的论证,一方面在考虑风险补偿、资本结构等因素的前提下,系统地界定了公司的平均资本成本以及股权资本成本;另一方面借助于资本成本的计量,MM 理论将股票的市场价格表达为期望报酬被股权资本成本资本化后的结果,从而公司的市场价值也得以评估。这样,MM 理论(1958)借助于相关命题的证明,揭示了公司价值来源于资本成本约束下的投资决策,从而将资本成本、投资决策以及公司价值评估等较为完美地结合起来。自此开始,资本成本与公司价值评估联系更为紧密,其估算技术的发展在一定程度上也深刻地影响和促进了价值管理观念与应用的发展。

5.1.2 资本成本的估算

Grant(2003)的研究指出,作为公司价值评估的基本变量之一,资本成本对公司价值及其股票价格有着显著的影响,因而其估算方法对于价值管理观念的形成及推广应用至关重要。通常,资本成本可以分为单项资本成本和平均资本成本两大类,由于平均资本成本是各单项资本成本加权平均的结果③,所以单项资本成本估算特别是股权资本成本的估算是资本成本估算的核心④。

根据本书第二章的阐述,MM 理论之后,学术界对企业价值以及证券估价技术给予了高度关注,并一度成为 20 世纪下半期现代理财学的研究主流⑤,特别是 20 世纪六七十年代,借助于资本资产估价以及相关理论的发展,资本成本估算技术得以丰富和完善,先后产生了 Sharpe(1964)的资本资产定价

---

① Hicks(1946)认为,"在正常情况下,长期利率可能超过短期利率,其差额等于风险报酬,这种报酬的功能是补偿因利率的不利变动而引起的风险"。(转引自:沈艺峰,田静. 我国上市公司资本成本的定量研究 [J]. 经济研究, 1999, 11(7):45-52)。另外,Modigliani 和 Miller(1958)认为,"直到最近,经济学家们才开始严肃地对待资本成本与风险的问题"(详见:弗朗哥·莫迪里阿尼, 默顿·H. 米勒. 资本成本、公司财务和投资理论 [C]//卢俊. 资本结构理论研究译文集 [M]. 上海:上海人民出版社, 2003:2)。

② 即 Modigliani 和 Miller 1958 年发表的《资本成本、公司财务和投资理论》一文。详见:弗朗哥·莫迪里阿尼, 默顿·H. 米勒. 资本成本、公司财务和投资理论 [C]//卢俊. 资本结构理论研究译文集 [M]. 上海:上海人民出版社, 2003.

③ MM 理论(1958)中资本成本的计算实质上是"加权平均"的原理,但 Elliott(1980)的研究认为"加权平均"不适合 MM 理论。国内学者沈艺峰、田静(1999)的研究认为,准确而言,大致从 20 世纪 60 年代初开始,企业资本成本才开始被理解成是一个"加权平均资本成本"的概念,并在学术界广为流行。

④ Grant(2003)认为,尽管估算负债成本也很重要,但相对而言,股权资本成本显得尤为重要。

⑤ 国内学者余绪缨(1995)、李常青(2001)等均谈起过现代理财学发展与证券估价的密切关系。

模型（CAPM）、Brennan（1970）的税后资本资产定价模型（After-tax CAPM）、Merton（1973）的跨期资本资产定价模型（Intertemporal CAPM）、Black 和 Scholes（1973）的期权定价模型（Black-Scholes Option Pricing Model）、Ross（1976）的套利定价理论（Arbitrage Pricing Theory，APT）等估算方法。此外，在资本成本估算技术后续的发展过程中，还出现了 Fama-French 三因素模型（1992）以及 Gebhardt、Lee 和 Swaminathan（2001）的剩余收益折现模型（Discounted Residual Income Model）等方法。由于以上这些方法分别基于不同的假设前提和适用条件，有的是基于事后回报的估算模型，有些则是基于预期回报的估算模型，而且特定估算模型的正确性和经验优越性还没有取得一致结论和共识（肖作平，2011），所以本章仅选取较为流行和实务中易于操作的估算方法加以介绍①。

（1）资本资产定价模型（CAPM）。

资本资产定价模型是比较典型的均衡预期回报模型（Grant，2003），其理论基础是 Markowitz（1952）的现代资产组合选择理论。从财务理论的回顾来看，资本资产定价模型（CAPM）发展至今，在严格意义上已经成为一系列学者相关理论、观点的综合。其中，最早的资本资产定价模型是由 Sharpe（1964）提出的，随后在资本资产定价模型逐步推广应用中，Lintner（1965）、Mossin（1966）以及 Black（1972）等学者均对其进行了持续的完善和修正。基于此，为了完整地反映 CAPM 模型的发展过程及相关学者的贡献，Fama 和 French（1992）曾把 CAPM 模型称为 SLB 模型（Sharpe-Lintner-Black Model）。

CAPM 认为，在完美资本市场条件下②，基于 CAPM 的预期回报率（即股权资本成本）首先是与系统风险水平线性相关，其次是与债务对权益比率线性相关。由此，Sharpe（1964）构建了将风险与预期回报结合起来的模型公式，即资本资产定价模型（CAPM）：

$$K_i = R_f + \beta_i (R_m - R_f) \tag{5-1}$$

式（5-1）中：K_i 为普通股预期回报率，即股权资本成本；R_f 为无风险报酬率；R_m 为预期市场平均报酬率；β_i 为第 i 种股票系统风险。按照 CAPM 理论的第一个线性关系，β 值较高的股票其预期回报相对较高，而 β 值较低的股票预期回报率较低；而第二个线性关系则可以看作是对 MM 理论命题 Ⅱ

---

① 本书在此参照了 Grant（2003）的研究，仅仅以资本资产定价模型、股利折现模型和债券收益增加法为代表讲述股权资本成本的估算。

② 完美资本市场假设通常包括多个假设前提，西方不同的财务管理教材的总结各不相同。其中，Copeland 等（2003）所列示的明显或暗含的假设前提有九项之多。

的验证,从而表明公司的负债政策对公司的资本成本没有影响,因此资本结构也就不会影响企业价值。

尽管 CAPM 模型自提出以后,迅速成为广泛使用的资本成本估算方法,但可以发现,传统资本资产定价模型(CAPM)仅仅基于单一因素 β 值来解释观测普通股的平均回报,并不具有"完全的解释力"(Grant,2003),这也因此成为该种方法所面临的最大挑战。在随后的研究中,众多学者(Brennan,1970;Black,1972;Merton,1973;Ross,1976)对 Sharpe(1964)的资本资产定价模型进行了修正与完善,从而使更多的影响因素或变量被揭示出来用于描述普通股的回报。尤其值得一提的是,Fama 和 French(1992)通过研究,认为传统的 CAPM 所揭示的普通股回报与 β 值之间的关系很"微弱",甚至是"不存在"的,但规模以及账面价值对价格比例两个变量则为普通股回报提供了"简单且有说服力的描述"。另外,Ross(1976)提出的套利定价理论模型相对于 CAPM 模型而言,在假设前提更少的情况下,考虑了更多的风险影响因素①,因而被认为是资本资产定价模型由传统的单因素模型过渡到多因素模型的标志。总之,这些后续的对传统资本资产定价模型的修正,也反映出资本资产定价模型的受关注程度以及股权资本成本计量的复杂性。正如 Megginson(1997)的总结:资本资产定价模型(CAPM)发展到今天,其理论意义其实已经不能简单地进行总结,它已经成为现代理财学理论的"里程碑"之一。

(2)股利折现模型(戈登模型)。

通常认为,戈登模型起源于 Williams(1938)早期利用股利折现进行股票价值评估的思想,是基于事前预期回报率作为股权资本成本替代变量的一种模型,其基本原理建立在股票价格等于预期股利的现值的理论基础上。Gordon 和 Shapiro(1956)对此思想加以完善,在相关假定的基础上,进而提出了普通股要求回报率(即股权资本成本)的估算模型:

$$K_E = d_1/P_0 + g \qquad (5-2)$$

式(5-2)中 P_0 为股票的市场价格;d_1 为下一期的预期股利;g 为股利长期持续的增长率;K_E 为股权资本成本。

通过模型表达可以发现,戈登模型表明股权资本成本是普通股未来一期预期股利除以股票市场价格加上预期股利增长率的结果,毫无疑问其估算对

---

① 例如,在后续的研究中,Ross 与其他学者一起,对 APT 进行了实证分析,并讨论了五个宏观经济因素,即信心风险、时间范围风险、通货膨胀风险、经济周期风险以及市场时机风险(详见:詹姆斯·L.格兰特.经济增加值基础[M].刘志远等译.大连:东北财经大学出版社,2005.)。

"预期股利增长率"的选择将非常敏感（Ehrhardt，1994），由此该模型对股利长期稳定增长的假设也成为其最大的缺陷。为了克服模型的这一缺陷，进一步提高其适用性，Gordon等（1997）尝试对以上模型进行改进，以构建一个有期限的预测模型。为此，他们依据每股盈余（EPS）、股利支付率（DPR）以及股东权益报酬率（ROE）之间的关系，重新设定了戈登模型的表达，即：

$$K_E = \frac{EPS_1}{P_0} \times DPR + ROE \times (1-DPR) \tag{5-3}$$

在假设ROE等于K_E的前提下，Gordon等（1997）进一步得出一个仅需要三期的股利预测、一个长期的盈余预测和现有股价数据的股权资本成本的估算模型。但是，该种修正要求分析师对一定期间的盈利预测相对于已经实现的收益保持乐观，而且其实证效果在美国以外的市场很难得以保证。所以，从本质上而言，戈登模型关于股利长期稳定增长假设的缺陷仍旧未能从根本上解决。但是，在有效市场前提下，戈登模型仍不失为实务中一种简单而有效的股权资本成本估算方法（Grant，2003）。

（3）债券收益增加法。

债券收益增加法是估算股权资本成本的一种更为简单的方法。在这种方法中，公司交易债券的到期收益率被作为基础回报率，在此基础上，再加上一个或多或少的基于判断的股权溢价率就可以得出普通股要求的回报率，即股权资本成本。通常，应用过程中，公司债券到期收益率既包括长期政府债券的期间溢价率，也包括对违约风险的补偿率。可见，债券收益增加法估算的股权资本成本相对于其他方法而言，其结果可能显得比较主观和粗略，但其优势是简单并易于操作，因而被认为是CAPM模型的传统替代方法之一（Grant，2003）。

概括而言，资本成本的估算技术一直处于不断发展和完善过程中，而且伴随着价值管理的应用与发展，与价值管理模式紧密结合的资本成本估算技术也开始出现，比如，EVA风险计分法（Abate et al.，1999）[1] 以及EVA因素模型法（Grant et al.，2001）等。但从资本成本估算技术的发展过程来看，"关于特定权益资本成本度量模型的正确性和经验优越性，相关的文献还没有取得一致的结论和共识"（肖作平，2011）。

---

[1] 根据Grant（2003）的注释说明，该方法最早出现在Coggin和Fabozzi主编的 *Applied Equity Valuation* 一书的第九章。该章节的内容由Abate和Fabozzi撰写（详见：T. Daniel Coggin, Frank J. Fabozzi. Applied Equity Valuation [M]. New Hope, PA: Frank J. Fabozzi Associate, 1999）。

5.1.3 资本成本的影响因素

从资本成本估算技术的发展历程可以发现，资本成本估算技术的发展在一定程度上也是资本成本基于单一影响因素到多个影响因素的揭示和认知过程。同时，在这一揭示过程中，资本成本与公司理财目标、价值评估等理论紧密结合，系统地展现了资本成本在股东价值最大化目标实现过程中的作用机制。

根据前述资本成本的概念界定，资本成本是从投资者角度来定义的，是投资者要求的必要报酬率。因而，从其形成机制来看，资本成本来源于投资者在各种因素的影响作用下对公司整体所形成的一种"预期判断"，而资本成本的估算实质上也是在探究有哪些因素影响到投资者对公司的"预期判断"，并由此"要求"不同水平的"报酬率"。自 Hicks（1946）加入风险调整因素使得资本成本构成完善之后，资本成本估算技术便形成了以"风险定价"为主流的估算模式，有大量的研究是按照"影响因素——风险评估——预期报酬（资本成本）"的路径展开的。其中，Sharpe（1964）、Lintner（1965）等是早期单因素研究的典范，借助于传统的 CAPM 模型，他们认为证券的预期回报（即资本成本）与市场中的"系统风险（β 风险）"水平之间呈线性关系。随后，伴随着人们对传统 CAPM 单一因素预期回报率模型的质疑，Ross（1976）的套利定价模型拓展研究了更多的风险影响因素，讨论了美国经济中普遍存在的宏观经济因素（信心风险、时间范围风险、通货膨胀风险、经济周期风险以及市场时机风险），从而也使得资本资产定价模型由传统的单因素模型过渡到多因素模型。

进入 20 世纪 90 年代以后，以 Fama 和 French（1992）的研究为标志，有关资本成本影响因素的研究呈多元化发展趋势。Fama 和 French（1992）基于传统 CAPM 的市场风险因素分析模型，在引入规模以及账面市值比率两个因素后发现，模型对股票预期回报的解释力更强，由此形成了著名的 Fama-French 三因素模型。Sudarsanam（1992）则基于 CAPM 框架，揭示出资本密集程度、资本劳动比率和行业壁垒等行业特征因素对于系统性风险及资本成本有显著影响。Erb 等（1996）对不同国家资本成本进行研究，发现国家信用等级、无风险利率和汇率等均对资本成本有影响；Bekaert 和 Harvey（2000）另外发现新兴市场的自由化程度对资本成本也会产生影响。

此外，伴随着其他学科及相关理论发展对公司理财的支撑，资本成本影响因素的研究又呈现出其他的发展方向，特别是 20 世纪 70 年代以后，信息不对称理论的出现拓展了资本成本影响因素的研究范围，使得公司信息披露程度成为资本成本研究领域关注的重要主题之一。关于信息披露程度与资本成本之间关系的研究有两种研究思路，一种思路是基于风险定价模型和投资者（或分析师）预期的角度，认为公司可以通过提高信息披露水平，降低投资者（或分析师）对公司未来收益预测的不确定性，从而降低预期风险水平，资本成本相应降低。Barry 和 Brown（1984）、Bhushan（1989）、Lang 和 Lundholm（1993，1996）、Handa 和 Linn（1993）等是这一观点的主要代表；而另一种思路是从公司进行投资者关系管理角度，认为公司提高信息透明度，降低信息不对称程度，可以促进投资者认可，增强股票流动性，进而降低资本成本。Diamond 和 Verrecchia（1991）、Kim 和 Verrecchia（1994）、Amihud 和 Mendelson（1986）等的研究支持了该种观点。Botosan（1997）、Bhattacharya 等（2003）以及 Francis 等（2004）学者围绕信息披露与资本成本之间的关系进行了实证检验，在结论上均支持了信息披露与资本成本存在负相关关系，即信息披露程度越高，则资本成本越低。然而 Richardson 和 Welker（2001）在将信息披露区分为财务信息披露和社会信息披露两类所进行的实证检验中发现，财务信息披露有利于股权资本成本的降低，但社会信息披露反而提高了股权资本成本。

另外，随着法律与公司理财研究的结合与发展，La Porta 等（1997，1999，2002）的研究发现股权资本成本与法律制度的完善程度存在一定的关系，特别是与中小投资者保护法律的完善程度密切相关。Bhattacharya 和 Daouk（2002）、Shleifer 和 Wolfenzon（2002）等学者均先后探讨了法律、监管制度等的完善对股权资本成本的影响，相关研究成果较为一致地认为随着一个国家或市场投资者保护程度的提高，股权资本成本呈降低趋势，并有利于公司价值的增加。

总体而言，资本成本理论的发展是以资本成本估算技术和影响因素认知与发现为主线的。在这一过程中，资本成本与证券估价、公司治理、信息披露、投融资决策等活动紧密结合，成为公司价值管理不可缺少的关键驱动因素。

5.2　财务可持续增长理论

财务可持续增长理论起源于"企业成长理论"（Penrose，1959）的思想，是企业在现有资源约束前提下，由纯内因成长因素驱动的、基于财务角度

"可持续发展"观念的一种体现,其表现为以"可持续增长率"(Sustainable Growth Rate,SGR)量化模型为标志的一系列财务资源整合规划的战略管理理念(Higgins,1977)。

自20世纪50年代基于内因成长论观点的"企业成长理论"(Penrose,1959)提出之后,企业成长(或增长)理论得到了学术界的广泛关注,众多学者(Chandler,1962;Marris,1964;Ansoff,1965)均在其相关论著中对企业增长管理的思想进行了较为全面的定性分析,从而为企业增长的进一步量化研究打下了基础。20世纪80年代以后,企业增长问题的研究开始步入量化分析阶段,Higgins(1977)[1]、Van Horne(1988)、Rappaport(1980)以及Colley(2003)等成为财务可持续增长理论量化研究的主要代表,他们分别基于不同的指标口径及假设前提,构建了相应的财务可持续增长量化研究模型。其中,Higgins(1977)和Van Horne(1988)的财务可持续增长模型是基于会计指标口径的代表,Rappaport(1980)和Colley(2003)[2]的财务可持续增长模型则是基于现金流量指标口径的代表(汤谷良、游尤,2005)。

5.2.1 基于会计指标口径的模型

Higgins(1977)和Van Horne(1988)的财务可持续增长模型均是建立在应计制下会计指标内在关联的基础上,其模型建立的依据是会计恒等式。根据汤谷良和游尤(2005)针对"财务可持续增长率"模型的对比研究发现,在分别释放相关假设前提下,Higgins(1977)模型和Van Horne(1988)模型之间是可以相互转换的,两者并没有本质的区别。所以,本章以Higgins可持续增长模型为代表进行会计指标口径可持续增长率原理的介绍。

Higgins(1977)认为,如果一个公司不能保持可持续的获利水平,则其支撑未来销售增长所需资金的能力将受到制约,因此增长管理是任何公司财务计划管理所面临的重要难题之一。Higgins进一步分析指出,通常公司有两种方式为预期的销售增长提供资金支持:一种是内源方式,即通过利润留存(或保留盈余);另一种是外源方式,即通过发行股票和借债筹资。但是,众所周知,就外源方式股权资本的筹集而言,由于通过发行股票筹资通常比内

---

[1] 根据相关文献,Higgins最早在1977年便提出了"财务可持续增长率"的概念,但其观念的系统化表述主要在20世纪80年代以后。

[2] Colley的理论观点参照:小约翰·科利,杰奎琳·多莉,罗伯特·哈迪. 公司战略[M]. 吴晓波译. 北京:中国财经出版社,2003.

部留存获取股权资本的成本要高①,所以理性的公司均倾向于通过留存收益获取股权资本。基于此,公司就需要了解在没有外部股权筹资的前提下,依靠自身资源所能维持或支撑最高的销售增长水平,这一销售增长水平即是"可持续增长率"。可以看出,Higgins 的可持续增长率模型隐含的基本逻辑是:销售增长需要资产的增长,从资产负债表的平衡来看,在资本结构不变的前提下,资产的增长则需要负债与股权资本的同比例增长,因而最终销售增长率也就是股东权益的增长率。在此意义上,Higgins 的"可持续增长率"被定义为:在不发行新股和不打算改变公司营运政策和财务政策前提下(即不耗尽公司财务资源)②,公司销售增长所能达到的最大比率。

依据"可持续增长率就是股东权益增长率"的推定,借助于一系列财务指标的关联与转换,Higgins 的可持续增长模型表达式为:

$$SGR = P \cdot A \cdot \hat{T} \cdot b \tag{5-4}$$

式(5-4)中:SGR 代表销售可持续增长率(以下称为可持续增长率或财务可持续增长率);P 代表销售净利率;A 代表总资产周转率(其中,分母选取的是期末总资产);$\hat{T}$ 为权益乘数(其中,分母选取的是期初股东权益数额);b 为留存收益比率,等于 1 减去股利支付率。根据各项财务指标的经济含义,可以发现,销售净利率与总资产周转率代表了公司营运政策;而权益乘数和留存收益比率则分别代表了资本结构、股利政策等公司财务政策的主要方面。因而,从总体上来说,财务可持续增长率是公司营运效率以及各项财务政策之间平衡的结果。另外,从分解公式的构成来看,有四个基本的因素,即销售净利率(盈利能力)、总资产周转率(周转速度)、权益乘数(资本结构)以及留存收益率(股利政策)影响到可持续增长率的结果③。

进一步就财务可持续增长率的应用规划而言,Higgins 模型主要是围绕实际增长率(AGR)与可持续增长率(SGR)不一致而导致的可能后果及平衡协调而展开④,实际增长率(AGR)与可持续增长率(SGR)的具体对比情

---

① 通常认为,借助于发行股票的方式筹集股权资金,因为交易费用的存在会使其资本成本比内部留存方式提高几个百分点(Hawawini、Viallet,2000)。

② 公司管理者不可能或不愿意发售新股以及维持既定的营运政策(维持相同的利润率和周转率)、财务政策(维持相同的资本结构和股利政策)是 Higgins 模型构建的假设前提。

③ 西方公司理财的教材通常将税收因素也考虑进去,从而认为有五个影响因素。详见:Hawawini G., Viallet C. Finance for Executives: Managing for Value Creation [M]. Cengage Learning, 2010:164。

④ 该种实际增长率与可持续增长率的对比分析,也可以用作财务计划中目标增长率与可持续增长率之间的分析,从而科学规划和利用现有财务资源。

况可如图 5-1 所示。图 5-1 中，横轴代表可持续增长率（SGR），纵轴代表实际销售增长率（AGR），OL 线表示可持续增长率与实际增长率平衡的状态，即 SGR=AGR。根据 Higgins 的分析，如果销售实际增长速度快于可持续增长速度，即 AGR>SGR，则最终会导致公司现金短缺，致使公司面临筹资问题。短期内公司可以通过临时借入现金进行调整解决；但当实际增长率长期超过可持续增长率时，公司管理层则必须要考虑通过对外部发售新股、调整资本结构、降低股利以及实施业务重组与剥离、提高运营效率等财务策略进行系统筹划。然而如果 AGR<SGR，则意味着公司可能存在现金剩余，管理层就需要为多余的现金寻找好的投资途径，或者增加股利发放、偿还债务以及对外实施并购等。

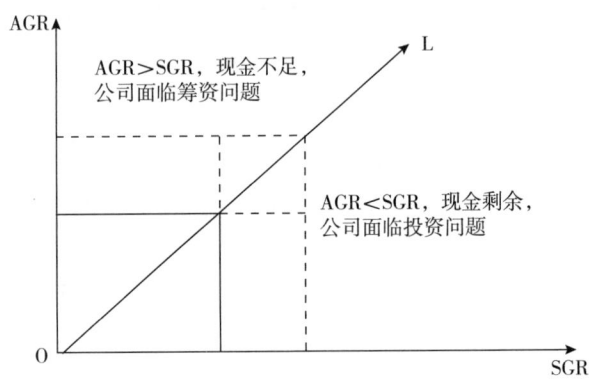

图 5-1　可持续增长率与实际增长率对比

资料来源：借鉴 Hawawini 和 Viallet（2010）的研究，并整理完善。

总的来看，以 Higgins 模型为代表的基于会计指标口径的可持续增长观念，认识到可持续增长率是现有资源约束前提下，公司营运政策以及融资政策、股利政策等各项财务策略之间平衡的结果，对实际增长与可持续增长不一致而导致或引发的现金多余和短缺问题进行分析，并提出了相应的财务规划策略。但该种观念仅仅考虑到增长平衡的管理策略，而没有考虑到增长与公司价值创造之间的关系，不能从价值创造角度考虑增长的有效性问题。

5.2.2　基于现金流量口径的模型

基于现金流量口径的可持续增长模型主要是指 Rappaport（1980）和

Colley（2003）分别构建的可持续增长模型。根据汤谷良和游尤（2005）的研究，Rappaport（1980）模型和Colley（2003）模型之间也是可以相互转换的，另外考虑到Rappaport（1980）模型的"价值导向"特征，本部分将以Rappaport（1980）模型为代表介绍基于现金流量口径的可持续增长模型特点。

不同于会计口径的可持续增长率模型，Rappaport（1980）模型基于股东价值最大化目标，强调能够创造股东价值的增长才是有意义的，并坚持公司价值是由公司现有资产以及预期未来资产所创造的现金流量的现值。因而，Rappaport（1980）模型的理论基础是：任一年度自由现金流量的估计都是以所预测的销售收入扣除营业费用和资本支出后的净额为基础的，销售增长预测是自由现金流量预测的前提和手段，并认为销售增长应该能够带来价值的同步增长而不是价值减损。据此，Rappaport（1980）提出了"可承受的增长"（Affordable growth）的概念，即在假设销售利润率、每增加一元销售增长所需追加的营运资本投资和固定资本投资、目标资本结构以及股利政策不发生变化的前提下，公司每年所能达到的最大的销售增长。Rappaport（1980）构建的模型公式为：

$$G = \frac{NI/S_0(1+D/E_q) \cdot b}{\frac{CE+WC}{S_0} - NI/S_0(1+D/Eq.) \cdot b} \tag{5-5}$$

式（5-5）中，G为公司可承受增长率（即可持续增长率）；NI/S_0为销售利润率；CE为固定资本投资支出；WC为营运资本投资；D/Eq.为负债与股权资本之间的比率，即资本结构；b为留存收益比率，等于1减去股利支付率。Rappaport（1980）模型的最大优点是认识到增长应该与价值创造相关联，而且以现金流量的估计为基础来进一步计算销售可持续增长率，简洁易懂。但是，该模型将净利润直接视为现金流入的来源，不符合其模型建立的基本逻辑（汤谷良、游尤，2005）。

概括而言，基于不同口径的两种可持续增长模型，均是在财务资源约束条件下，计划进行销售增长管理的思想理念，在基本原理上有相通之处，但在实际应用中，基于会计口径的Higgins模型操作简单，与常用财务分析指标结合紧密，更侧重于增长平衡策略的管理；而基于现金流量口径的Rappaport模型其缺点是将净利润视同现金流入，一定程度上有违模型建立的基本逻辑，但是其提出了增长有利于价值创造的理念，从而有助于树立价值导向的可持续增长管理观念。

5.3 股利分配理论

股利分配是公司"支付政策"(Payout Policy)的一种特定形式,是管理层在决定对股东进行(现金)股利支付时所采取的、具有一贯性(Consistency)的标准和模式(Robinson,2006),而股利分配理论则是公司可采取的一系列股利分配观点的统称。股利分配之所以重要,不仅仅是因为包含其中的资金数量以及不断重复决策的性质,而且还因为股利分配与公司的投资以及融资决策等理财活动密切关联(Allen et al,2003)。

5.3.1 西方的研究

通常认为,股利分配的研究最早可以追溯至Lintner(1956)对"公司股利分配"的一系列观点[①],但其成为西方理财学领域的热门议题,则始于Miller和Modigliani(1961)的"股利无关论"。"股利无关论"之前,众多学者基于股利折现的原理,认为股利支付越多,公司价值越大(Gordon,1959)。但是,Miller和Modigliani(1961)指出了传统观点的不足,并借助于严密的模型构建表明:只要公司投资政策不改变,留存收益与股利支付比例的改变将不会影响公司价值。Miller和Modigliani(1961)的理论观点从而形成了后续股利分配研究的基础,并以此表明了公司价值的决定因素是投资决策。

在历经半个多世纪的发展过程中,西方股利政策研究[②]不断地探讨和解答"股利之争"(The Dividend Controversy)这一理财学的"未解之谜"(Brealey and Myers,2003),取得了极其丰富的研究成果。特别是,仅基于研究视角和基础理论依据的不同,可以称为股利分配理论流派的就不胜枚举。国内学者李常青(2001)、魏刚(2001)等按照股利政策理论研究的时间脉络及理论传

---

① Lintner J. Distribution of Incomes of Corporations Dividends, Retained Earnings, and Taxes [J]. American Economic Review, 1956 (46): 97-113.

② 本书在以下的叙述中,"股利政策"与"股利分配"交替使用,不做严格区分。

承关系,将股利政策划分为传统(或古典)股利理论阶段和现代股利理论阶段[①],其中,传统(或古典)股利理论包括了股利无关论(Miller and Modigliani,1961)、"一鸟在手"理论(Lintner,1956;Walter,1956;Gordon,1959)和税差效应理论(Brennan,1970;Elton and Gruber,1970;Kalay,1982;Booth and Johnston,1984;Robin,1991)等;而现代股利理论则包括了股利代理成本理论(Jensen and Meckling,1976;Rozeff,1982;Easterbrook,1984)、股利信号理论(Bhattacharya,1979;Miller and Rock,1985;John and Williams,1985)、追随者效应理论(Gordon and Bradford,1980)以及剩余股利理论(Higgins,1972)等众多的理论观点。

回顾西方股利分配理论研究的发展过程可以发现,早期传统的股利理论大多是结合证券估价问题,在一定的假设前提下探讨股利政策与公司价值的相关性(李常青,2001),"股利无关论"以及"股利相关论"等理论流派和观点是这一阶段的主要代表。后续研究中,伴随着早期股利理论研究假设条件的逐步释放,股利政策的研究领域和内容也得以拓展和深化,特别是股利政策影响因素逐渐成为股利政策研究的一大主题之一,众多学者基于不同的研究视角和理论基础揭示了相关因素对股利政策的影响。其中,相关研究发现股利政策的内部影响因素包括盈利水平(Lintner,1956;Fama and French,2001)、增长速度(Lintner,1956;Higgins,1972;Jensen and Meckling,1976;Rozeff,1982;Masulis and Trueman,1988)、投资机会和公司规模(Fama and and French,2001)、财务风险水平(Rozeff,1982;DeAngelo and DeAngelo,1990)、现金充裕程度和维持或提高股价的意愿(Baker et al.,1985)[②]、行业因素(Dhrymes and Kurz,1967;Smith and Watts,1992)以及股权结构(Rozeff,1982;Khan,2006;Mancinelli and Ozkan,2006)等。另有一些研究发现,外部宏观因素如税收、证券交易成本、机构投资者的重要性以及公司信息披露的数量等也影响着公司股利分配的决策(Rozeff,1982;Kalay,1982;Easterbrook,1984)。

在股利政策影响因素的研究方面,尽管研究成果异常丰富,但尤其需要强调的是,Lintner(1956)最早将公司的增长速度因素作为股利支付率估算的基本变量之一进行了研究。随后,Higgins(1972)的研究发现公司增长机

---

① 对于股利理论的分类,魏刚(2001)的研究将其分为古典学派和现代学派,而李常青(2001)的研究则分为传统股利政策理论和现代股利政策理论。李光贵(2012)的综述总结认为,这两种分类并没有本质区别,在涵盖的内容上是一致的。
② 除此之外,Baker等(1985)还认为,未来的盈利水平、以往的股利发放状况也是股利决策的重要影响因素。

会所需融资越多,则股利支付率越低,从而表明两者之间呈负相关关系,并认为可预计的增长速度是制约股利支付水平的重要因素之一①。随后,其观点得到了 Jensen 和 Meckling (1976) 以及 Rozeff (1982) 等学者的认可和支持,而 Masulis 和 Trueman (1988) 的研究则进一步拓展了增长机会与股利支付的关系,认为高增长公司和成熟公司由于对资金需求的不同差异,股利支付的倾向是不同的,一般而言具有高增长公司少支付、成熟公司多支付的股利分配倾向。这些有关增长机会(或增长速度)与股利支付关系的研究,是将资本成本、可持续增长与企业价值连接起来的文献和理论基础。

5.3.2 国内的研究

具体到国内的股利分配研究,结合我国特定的制度背景及新兴资本市场的实际,众多学者在借鉴西方股利分配研究经验和相关理论的基础上,对我国企业的股利分配问题进行了较为广泛和深入的探究,从而也得到了相关有价值的结论。总体来看,由于我国整体的财务理论研究水平相对滞后,国内的股利政策研究既存在向西方相关研究主题"跟随"与"模仿"的痕迹,也具有我国自身的"制度"特色,主要研究主题可以归纳为以下几个方面②:

第一,基于一定的企业特征变量等对股利政策的影响因素进行研究。其中,众多研究均认为盈利能力、投资机会、公司规模三个主要的公司特征因素影响到股利支付的决策,吕长江和王克敏 (1999, 2002)、刘淑莲和胡燕鸿 (2003)、原红旗 (2004)、邓建平等 (2007) 以及杨汉明 (2008) 等均对此进行了研究。此外,在研究过程中,也有部分学者证实了流动性(杨淑娥等, 2000;易颜新等, 2008)、行业因素(李增福、唐春阳, 2004;唐跃军、谢仍明, 2006;权小锋等, 2010)等对股利政策的影响效应。

特别是,就公司增长率(或可持续增长率)对股利支付的影响而言,李冠众 (2005) 选取 1995~2002 年间的样本检验发现,我国上市公司的股利决策中没有考虑可持续增长因素,缺乏平衡增长的管理思想。在此方面,曹玉珊 (2008) 跟踪了 1994~2003 年共 10 年的数据资料,其结论与李冠众 (2005) 的结论基本一致。但杨汉明 (2009) 的研究却发现股利支付率与可持续增长率呈正相关,而且针对国有企业的分组研究表明,公司绩效与股利支

---

① Higgins (1972) 的研究发现有四个重要因素制约股利支付率的水平,即预计的增长速度、投资机会、财务杠杆以及经营风险。

② 部分参照了李光贵 (2012) 的研究总结(详见:李光贵. 资本成本、可持续增长与分红比例估算研究 [M]. 北京:经济管理出版社,2012)。

付率、可持续增长率之间呈显著正相关。宋福铁等（2010）的研究发现公司的增长率[①]与股利发放呈显著负相关，从而表明我国股利支付具备相应的生命周期特征，罗琦和李辉（2015）的研究也支持了该观点。

第二，基于委托代理理论的股利政策研究。伴随着委托代理理论兴起和发展，以此为基础的研究一度成为股利政策研究的主流，相关研究内容众多而复杂，而且具有我国明显的"产权制度"特征。具体而言，首先，探讨的热点之一是集中在我国众多企业股权分置的背景下，控股股东（含国有股东、法人股股东）是否借助于现金股利进行利益输送或"隧道攫取"，抑或是作为利益直接侵占的一种替代。吕长江和王克敏（1999）、魏刚（2001）、刘淑莲和胡燕鸿（2003）、原红旗（2004）、马曙光等（2005）、吕长江和周县华（2005）、肖珉（2005）以及廖理和方芳（2006）以及陆正飞等（2010）等均对此主题进行了研究，但相关结论并不完全一致。其次，另有一部分研究则从最终控制人性质的角度研究股利政策的特点，邓建平和曾勇（2005）、王化成等（2007）以及宋玉和李卓（2007）等均对此进行了研究。此外，股权结构或集中度（许静、张延良，2013；祝继高等，2013）、股权激励制度（肖淑芳、喻梦颖，2012；吕长江、张海平，2012）、机构投资者及类型（韩勇等，2013；陶启智等，2014）、投资效率（王茂林等，2014）等与股利政策的结合研究也是运用委托代理理论解释股利政策研究的重要内容。总体来看，基于委托代理理论的研究结论有不相一致之处（李卓等，2007），但也形成了一些普遍共识：我国特殊的股权结构和治理结构对股利政策存在重要影响，现金股利往往成为上市公司控股股东利益输送的一种方式（原红旗，2004）。

第三，股权分置改革实施后股利政策的对比研究。这一方面的研究主要是基于特定的理论，来对比探讨股权分置改革的实施对公司股利政策的影响效果。党红（2008）基于委托代理理论的研究发现，股改后股权结构变量并未改变，理论上应有的代理成本效应特征并没有出现，许静和张延良（2013）的研究支持了其观点。支晓强等（2014）基于迎合理论的思想对股改前后我国上市公司的股利政策进行研究，发现股权分置改革以后，公司的股利政策更加注重中小投资者的偏好和对中小投资者利益的保护[②]，而朱清等（2014）的研究发现，股权分置改革以后，大股东在考虑利益直接侵占成本的前提下，会提高现金股利的发放水平。

---

① 此处的增长率指的是"实际增长率"，理论上与"可持续增长率"对股利支付率的影响方向相反。
② 此前，黄娟娟和沈艺峰（2007）选取1994~2005年的样本，利用迎合理论的研究也表明，股权分置改革前，股权高度集中的公司，其股利政策的制定主要是为了迎合大股东的需求而忽视了中小投资者的股利偏好。

第四,融资约束与股利政策研究。该类型的研究是基于我国资本市场将股利分配与再融资挂钩的制度背景(即半强制分红制度)①,对融资约束、再融资能力与现金股利分红等问题进行研究。郭牧炫和魏诗博(2011)、钟勇等(2013)的研究发现,相关监管制度促使具有融资约束的公司增加了现金股利的发放,从而表明融资约束与股利分配之间的关系。但是,李常青等(2010)、王志强和张玮婷(2012)、魏志华等(2014)的研究则指出,半强制分红制度在提高上市公司股利支付水平的前提下,有可能导致"监管悖论",即在引导市场树立回报投资者意识的同时,对存在融资约束或融资需求预期的成长型以及竞争行业上市公司会产生一定的负面影响。

第五,基于信号传递的股利政策研究。这一领域的研究也是股利政策研究的一大主题,但相关研究结论并不能完全一致。吕长江和王克敏(1999)选取1997~1998年的上市公司年报数据进行研究,其结论并不支持信号传递效应理论。陈浪南和姚正春(2000)选取1998~1999年的数据,采用事件研究法,结合盈利公告和分配预案公告的研究发现,股票股利有信号传递效应,而现金股利则没有,但孔小文和于笑坤(2003)选取1999~2002年的年报数据研究则发现上市公司不同股利政策会引起不同的市场反应,从而认为我国股票市场存在股利的信号传递效应。吕长江和许静静(2010)基于股利变更的数据研究发现,现金股利发放并没有信号传递效应,而股票股利发放也只是传递了当期净利润的信息,因而并不完全支持股利的信号传递效应,但宋逢明等(2010)研究表明,连续、稳定的现金股利政策能够向市场传递积极的信号,从而能够提高我国上市公司股票市场的效率。此外,近期王静和张天西等(2014)考察了现金股利分配与盈余质量之间的关系,也验证了我国上市公司的现金股利政策具有信号传递的效应。可见,基于信号传递的相关股利政策研究,由于研究者利用资料的"噪声"含量不同(吕长江、许静静,2010)及研究视角的不同,相关结论并不完全一致。

除此之外,伴随着2007年《国务院关于试行国有资本经营预算的意见》的出台,国有企业分红问题成为我国股利分配研究领域的一个特殊主题。魏明海和柳建华(2007)、罗宏和黄文华(2008)、汪平等(2009)、杨汉明(2009)、张建华等(2011)、王佳杰等(2014)以及焦健等(2014)均基于

---

① 依据相关资料,为了保护中小投资者利益,促进上市公司树立投资回报意识,培育投资者长期投资理念以及增强资本市场的吸引力和活力,自2001年起,证监会陆续出台了一系列促进上市公司股利分配的制度。具体包括《上市公司新股发行管理办法》(2001)、《关于加强社会公众股股东权益保护的若干规定》(2004)、《上市公司证券发行管理办法》(2006)、《关于修改上市公司现金分红若干规定的决定》(2008)以及《上市公司监管指引第3号——上市公司现金分红》(2013)等。

不同的理论基础,对国有企业分红问题进行了探讨,相关观点基本一致,总体认为:国企分红制度的推行可以有效降低代理成本、抑制过度投资、提升国有企业的绩效,从而有利于国有企业的价值创造。

可见,国内外已有的研究分别基于不同的视角,对股利政策所涉及的关键问题进行了广泛的探讨,尽管取得了一些基本的"经验规律性"(Megginson,1997),但不可否认的是,无论是现有的股利理论之间,还是股利分配关键问题的研究结论之间并不能完全达成一致,甚至"矛盾重重"(原红旗,2004),"股利之谜"仍然存在(Black,1972)。但Megginson(1997)的研究认为,不管股利政策研究怎么发展,一直以来其所回答的两个基本问题并未改变,即股利支付是否影响公司价值;如果影响,那么又有哪些因素决定了最佳的股利支付水平,从而使得公司价值最大且资本成本最小。因此,如何结合我国现有的制度背景及新兴资本市场的特征,选取相关影响因素,从而决定有利于公司价值最大化的股利支付率,是股利分配决策的核心内容和基本要求。

5.4 经济增加值理论

5.4.1 经济增加值起源与界定

Knight(1997)认为,对于一个组织而言,最为严峻的挑战之一就是选择一个合适的业绩评价方法。因而,自20世纪80年代中期开始,众多的咨询公司、机构投资者、公司经理以及学者均积极参与到最优业绩评价方法的争论之中(Rappaport,1998)[1],从而使得基于价值的管理(VBM)得以迅速发展。经济增加值(Economic Value Added,EVA)便是在此背景下被开发应用的业绩评价方法之一[2]。

经济增加值(EVA)业绩评价工具由Stern Stewart和Company开发并于1982年实现商业化应用,其概念基础可以追溯至微观经济学中关于企业利润与财富创造相结合的思想(Bell,1998),更进一步可以追溯至Marshall于

---

[1] 这种现象也被Myers(1996)称为"指标大战"(Metric Wars)。
[2] 价值管理产生和发展的详细过程、典型模式和评价指标对比等可参见本书第3章的相关介绍。

1890 年对"经济利润"（或剩余收益，Residual Income）的界定：从利润中减去其资本按照当前利率计算的利息之后所剩余的部分可被称为企业所有者的营业或管理盈余①。在此观念影响下，古典经济学家认为，除非公司的收入已经补偿了企业运作所产生的经常性生产和营业费用，以及为企业所有者投入的资本提供了正常的回报，否则公司是没有真正盈利的。随后，Fisher（1930）、Modigliani 和 Miller（1958）等进一步完善和扩充了经济利润的思想，特别是 Modigliani 和 Miller，他们通过一系列相关命题，揭示证明了公司价值和股票价格取决于资本成本约束下的投资决策，而与资本结构无关。在以上观念的基础上，经济增加值理论提出了两个原则性的假设②：①一家公司只有获得的资本回报超过资本的机会成本时才是真正盈利的；②只有当公司的管理者为其股东所做投资决策的净现值为正时才是创造了财富。据此，经济增加值被定义为：税后经调整后的净营业利润扣除资本成本（含债务资本成本与股权资本成本）之后的差额。

　　经济增加值理论观念自提出以后，受到了理论界与实务界的热捧，迅速成为价值管理领域最为流行的业绩评价指标③。Stewart（1991）声称，EVA 业绩评价方法比任何其他方法更为接近获取企业真正的经济利润，它是与股东财富持续创造相联系的最为直接的业绩衡量方法，因而 Stewart（1991）甚至主张"抛弃每股盈余"。Stewart（1994）进一步补充认为，EVA 是唯一能够科学衡量公司业绩的方法，其对于股东财富变化的解释力，要比以会计利润为基础的指标强 50%，它能够使投资者识别投资机会，并激励经理人员做出创造价值的决策。此外，Tully（1993）的研究将 EVA 描述为令人激动的（Exciting）、用以衡量公司成功与否的一项创新，而 Ehrbar（1998）则将 EVA 描述为一种管理系统，他认为该系统能够转变公司的文化，并通过使每个组织成员取得更大的成功和帮助他们为股东、顾客和自己创造更大的价值来改善其工作状况。Drucker（1995）则认为 EVA 是能够满足信息时代需求的综合要素生产率的一种评价方法。另外，《财富》杂志自从 1993 年就开始定期出版 EVA 排名，并对 EVA 冠以不同的称谓，如"当今最可靠的财务理念""真

---

① 转引自：詹姆斯·L. 格兰特. 经济增加值基础 [M]. 刘志远等译. 大连：东北财经大学出版社，2005：2. 原文参见：Marshall A. Principles of Economics [M]. New York: Macmillan & Co.，1890：142. 另外，Myers（1996）的研究总结认为：事实上，EVA、CFROI 以及其他以古典经济学为基础提出的计量方法在 20 年前都被称为"剩余收益"。

② 转引自：詹姆斯·L. 格兰特. 经济增加值基础 [M]. 刘志远等译. 大连：东北财经大学出版社，2005：3.

③ 在 INSEAD（Boulos et al.，2001）的调查中，EVA 成为受调查公司中使用范围最广的价值管理指标，其应用比例达 47%。

正的价值创造之路"等，以极力推广宣传其价值创造的理念。

在此背景下，20世纪90年代以后，伴随着经济增加值（EVA）理念的推广与传播，其在全世界的影响力逐步扩大，许多美国、英国以及欧洲大陆等国家的公司因为EVA与股东价值最大化目标的匹配一致，开始将其广泛用于公司内部或外部的业绩评价，但围绕EVA理论应用价值特别是实践应用效果方面的探讨检验也越来越多，一段时间内成为价值管理研究的主题。

5.4.2 经济增加值的估算

根据Grant（2003）的研究，EVA的估算通常有两种方式，一种是"会计"的方式，另一种是"财务"的方式。这两种方式分别从"会计"计量与"财务"估价不同的视角对经济增加值进行估算，从而丰富与完善了经济增加值的理念体系。

（1）经济增加值估算的"会计方式"。

经济增加值估算的"会计方式"，是指EVA的估算主要依赖于传统财务会计的损益表、资产负债表、报表附注以及必要的外部信息（如CAPM模型估算股权资本成本时使用的β值）等。因而，基于会计的视角，经济增加值被表达为税后净营业利润扣除资本成本（含债务资本成本与股权资本成本）之后的差额，其计算公式可表达为：

$$EVA_t = NOPAT_t - TCE_{t-1} \times WACC \quad (5-6a)$$
$$EVA_t = TCE_{t-1} \times (ROC - WACC) \quad (5-6b)$$

式（5-6）中，EVA_t为公司当期（即第t期）的经济增加值；$NOPAT_t$为公司经过调整后的当期息前税后净营业利润；TCE_{t-1}为公司期初经调整后的资本总额（既包括股权资本也包括债务资本，但不包括无息流动负债）；WACC是公司加权平均的资本成本率，即股权资本成本与债务资本成本按资本账面价值的加权平均。ROC为投入资本回报率，等于$NOPAT_t/TCE_{t-1}$，（ROC-WACC）被称为资本剩余回报率（Residual Return on Capital，RROC）或EVA价差（EVA Spread）。可见，根据"经济利润"的思想，由于EVA指标扣除了全部的资本成本，不同于传统的净收益、息税前盈余等会计指标，所以能够更为真实地反映公司的业绩及价值创造能力。据此，式（5-6）中，如果EVA的金额为正数，说明公司创造了价值，并且为股东增加了财富；反之，则表示毁损了公司价值，表明公司股东财富遭到了破坏（Drucker，1995）。

进一步通过以上会计视角的EVA估算公式，可以发现EVA的计算取决于税后净营业利润、投入资本总额以及资本成本三个基本变量。Stern Stewart

(1991)认为,通常来说,公认会计准则(GAAP)对公司业绩形成了一些扭曲并产生许多不恰当之处,为了真正揭示公司的经济价值就必须对其进行调整和纠正。因而,基于对谨慎性会计影响、预防盈余管理和消除会计扭曲等因素的考虑,税后净营业利润和投入资本总额两个变量均需要在传统会计数据基础上进行调整,以便于更为真实、相关地反映企业的经济价值。依据 Stern Stewart & Company 有关经济增加值计算的说明,为了实现经济增加值价值相关性的目标,相关调整项目通常包括了研究开发费用支出、战略性投资以及其他资产负债表项目的调整等,理论上 EVA 计算过程中的调整项甚至可达 160 项之多①。由此,关于这些调整项目的合理性与否也成为 EVA 评价方法日后饱受争议的问题之一。

此外,根据对式(5-6b)中投入资本回报率 ROC 的内涵分析,ROC 可以进一步分解为税后净营业利润率与资本周转率之间的乘积②。因而,基于对"会计方式"经济增加值估算公式的分解,Fabozzi 和 Markowitz(2011)认为至少有五种方式来提升经济增加值③,即促进销售增长、明智地减少营业费用、提高资本周转率、在正的 EVA 增长机会出现时使用更多的资本以及降低资本成本。具体而言:

第一,促进销售增长。EVA 理论认为,在销售增长有利于价值创造时,应合理地配置资源,维持一定的销售水平并促进其合理增长。同时,在其他条件一定的情况下,促进销售也有利于提高资本的使用效率,提升投入资本的回报率。

第二,明智地减少营业费用。减少成本费用是提高利润,进一步增加税后净营业利润的根本途径之一,最终将有利于提升投入资本的回报率。

第三,提高资本周转率。提高资本周转率是改善业绩,进一步提升投入资本回报率的管理策略。企业可以通过处置不良资产、降低应收账款(或存货)周转率等加速资本周转速度,从而提高投入资本回报率。

第四,在正的 EVA 增长机会出现时使用更多的资本。当项目(或业务)投资回报率高于资本成本率时,EVA 为正,表明当前的状况有利于公司价值增长。此时,应继续加大该项目(或业务)投资的规模。除此之外,应积极

---

① Chari(2009)的通过文献分析总结发现,实践中被采用的 EVA 会计调整项数量大概在 5~16 个。
② 分解办法可以参照杜邦分析的思路。假设 S 为销售收入,其他假设如前文,则 ROC = NOPAT/S×S/TCE。
③ Desai 和 Ferri(2006)的研究也认为有五种提高 EVA 的方式,它们分别是:第一,提高现有资本的回报率,如通过提高利润率以及更好地利用资产等;第二,从事 EVA 为正的新项目投资;第三,剥离 EVA 价差为负的业务;第四,优化资本结构,降低资本成本;第五,延长 EVA 价差为正的"竞争优势期间"等。尽管表述不尽相同,但本质驱动因素是完全一样的。

拓展和寻找 EVA 为正的新项目,从而提高公司整体资本的价值创造能力。

第五,降低资本成本。降低公司资本成本的途径与策略,既包括了股权与债务单项资本成本的降低,也包括了优化公司资本结构、合理利用财务杠杆的融资决策问题。因而,公司既需要对融资方式进行科学筹划,又需要加强和完善公司治理水平、提高信息透明度,降低公司特有风险等,从而最终降低公司加权平均资本成本。

(2) 经济增加值估算的"财务方式"。

根据 Grant (2003) 的总结,经济增加值估算的"财务方式",是指对 EVA 的计算估计主要依赖于贴现或现值技术及过程,以便进一步确定市场增加值(MVA)、公司价值和股票价格等。该方法的理论依据在于公司价值评估原理,即公司的价值是以其现有资产和预计的未来成长所创造的预期现金流量(股利、自由现金流量或经济增加值等)的现值①,因而公司价值②可以表达为投入资本与其所增加的财富即净现值(NPV)的合计。

$$EV = TCE + NPV \tag{5-7}$$

式 (5-7) 中,EV 为公司价值,TCE 为投入资本,NPV 为净现值。其中,依据经济利润(EVA)价值评估模型,NPV 可以被表达为经济利润(EVA)的累计折现,即:

$$NPV = \sum_{t=1}^{\infty} \frac{EVA_t}{(1+WACC)^t} \tag{5-8}$$

需要重点说明的是,在此意义上的 NPV 被定义为市场增加值(MVA),其等于期望的公司未来 EVA 的现值(Brigham,1999),也等于公司价值(EV)减去投入资本(TCE)。因而,结合式 (5-7) 和式 (5-8),市场增加值(MVA)增加,则公司价值增加。此外,在有效市场的前提下,可以很容易证明 EVA 与公司内在价值及其发行在外的负债和权益有价证券的价值(分别用 V_L 和 V_E 来表示)有关(Grant,2003),即:

$$MVA = NPV = EV - TCE = V_E + V_L - TCE = \sum_{t=1}^{\infty} \frac{EVA_t}{(1+WACC)^t} \tag{5-9}$$

---

① 关于公司价值评估,Grant (2003) 认为,"当存在几种价值评估模型时,必须牢记的原则是:企业的价值终究是企业的价值!也就是说在任一时刻,公司的市场价值是以其现有资产和预计的未来成长所创造的折现现金流为基础的。不管一家公司怎样组合这些现金流——如股利、自由现金流,乃至经济利润——公司的企业价值及其所保证的股价在企业价值评估的各种方法之间必须保持一致"。因而,在此意义上,股利折现模型(DDM)、自由现金流量(FCF)模型以及经济利润(EVA)模型在企业价值评估方面是完全一致的。详见:詹姆斯·L.格兰特.经济增加值基础[M].刘志远等译.大连:东北财经大学出版社,2005:81.

② 通常企业价值评估中的价值往往指的都是公司的内在价值(Intrinsic Value)。

可以看出，基于财务角度的经济增加值估算方式，将经济增加值与公司价值、市场增加值以及股票价格等结合起来，对于公司的所有者具有重要的意义。根据 Grant（2003）的总结，理论上，EVA 预期值为正的公司应该看到其股票价格的上涨，因为扣除总的资本成本之后不断增加的利润净额会导致公司的"市场增加值"上涨。相反，EVA 预期值为负则意味着投入资本回报率不能补偿加权平均资本成本，此时应该看到公司的股票价格下降，因为不利的 EVA 前景降低了公司的内在价值。

进一步，根据前述内容可知：公司价值是其现有资产和预计的未来成长所创造的预期现金流量（如股利、自由现金流量或经济增加值等）的现值，所以公司的价值可以被分为由现有资产创造的 NOPAT 永续年金的现值和公司预计投资机会的净现值两个部分组成。以此为基础，MVA（即公司的 NPV）被分解为两个基本来源①：①公司现有资产所创造的经济利润（EVA）的现值；②由预计未来资产的经济利润（EVA）"增长"对 MVA 的贡献部分。一般而言，基于上述 EVA 与 MVA 之间的关系，在多期估价中，往往使用"稳定增长"（Constant Growth）的 EVA 模型来加以描述，即：

$$MVA = \frac{EVA_1}{WACC - g_{EVA}} \qquad (5-10)$$

式（5-10）中，g_{EVA} 为 EVA 长期稳定的增长率，EVA_1 为下一期经济增加值。稳定增长 EVA 模型表明：公司的市场增加值（MVA）与下一期 EVA 的预期值呈正相关，与 EVA 长期增长率 g_{EVA} 也呈正相关，但与加权平均资本成本的变化呈负相关。由此可以发现，公司价值增长的途径是确保税后投入资本回报率大于公司加权平均资本成本，在此情形下，EVA 为正值，意味着该公司投资于净现值为正值的项目，从而创造了市场增加值（MVA），公司价值得以增长。否则，则意味着公司价值的毁损。

5.4.3 经济增加值的评价

如前所述，经济增加值理念提出之后，围绕 EVA 理论应用价值特别是实践应用效果方面的探讨检验也越来越多，一段时间内成为价值管理研究领域的热门议题。Chari（2009）关于 EVA 研究的文献述评将与此相关的经验研究分为关于 EVA 会计调整项的研究、EVA 与其他业绩评价方法优越性对比的研

---

① 详细推导过程可参见：詹姆斯·L. 格兰特. 经济增加值基础 [M]. 刘志远等译. 大连：东北财经大学出版社，2005：97-107.

究、EVA 是否促进了价值创造、激励制度以及战略决策的研究以及其他方面的研究四类，而 Sharma 和 Kumar（2010）针对 1994~2008 年公开出版的 112 篇有关 EVA 文献进行述评，他们进一步将有关 EVA 的研究细分为 EVA 与股票回报的关系、EVA 与 MVA 的关系、管理层行为及业绩管理、EVA 理念评价和实施、价值管理与 EVA、折现方法与 EVA 的关系以及 EVA 述评七大研究主题，从而为理解和运用 EVA 的研究者和经理人员提供了较有价值的信息来源（Sharma and Kumar，2010）。结合众多的 EVA 研究文献，依据两位学者较为全面地归纳评述，可以发现 EVA 与股票回报、EVA 与 MVA 之间的相关性检验以及 EVA 调整项的研究是 EVA 价值管理体系相关研究的主流。

第一，有关 EVA 与股票回报关系的研究。

Sharma 和 Kumar（2010）的研究统计表明，基于投资者和分析师日益增长的确认公司价值的需求，1994~2008 年，有关 EVA 与股票回报关系的研究主题占比高达 51.78%[①]，一度主导了早期 EVA 的研究方向。其中，一方面，以 Stewart（1991）为代表的 EVA 的支持者认为 EVA 比其他以业绩评价为基础的会计指标能够提供更丰富的信息，EVA 是与股票内在价值直接相关的唯一业绩评价方法，从而能更好地驱动股票价格变动。Lehn 和 Makhija（1997）、Lefkowitz（1999）等的研究结果均支持了 Stewart 的观点。O'Byrne（1996）针对 Stern Stewart 综合业绩排名 1000 的公司进行研究，发现 EVA 变动对长期股票收益的解释力比会计收益指标要强。Bao 和 Bao（1998）的研究检验了 166 家美国公司 EVA 的使用与超常经济利润的关系，结果发现 EVA 在市场回报方面有显著的解释能力，而且其解释力比其他传统的会计收益指标要强。Machuga 等（2002）在研究中强调：EVA 在预测未来盈余方面比 EPS 包含更多的增量信息，因而能够被用于提高未来盈余的预测能力。Worthington 和 West（2004）基于澳大利亚上市公司的研究表明，EVA 包含更多的信息含量，对比剩余收益、会计利润以及净现金流量，股票回报与 EVA 更加相关。

但另一方面，也有一些研究并不支持 EVA 能够提供更好股票回报的观点。Chen 和 Dodd（1997）的研究发现，尽管 EVA 工具比传统的会计利润指标提供了相对更加丰富的信息，但是他们却发现就与股票回报的关系而言，并没有单一的 EVA 计量指标对股票回报变动的解释力超过 26%，EVA 与剩余收益（RI）指标均高度相关而且基本一致。Biddle 等（1997）选取 1984~1993 年的美国 733 家公司样本，研究发现与市场调整的年收益的相关性方面，会计盈余比剩余收益或 EVA 更加相关，而且这三种方法均决定了经营活动的

---

① 根据 Sharma 和 Kumar（2010）的统计，112 篇文献中有 58 篇均与该主题相关。

现金流量，结果并不支持 EVA 与股票市场回报比传统指标更相关的观点。De Villiers（1997）、Burlette 和 Hedley（1997）从事的研究也发现，EVA 明显不能像传统的会计收益指标那样解释股票回报的变动。除此之外，Ismail（2006）以及 Kyriazis 和 Anastassis（2007）等均选取不同国家的样本，将 EVA 与其他传统的会计指标进行对比，并未发现其在股票回报解释力方面的优越性。在此方面，Biddle（1998）进一步对 EVA 在解释股票回报方面相对落后于传统会计盈余指标的原因进行了分析[1]，并强调市场本身是无效的，因此对 EVA 优点的认识应该客观谨慎。

第二，EVA 与 MVA 之间的相关性检验。

该领域的研究实质上也是针对 EVA 与公司价值关系的研究。Stewart（1991）检验了美国公司 EVA 与 MVA 的关系，发现两者之间有强烈的相关性。Grant（1996）检验了 EVA 和公司价值的关系，结果表明 EVA 对公司价值有明显的影响，EVA、REVA 以及 MVA 都是公司价值评估较好的方法。O'Byrne（1997）的研究对比了 Stern Stewart 综合业绩排名 1000 公司的 FCF、NOPAT 以及 EVA 的解释力，发现 EVA 对市场价值的解释力要强于 NOPAT 和 FCF，EVA 变动对市场价值变动的解释力要好于 NOPAT 的解释力。Wallace（1997）所开展的研究探讨了 EVA 实施者所作出的变化，这项研究检验了使用 EVA 以及其他剩余收益（RI）技术的公司绩效，他发现 EVA 实施者处置了更多的资产、减少了一些新的投资，而股东们得到了他们应该得到的回报。Uyemura 等（1996）的研究表明 EVA 与 MVA 和股票价格高度相关，Ghanbari 和 More（2007）分析了印度汽车行业 EVA 与 MVA 的关系，结果表明有明显的证据支持 Stewart（1991）的观点，但 Fernandez（2001）选取了 1983~1997 年 582 家美国公司，检验了 EVA 与 MVA 的相关性，研究结果表明：样本公司中，有 296 家 NOPAT 比 EVA 与 MVA 变化有较强的相关性，而有 210 家样本公司在 EVA 与 MVA 相关性检验中表现是负向的。De Wet（2005）针对南非 89 家工业公司检验了 EVA 与 MVA 的关系，发现 EVA 并没有表现出与 MVA 强烈的相关性。

第三，EVA 的会计调整项。

如前所述，EVA 理念自提出以来，GAAP 相关的调整项构成了 EVA 相关的最独特和最有争议的内容（Sharma and Kumar, 2010）。依据 Stern Stewart & Company 有关经济增加值计算的说明，为了实现经济增加值价值相关性的目标，建议需要用 164 个调整项来调整 NOPAT。这些调整项的合理性在学术界

---

[1] Biddle 等（1998）的研究指出了五个方面的原因，具体包括当前的可实现性、EVA 构成要素影响的滞后性、数据估计、错误的会计调整以及会计调整减少了信息含量。

引起了较大的争议,甚至有学者认为通过这些调整导致一些应计项目的移除是减少而不是增加了 EVA 的信息含量。其中,Biddle（1998）的研究就指出,Stern Stewart 和 Co 所做出的调整可能去除了市场参与者过去习惯用于预测公司未来前景的应计项目,这样会减少 EVA 所能提供的信息含量。Young（1999）总结认为：对于一个使用 EVA 的公司而言,只要调整项有助于增加经理人员采取有利于股东利益的行动,就应该进行该项调整,他认为很多进行 EVA 调整的公司并没有提供更多具有说服力的数字。Anderson 等（2004）通过对比 10 年期间进行调整和不进行调整的 EVA 来研究会计调整项的统计相关性,结果发现只有后进先出法与研发费用的调整具有统计显著性,但是那些被发现具有显著性的调整项往往又是不重要的。因此,他们认为会计调整项并没有什么用处。但是,Uyemura 等（1996）认为会计调整项有助于最小化会计扭曲,O'Hanlon 和 Peasnell（1996）认为 EVA 提供了一个有价值的框架,该框架将有利于将错误的会计数字转化为正确的价值评估。此外,Weaver（2001）进行的一次调查结果表明：没有任何两家公司在计算 EVA、投资资本和使用调整项计算 NOPAT 等方面完全相同。实际中,他发现计算 EVA 使用的调整项平均只有 19 项。Chari（2009）通过文献分析总结发现,实践中被采用的 EVA 会计调整项数量大概在 5~16 个,而且不同公司因行业、采用的会计政策等的差异而不同,并没有统一的一套 EVA 计算及调整方法,调整项的选择往往依赖于其对 EVA 评价的影响程度以及是否能提高对股票回报的解释力,或者是否能改变决策等因素。

总之,通过以上 EVA 相关研究的回顾可以发现,无论是有关 EVA 与股票回报、EVA 与 MVA 之间的相关性检验的研究主题,还是 EVA 调整项的研究主题,截至目前相关研究均没有取得一致的结论。正如 Worthington 等（2001）所说,这些研究的结果是"混杂"（Mixed）的。尽管如此,但是仍有一些来自 EVA 的普遍理念和认识值得关注。首先,EVA 的概念基础来源于普遍接受的与企业盈利和财富创造有关的宏观经济学理论,除了在 EVA 计算过程中需要进行与公认会计准则（GAAP）相关的调整之外,该工具本身与剩余收益评价指标的理念是一致的。其次,尽管有关 EVA 价值相关性的研究结论基于种种原因并不完全一致[①],但奉行股东价值最大化的目标理念,已经使得 EVA 成为世界范围内一些公司进行内部决策、业绩评价等较为有效的价值管理手段,因而 EVA 有理由被认为是值得信赖的价值导向指标（Lefkowitz,

---

① Worthington 等（2001）以及 Sharma 和 Kumar（2010）的评述均指出,现有 EVA 的经验研究存在一些局限性。例如,会计研究频繁地使用 R 的平方来检验相关性,这可能容易歪曲相关领域的研究结果。此外,估算资本成本以及计算调整项的时候,相对于习惯采用的估价方法出现了估计错误等也是导致不同研究存在差异的原因。

1999)。最后，与公认会计准则（GAAP）相关的调整项构成了 EVA 研究最独特和最有争议的内容，把握有利于股东价值创造和企业可持续发展导向的调整原则也许更加重要。

5.5 本章小结

本章回顾和梳理了资本成本、财务可持续增长、股利分配以及经济增加值等相关理论，这些理论是国有企业价值管理体系构建的重要理论基础。国有企业价值管理体系实质上也是以上相关理论相互作用机理下形成的以资本成本、可持续增长为约束，以股利分配为资源配置手段，以价值创造为最终目标的一种系统。

第一，资本成本理论分析表明，资本成本是与证券估价、公司治理、信息披露、投融资决策等活动紧密结合，是任何一类企业价值管理不可缺少的关键驱动因素，是国有企业价值规律体系构建的重要约束条件。

第二，财务可持续增长理论分析表明，财务可持续增长能力是企业现有资源约束前提下，公司营运政策以及融资政策、股利政策等各项财务策略之间平衡的结果，增长必须兼顾价值创造，能够创造股东价值的增长才是有意义的。

第三，一直以来，股利是否影响公司价值都是股利分配理论研究的核心问题。如何结合我国现有的制度背景及新兴资本市场的特征，选取相关影响因素，从而决定有利于国有企业价值最大化的分红比例，成为国有企业价值管理体系核心内容和基本要求。

第四，经济增加值是全面考核企业经营者有效使用资本和为股东创造价值的重要工具，也是企业价值管理的基础和核心[①]。尽管有关 EVA 价值相关性的研究结论基于种种原因并不完全一致，但经济增加值理论分析表明，把握有利于股东价值创造和企业可持续发展的理念，既是一种导向，也是国有企业价值管理的目标。

---

① 参见国资委《关于以经济增加值为核心加强中央企业价值管理的指导意见》（国资发综合〔2014〕8 号）。

6

国有企业价值管理体系构建与检验

前文表明，如何以资本成本这个关键价值驱动因素为纽带，将国企分红、绩效评价等国有企业理财活动融入国有企业价值管理活动，厘清资本成本、可持续分红以及国有企业价值创造之间的内在机理，从而科学构建并完善国有企业价值管理的整体框架，是确保国有企业股东价值最大化目标实现的关键。

基于资本成本理论、财务可持续增长理论、股利分配理论以及经济增加值理论，国有企业价值管理体系的构建，实质上是在坚持国有股东价值最大化目标前提下[①]，以资本成本为约束、可持续增长为保障，构建国有企业可持续的分红机制，并以此实现与国有企业价值创造系统的成功对接，从而最终确保国有企业的价值创造。

6.1 资本成本约束

一直以来，资本成本理论的发展与证券估价、公司价值折现评估密不可分，无论是众多的股利理论还是其他投融资理论均表明了资本成本、投资决策以及公司价值评估之间的关联。由前述股利理论的相关回顾可知，传统（或古典）的股利理论大多是结合证券估价问题而展开的（李常青，2001），资本成本是相关股利理论观点形成的直接制约因素。其中，Walter（1956）借助于早期 Williams（1938）的证券估价思想，在一系列相关假设基础上[②]，将股权资本成本、每股收益、股利以及股票价值联系起来，提出了著名的"Walter 公式"。Walter 公式基于股利折现的评估模型，揭示了股利支付率的高低在于留存收益再投资报酬率与股权资本成本（即折现率）两者之间的对比。后续的研究中，Gordon（1962）又进一步对 Williams（1938）的估价模型进行了完善，提出了 Gordon 模型[③]，从而在估价模型中对公司盈余、

[①] 2014 年，国资委《关于以经济增加值为核心加强中央企业价值管理的指导意见》（国资发综合〔2014〕8 号）指出：价值管理与维护各方利益有机统一。既要坚持股东价值最大化，又要模范遵守国家法律法规，统筹兼顾债权人、供应商、消费者、内部员工等相关方的利益，积极履行社会责任，创造互利共赢、和谐发展的良好环境。

[②] Walter（1956）研究的相关假设包括：①留存收益是公司追加投资股权资本的唯一来源；②留存收益再投资报酬率和折现率均保持不变；③留存收益增值部分全部作为股利分配给股东等（详见：Walter J. E. Dividend Policies and Common Stock Prices［J］. Journal of Finance，1956（3）：29-41）。

[③] 有研究认为，本质上 Gordon 模型是 Williams（1938）永续稳定增长模型的特例。

股利支付率、资本成本以及留存收益再投资报酬率之间的关系进行了更为细致的描述。

概括而言，以 Walter 公式为代表的估价理论，主要是基于股权资本成本的约束，揭示出股利分配率的确定原则取决于留存收益再投资报酬率与股权资本成本之间的对比。这一思想由于将股利决策与投资决策借助于资本成本而结合起来，也得到了后续众多理财学家（Emery et al.，1999；Copeland et al.，2003）的认可。依据 Gordon 模型，在股利稳定持续增长的假定前提下，股东财富可表达为：

$$P_0 = \frac{d_1}{K_E - g} \tag{6-1a}$$

$$P_0 = \frac{EPS_1 \cdot DPR}{K_E - R \cdot (1 - DPR)} \tag{6-1b}$$

式（6-1）中 P_0 为股票价值（即股东财富）；d_1 为下一期的预期股利；g 为股利长期持续的增长率；K_E 为股权资本成本；EPS_1 为下一期每股盈余；DPR 为股利支付率，（1-DPR）为留存收益比例；R 为留存收益再投资报酬率。

需说明的是，式（6-1）两个式子相等的前提是公司不从外部获取股权资本，而是通过留存收益进行再投资，从而使得资本生成率①与股利增长率 g 取得一致。式（6-1b）的表达更为直观，反映出股利增长与留存收益再投资报酬率和股利支付率之间的关系。依据式（6-1b）的构成，可以考虑一种特殊情形，假如 R 不能满足投资要求的必要报酬率即股权资本成本 K_E，盈利全部用于股利发放，即股利支付率为100%，则公司也就不能获得将盈利留存下来用于未来投资而赚取的利得，则资本生成率为 0。此时，公司股票的价值仅等于当前经营权益部分的价值 EPS_1/K_E，而不能获得留存收益未来投资增长的价值，从而表现为零增长状态下的股东财富。反之，如果留存收益再投资报酬率 R 大于投资人要求的必要报酬率 K_E，则盈利留存可用于再投资，预示着公司将借助于未来投资而增加价值。基于此思想，为了更清晰地描述股东价值由当前经营权益部分的价值与未来投资增长价值构成的属性，Emery 和 Finnerty（1999）对股东财富进行了重新表达②：

---

① Grant（2003）将留存收益再投资报酬率及留存收益比率的乘积称为资本生成率（Capital Generation Rate）。

② Emery 和 Finnerty（1999）对股东财富的描述参见道格拉斯·R. 爱默瑞，约翰·D. 芬尼特. 公司财务管理 [M]. 荆新等译. 北京：中国人民大学出版社，1999.

$$P_0 = \frac{EPS_1}{K_E} + NPVFI \qquad (6-2)$$

式（6-2）中，NPVFI 代表公司各年留存收益按再投资报酬率 R 进行投资的期望净现值之和①，股东价值表现为当前经营权益部分的价值与未来投资增长价值两部分。汪平等（2009）对留存收益再投资报酬率 R 与股东价值 P_0 之间的关系进行了较为系统的分析：当留存收益再投资报酬率 R 大于股权资本成本 K_E 时，留存收益再投资就能够取得正的净现值，股东价值增加；反之，股东价值将减损。因而，从股权资本成本约束的角度，股权资本成本是留存收益再投资的约束前提。

可以发现，留存收益再投资预期能够达到的收益水平是公司盈利是否留存决策的关键，也被认为是股利决策的关键。Emery 和 Finnerty（1999）在此基础上认为，使用以上模型（即 Gordon 模型）的一个主要限制在于估计参数值 g 的能力，通常，"计算历史增长率和参照同行业其他企业是获得更多信息的两种办法"②。Grant（2003）曾在评价"基本股票回报率（FSR）"③ 时也认为，在传统的公司分析领域中，历史期的 ROE（即权益报酬率）往往被视为可能的留存收益再投资报酬率。也正是基于这种观念，实践中，一些知名的管理咨询公司④用 ROE 替代留存收益再投资报酬率 R，创立了"股权回报价差模型（Equity Spread Approach）"价值管理方法，并借此揭示了股权资本成本约束对于股东价值创造的重要意义。根据 Ameels（2002）的整理描述，股权价差模型是未来导向的、基于会计基础的价值评估模型之一，其理论基础也是 Gordon 模型（Günther, 1997），借助于股权资本成本 K_E 与 ROE 之间的对比，揭示了在有效市场条件下股权市场价值与账面价值之间的关系。在 $K_E > g$ 的前提下，其模型构成如下：

$$\frac{M}{B} = \frac{ROE - g}{K_E - g} \qquad (6-3)$$

---

① 在留存收益再投资基本假设的前提下，依据 NPVFI 的含义，可以推导得出 NPVFI = $\frac{EPS_i \cdot (1-DPR) \cdot (R-K)}{K_e \cdot (K_e - g)}$。详细推导过程可以参见李光贵. 资本成本、可持续增长与分红比例估算研究 [M]. 北京：经济管理出版社，2012：77.

② 道格拉斯·R. 爱默瑞，约翰·D. 芬尼特. 公司财务管理 [M]. 荆新等译. 北京：中国人民大学出版社，1999：151.

③ 基本股票回报率（FSR）等于估定的股利收益率及预期内部资本生成率之和，实际上也是股利利得和资本利得之和。

④ 依据 Ameels（2002）的综述，实践中使用"股权价差模型"咨询公司包括 Marakon Associates 以及 HOLT Value Associates 等。

式 (6-3) 中，M 和 B 分别代表股权的市场价值和账面价值。根据公式构成，市值与账面价值比率等于留存收益再投资报酬率 ROE 以及股权资本成本 K_E 分别与增长率 g 的差额之间的比率。毫无疑问，通过比率的大小可以判断股东价值的增加或减损。当 ROE 大于 K_E 的时候，股权价差比率大于 1，股东价值得以增加①。

通过以上分析可以发现：相关财务理论和实践应用均体现出股权资本成本约束对留存收益再投资的重要性，从而也影响和制约着公司的股利支付决策，并进而影响股东价值的创造。

6.2　财务可持续增长要求

前文研究已经表明，以 Higgins 模型为代表的财务可持续增长观念，实质上是在现有资源约束前提下，公司营运政策、融资政策以及股利政策等各项财务策略之间平衡管理的思想。根据 Higgins 模型分解的可持续增长率表达如下：

$$SGR = P \cdot A \cdot \hat{T} \cdot b \qquad (6\text{-}4)$$

式 (6-4) 中，P 代表销售净利率；A 代表总资产周转率（其中，分母选取的是期末总资产）；$\hat{T}$ 为权益乘数（其中，分母选取的是期初股东权益数额）；b 为留存收益比率，等于 1 减去股利支付率（DPR）。根据杜邦分析原理，式 (6-4) 中的销售净利率、总资产周转率和权益乘数等指标尽管其计算口径存在差异②，但三者之间的乘积仍可以近似地反映企业权益报酬率（ROE）的水平（Higgins，1977）。因而，可持续增长率可以表达为权益报酬率 ROE 与留存收益比率 b 之间的乘积，并进一步表达为股利支付率表述的形式：

$$SGR = P \cdot A \cdot \hat{T} \cdot b = ROE \cdot b = ROE \times (1 - DPR) \qquad (6\text{-}5)$$

---

①　需要注意的是，股权价差模型与经济增加值方法有明显的区别，股权价差模型仅考虑股权资本成本的补偿，而经济增加值则使用的是加权平均资本成本，由于税后债务资本成本通常比股权资本成本低，所以公司投资的最低预期回报率（The Hurdle Rate）将会有显著不同。

②　这里的差异主要基某些指标计算所选取的数据时点不同，总资产周转率分母选取的是期末总资产，而权益乘数的分母选取的是期初股东权益数额。

由前文分析可知，增长管理的关键是如何在有限的财务资源或者"融资约束"下确保实际增长率与可持续增长率的协调一致，即实现所谓的"平衡增长"。但根据可持续增长理论，由于提高经营效率、调整目标资本结构以及负债融资等并非总是可行的管理策略，在一定条件下均会受到相应的制约，因而增长管理通常将面临一系列的难题。在此情形下，股利分配政策的改变或者股利支付率的改变就成为企业保持平衡增长管理的策略之一，也就是说，基于平衡管理的思想，在改善经营效率手段不可行、调整财务杠杆以及外部融资等策略受限时，销售增长所面临的资源短缺（或过剩）问题可以借助于公司股利政策来加以调整。因而，可持续增长的管理在此情形下实质上转化为股利决策的问题。

但是，必须明确的是，从 Higgins 模型本身来看，其增长管理的思想仅仅考虑资源受限情形下的策略调整，以实现实际增长率与可持续增长率的平衡，并没有从股东价值创造的角度考虑增长的意义，因而某些增长可能是有损股东价值的盲目增长。为此，就需要在其增长管理的模型中引入价值管理的理念，从而引导企业保持有利于其价值创造的良性增长状态。

6.3　可持续分红机制的理论分析

6.3.1　可持续分红模型的构建

综合以上分析，一方面，从股利分配理论角度，依据 Gordon 模型，基于资本成本的约束作用，股权资本成本是留存收益再投资的约束条件，在权益报酬率 ROE 替代留存收益再投资报酬率 R 的前提下[①]，股利增长率 g 是 ROE 与留存收益比率之间的乘积，即 $g=ROE \cdot (1-DPR)$，只有 ROE 大于股权资本成本 K_E 时，留存收益投资才有利于价值创造，即该种情形下，降低股利支付将有利于股东的价值增长。

另一方面，可持续增长理论分析表明，可持续增长率是在不耗尽公司财

---

① 以下论述中，R 与 ROE 因行文方便将会交替使用，不做严格区分，除非有特殊说明，两者含义一致，均是指留存收益再投资报酬率。

务资源的前提下,所能够达到的最大销售增长率。由于企业的经营效率和财务政策决定了可持续增长水平,可持续增长率本质上代表了企业当前经营效率和财务政策下的内在增长能力。如前所述,实际增长与可持续增长经常处于不平衡状态,特别是企业经常会处于实际增长大于可持续增长的状态,即所谓的"超常增长"状态。可持续增长理论认为,在不增发新股的假设前提下,超常增长一般可以通过提高盈利率、加速资产周转、提高财务杠杆以及降低股利支付率即提高留存收益比例等来加以解决。这种情形下,仅从两者之间的调整方向来看,实质上是借助于相关经营效率和财务政策的改变从而使得可持续增长能力与实际增长水平保持一致,也就是用内部财务资源的重新配置来解决超常增长问题。但必须明确的是,无论这些指标短期内如何改变,实际增长如何偏离企业内在增长能力(即可持续增长能力),从长期来看应该是与可持续增长率趋于一致。换句话而言,可持续增长率代表了企业适宜的发展速度(闫华红等,2011),是一种"成熟模式",公司总是趋向于平衡增长状态,即实际增长与可持续增长保持一致的状态(曹玉珊、张天西,2006)。

进一步来看,前述分析已经表明,可持续增长率 SGR 可以表达为权益报酬率 ROE 和留存收益比率 b 之间的乘积,而在改善经营效率手段不可行、调整财务杠杆以及外部融资等策略受限时,借助于股利支付率的调整是保持平衡增长的策略选择。此时,可以发现,可持续增长率 SGR 与股利增长率 g 取得了一致①,即都表现为 ROE 和留存收益比率 b 之间的乘积。因而,基于股权资本成本约束和股东价值创造的目标,可持续增长只有在 ROE 大于股权资本成本 K_E 时,才有利于股东价值的创造,否则销售增长将有损股东价值。由于可持续增长是一种"成熟模式",其代表了企业在现有资源约束条件下的增长潜力,因此 ROE 大于股权资本成本 K_E,也成为企业销售增长、促进股东价值创造的基本要求。据此,汪平等(2009)认为,在现有资源约束条件下且有利于股东价值创造的可持续增长率应该满足以下条件:

$$SGR = ROE \times (1-DPR) = K_E \times (1-DPR')$$
$$且满足\ ROE \geqslant K_E \tag{6-6}$$

式(6-6)中 DPR′表示既定可持续增长能力和股权资本成本约束下的分

---

① 根据 Higgins 的界定,从严格意义上来说,由于公司经营杠杆和财务杠杆因素的影响,可持续增长率(SGR)即销售变动率或增长率在价格等其他因素不变的前提下,往往会小于公司盈利(或股利)的增长率 g。但朱开悉(2002)的研究认为,从长期来看,销售增长率与公司盈利(或股利)增长率将趋于一致。另外,闫华红等(2011)的研究认为可持续增长率是股价的重要决定因素,在股利折现模型中,可以直接以可持续增长率代替股利增长率。

红比例水平。该式的意义在于：如果维持可持续增长率不变，企业的 ROE（即留存收益再投资报酬率）首先必须达到股权资本成本 K_E 的水平，这种调整的策略可能包括了维持和提高盈利率、加速资产周转、提高财务杠杆等手段，其次制定出合理的股利政策或留存收益政策。在此约束下的销售增长才能既符合可持续增长，又有助于股东价值的增长。

基于此，定义企业可持续增长能力约束并兼顾股权资本成本要求条件下的分红比例为"可持续分红比例"（Sustainable Dividend Payout Ratio，SDPR）。依据式（6-6），则 DPR′即为 SDPR，由此可得"可持续分红比例估算模型"（Sustainable Dividend Payout Ratio Model，SDPRM）为：

$$SDPR = 1 - SGR/K_E \quad (6-7)$$

进一步，根据前述 SGR 的分解构成，依据式（6-7），可以得到另一种表达形式：

$$\frac{ROE}{K_E} = \frac{1-SDPR}{1-DPR} \quad (6-8)$$

根据式（6-8），可以发现既定可持续增长水平下，ROE、K_E、DPR 以及 SDPR 之间最基本的关系状态为：当 ROE≥K_E 时，SDPR≤DPR；ROE<K_E 时，SDPR>DPR。也就是说，在可持续增长水平维持不变的前提下，当留存收益再投资报酬率大于股权资本成本时，公司应倾向于少发放股利，将盈利更多地留存于未来发展；而当留存收益再投资报酬率不能补偿投资者要求的必要报酬率（即股权资本成本）时，公司应倾向于将盈利返还给股东。

6.3.2 可持续分红比例模型应用分析

为进一步分析可持续分红比例模型（SDPRM）的具体应用，李光贵（2012）借助于"无差异曲线"的原理，将保持一个特定的财务可持续增长能力、各种可能的留存收益再投资报酬率 ROE 和留存收益比率 b 之间不同组合的点的轨迹定义为"可持续增长能力无差异曲线"[1]。为了便于区分说明各种情形下可持续分红比例模型（SDPRM）的应用原理，在以下的论述中我们可以区分 ROE>K_E 和 ROE<K_E 两种情形进行分析。同时，为了更为全面地对 SDPRM 进行分析，在 ROE>K_E 和 ROE<K_E 两种情形分析的基础上，我们再进一步区分静态分析和动态分析，即分别在可持续增长能力不变和变动两种前

---

[1] 李光贵. 资本成本、可持续增长与分红比例估算研究 [M]. 北京：经济管理出版社，2012.

提下进行进一步的分析。

6.3.2.1 ROE>K_E 情形下的分析

基于前述相关字母假设的经济含义，ROE>K_E 情形下"可持续增长能力无差异曲线"如图6-1所示。

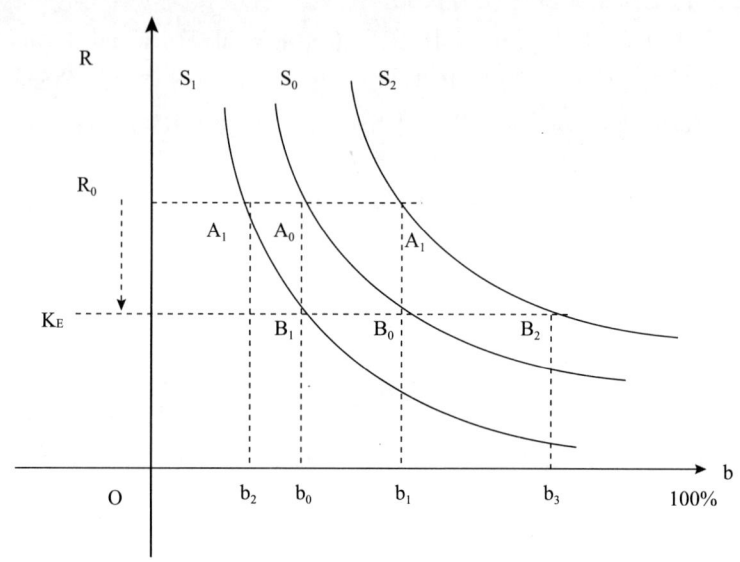

图6-1 ROE>K_E 时可持续分红原理分析

图6-1中，横轴代表留存收益比例，则1减去某一留存收益水平b即为分红比例水平，纵轴代表留存收益再投资报酬率水平R（即ROE），则ROE乘以b即代表的是可持续增长能力，在图6-1中又可以表现为横轴和纵轴围成的某一矩形的面积。例如，矩形$OR_0A_0b_0$和矩形$OK_EB_0b_1$的面积分别代表的是留存收益再投资报酬率为R_0和留存收益比例为b_0、留存收益再投资报酬率K_E和留存收益比率b_1组合下的财务可持续增长能力。如果矩形$OR_0A_0b_0$和矩形$OK_EB_0b_1$的面积相等，考虑其他以圆点O为共同角，且与矩形$OR_0A_0b_0$和矩形$OK_EB_0b_1$的面积相等的众多矩形，其长和宽的坐标点便形成了一条"财务可持续增长能力"相同的曲线S_0。由于在S_0上所有点的坐标代表了不同留存收益再投资报酬率R与留存收益比率b的组合，但其"财务可持续增长能力"的"效用"是相同的，所以可称其为"可持续增长能力无差异曲线"。类似地，图中S_1和S_2是另外两条不同水平的"可持续增长能力无差异曲线"。

(1) 静态分析。

静态分析是基于现有可持续增长能力不变的前提，对可持续分红比例模型应用原理所进行的分析。

一方面，根据前述 SDPRM 模型，当 $ROE>K_E$ 时，在维持可持续增长能力不变的前提下，SDPRM 实质上提供了一个留存收益再投资报酬率允许下降的安全边际，并以此限定了维持现有可持续增长能力水平的、最小的可持续分红比例 SDPR（其值等于 1 减 b_1）。如图 6-1 所示，假如 S_0 代表了企业当前的可持续增长水平，而且企业计划维持不变，那么如果未来留存收益再投资报酬率由 R_0 下降到 K_E，则企业可通过将留存收益比率由 b_0 提高到 b_1 来进行调节以确保可持续增长能力的稳定，即通过降低分红比例维持可持续增长能力。当然，如果未来留存收益再投资报酬率在 R_0 的基础上进一步提高，企业则可以通过降低留存收益比率即提高股利分配比例以维持可持续增长能力的稳定。由于在此情形下，SDPRM 主要强调的是当企业未来留存收益再投资报酬率下降时的一种风险控制机制，因而 SDPR 可以称为"约束性可持续分红比例（Restricted SDPR，RSDPR）"，即当 $ROE>K_E$ 时，保持一定可持续增长能力的前提下，企业实际的分红比例应大于"约束性可持续分红比例（RSDPR）"。

另一方面，在维持可持续增长能力不变的前提下，如果国有企业推行强制分红政策，给定一个分红比例目标，则借助于 SDPRM 可以对留存收益再投资报酬率形成一种倒逼机制，从而确定一个维持现有可持续增长能力、有利于价值创造的留存收益再投资报酬率的目标。如图 6-1 所示，假如 S_0 代表了现有可持续增长水平，如果留存收益比率由当前水平 b_1 降低到 b_0，即目标分红比例由 $(1-b_1)$ 提高至 $(1-b_0)$，维持现有可持续增长能力，则留存收益再投资报酬率需要由 K_E 提高至一个更高的水平 R_0。

因而，静态分析中，维持可持续增长能力不变是进行相关分析的前提条件，一方面，借助于留存收益再投资报酬率的变化调整，可以确定一个"约束性可持续分红比例（RSDPR）"；另一方面，在既定的分红目标下，SDPRM 对企业留存收益再投资报酬率形成一种倒逼机制，从而形成特定股利政策下确保股东价值创造及可持续增长能力的目标留存收益再投资报酬率。

(2) 动态分析。

如果说静态分析是在可持续增长率不变前提下，通过留存收益再投资报酬率变化带动股利政策变化的分析过程，那么动态分析则相反，是留存收益再投资报酬率不变，借助于分红比例的变化改变可持续增长率，以实现平衡增长的策略。

如前所述，企业的实际增长与可持续增长经常处于不平衡状态。一方面，企业可能经常会处于实际增长大于可持续增长的状态，即所谓的"超常增长"状态。在此情形下，如果外部融资受限，通过提高盈利率、加速资产周转等来改变留存收益再投资报酬率不可行时，可以借助于提高留存收益比例（即降低股利分红比例）来提高可持续增长能力以适应实际增长速度。如图6-1所示，假如企业现有的留存收益再投资报酬率处于 R_0（ROE>K_E）水平不变，如果实际增长水平为 S_2[①]，而可持续增长能力为 S_0。如图6-1所示，在其他条件不变的前提下，根据Higgins（1977）的理论，S_2 大于 S_0，此时企业表现为一定程度的资金短缺。由于ROE>K_E，该销售增长有利于股东价值创造，则此时可以将留存收益比例从 b_0 提高到 b_1[②]（即通过降低分红比例），企业从而借助于内部资源调整使可持续增长能力从 S_0 提高至 S_2 以适应实际增长速度，实现了平衡增长的策略。

另一方面，根据Higgins（1977）的理论，企业的实际增长也可能小于可持续增长率，这表明企业实际增长速度慢，资金会出现过剩。所以，实践中应该采取对项目的追加投资或增加股利发放等策略。如图6-1所示，如果 S_0 代表企业现有的可持续增长能力，S_1 代表低于 S_0 的实际增长速度，如果扩大现有项目投资等策略不可行，则可以通过提高股利发放率将多余资金返还股东。图6-1中，将留存收益比例从 b_0 降低到 b_2，即股利支付率从（$1-b_0$）提高至（$1-b_2$），企业的可持续增长率则从 S_0 降低到 S_1，从而实现平衡增长。

很明显，在动态分析情形下，企业如果推行强制分红政策，给定一个目标分红比例，维持留存收益再投资报酬率不变，则改变可持续增长能力是实施政策的途径，但本质上仍旧属于动态分析这种情形。

6.3.2.2 ROE<K_E 情形下的分析

类似地，ROE<K_E 情形下的"可持续增长能力无差异曲线"如图6-2所示。

[①] 实际增长的变动曲线并非与可持续增长的变动曲线完全一致，但如果未来实际销售增长率与可持续增长率平衡一致，就可以将 S_2 视为未来实际增长率或者另一水平适宜的可持续增长率。

[②] 此处，b_0 提高到 b_1 与静态分析中的留存收益的调整变化 b_0 提高到 b_1 仅是一种巧合，是为了绘图简化的处理，实际上不同实际增长速度所要求的留存收益调整幅度与静态分析没有必然一致性。

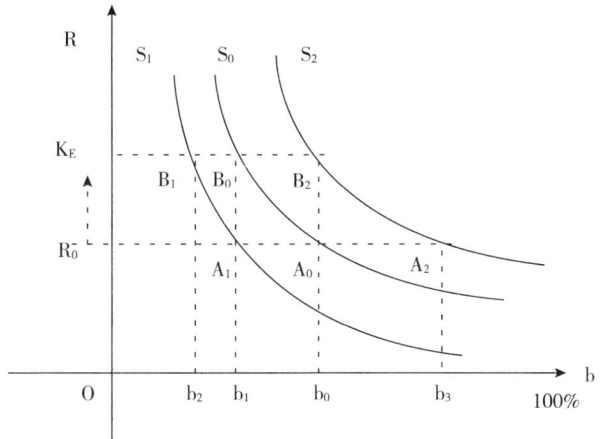

图 6-2 ROE<K_E 时可持续分红原理分析

（1）静态分析。

由于在 ROE<K_E 情形下，销售增长不利于股东价值创造，是毁损股东价值的增长，因而企业增长管理的首要任务是提高 ROE 水平以满足股东要求的必要报酬率 K_E，这种策略包括了提高盈利率、加速资产周转等手段。另外，如前所述，由于可持续增长率代表了企业适宜的发展速度（闫华红等，2011），是一种"成熟模式"（曹玉珊、张天西，2006），所以即使在不利于价值创造的前提下，如果企业计划持续经营，保持现有可持续发展水平仍具有一定的意义，其实质是对现有资源进行重新整合以提高效率的过程。

如图 6-2 所示，假如 S_0 代表了企业当前的可持续增长水平，伴随着企业提高留存收益再投资报酬率相关策略的实施，R_0 趋向于 K_E，在维持现有可持续增长能力 S_0 的前提下，企业留存收益比例由 b_0 降低到 b_1，即分红比例由 $(1-b_0)$ 提高至 $(1-b_1)$，则图 6-2 中点 A_0 沿曲线 S_0 趋向于 B_0。当 R_0 等于 K_E，A_0 重合于 B_0 时，则此时 $(1-b_1)$ 即为可持续分红比例 SDPR。可以发现，在此情形下的可持续分红比例 SDPR 仅仅是一个导向目标，即当企业不断改善和提高留存收益再投资报酬率直至满足股权资本成本时，维持既定可持续增长能力所能够支付的最大股利支付率。基于此，该种情形下的可持续分红比例可定义为"必要性可持续分红比例（Expected SDPR，ESDPR）"，它表明从股东价值创造的角度，企业提高留存收益再投资报酬率水平满足股权资本成本的必要和期望。

另外，该种情形下目标分红比例对留存收益再投资报酬率的倒逼提高机制与"必要性可持续分红比例"(ESDPR)的要求机制是一致的,留存收益再投资报酬率首先必须达到股权资本成本的水平。同时,该种股利政策也是确保资金安全、将资金返还股东的策略手段。

很明显,如果 R_0 一旦提高至 K_E 以上,则销售增长将有利于股东价值创造,相关分析可参照 ROE>K_E 情形的分析。

(2)动态分析。

如前所述,动态分析是假设留存收益再投资报酬率不变,借助于分红比例的变化改变可持续增长率,以实现平衡增长的策略。由于在 ROE<K_E 情形下,销售增长不利于股东价值的创造,而且动态分析的前提是留存收益再投资报酬率不变,因而对于"超常增长"和"低速增长"状态,无论如何调整可持续增长率适应平衡增长,实质上对股东价值创造均没有意义,此时更重要的是进行财务战略的重新调整。通常,该种情形下的超常增长状态既不利于股东价值创造也会使其面临资金的短缺,在无法改善经营效率或财务政策以提高报酬率时,企业应该立即采取重组、清算等手段处置该类业务。另外,低速增长状态则表明企业资金有剩余,在该种情形下,则应该尽快在资金耗尽之前将资金返还给股东。

6.3.2.3 综合分析

综上所述,可持续分红模型应用分析的各种情形可汇总如表 6-1 所示。可以发现,可持续分红比例模型的应用分析可以从静态分析和动态分析两大方面来看,静态分析基于维持可持续增长能力不变的前提,实质上分别在 ROE>K_E 和 ROE<K_E 两种情形下为企业提供了具有参考和引导作用的可持续分红比例,以及提高目标分红比例对留存收益再投资报酬率的倒逼提高机制。其中,ROE>K_E 时,销售增长有利于股东价值创造,约束性可持续分红比例(RSDPR)为企业提供了一种股东价值创造的风险控制机制,即当 ROE 下降至 K_E 时,为了保持既定可持续增长能力所应该支付的最低分红比例。尤其值得注意的是,既定分红比例目标下,基于 SDPRM 还可以对留存收益再投资报酬率形成一种倒逼改善机制。然而当 ROE<K_E 时,由于销售增长不利于股东价值创造,期望的可持续分红比例(ESDPR)实质上只是为企业提供了一个导向目标,企业增长管理的关键应该是改善和提高留存收益再投资报酬率,以有利于股东价值创造。同样,在此情形下基于 SDPRM 的分红比例目标对留存收益再投资报酬率的倒逼提高机制,也是要求留存收益再投资报酬率先满足股权资本成本的要求。

表 6-1　可持续分红模型应用分析汇总

情形	分析类型	具体分析	分红政策与措施
ROE>K_E	静态分析	保持既定可持续增长能力，ROE变化，股利支付率随之调整	约束性可持续分红比例（RSD-PR），风险控制导向
		保持既定可持续增长能力，提高目标分红比例则会倒逼提高留存收益再投资报酬率	目标分红比例，约束性可持续分红比例（RSDPR）提供参照与限制
	动态分析	AGR>SGR，资金短缺	降低股利发放，提高可持续增长能力
		AGR<SGR，资金剩余	扩大投资或提高股利发放
ROE<K_E	静态分析	保持既定可持续增长能力，改善ROE，股利支付率随之提高	期望的可持续分红比例（ESD-PR），目标导向
		保持既定可持续增长能力，提高目标分红比例倒逼提高留存收益再投资报酬率	目标股利政策是确保资金安全、返还股东的策略手段
	动态分析	AGR>SGR，资金短缺	重组、清算
		AGR<SGR，资金剩余	发放股利

另外，动态分析则分别基于价值创造和增长平衡两个维度，进一步形成了一个企业财务战略分析矩阵，该矩阵根据表6-1中动态分析的四种情况，从而形成四个不同的财务战略象限[①]，如图6-3所示。

图6-3中，横轴代表实际增长率（AGR）与可持续增长率（SGR）之差，纵轴代表留存收益再投资报酬率（ROE）与股权资本成本（K_E）之差。如前所述，当增长率之差为正值即AGR>SGR时，企业面临资金短缺；当增长率之差为负值即AGR<SGR时，企业面临资金剩余。当留存收益再投资报酬率与股权资本成本之差为正值即ROE>K_E时，留存资金有利于股东价值创造；反之，则造成股东价值减损。由此，图6-3中四个象限分别被赋予不同的经

---

① 该种财务战略象限的分析思路与模式曾经得到了Thompson和Strickland（1998）、Hawawini和Viallet（1999）等的认可，并成为许多西方财务管理教材中价值管理模块的重要内容。但需要说明的是，本书此处提及的财务战略矩阵的价值创造维度是通过ROE与K之差来判断的，但Thompson和Strickland（1998）、Hawawini和Viallet（1999）等著作中的财务战略矩阵的价值创造维度是通过EVA价差来进行分析的。这也是本书在以下分析中要过渡说明的问题。

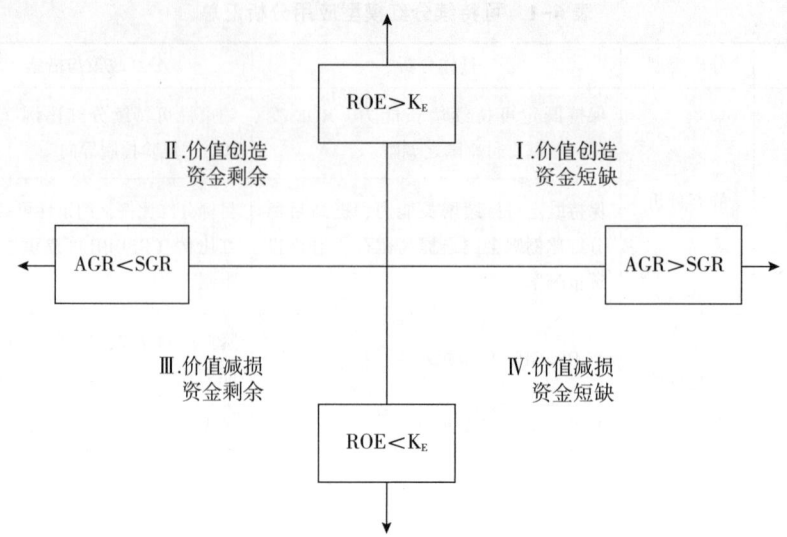

图 6-3　可持续增长财务战略矩阵

济含义。具体而言：

第Ⅰ象限为增值但资金短缺型。该类企业（或业务）有利于股东价值创造，但由于增长速度太快，从而造成了一定程度的资金短缺。为此，在维持价值创造能力的同时，外部融资如果不可行，则企业应该先减少或停止支付股利。

第Ⅱ象限为增值且资金剩余型。该类企业（或业务）有利于股东价值创造，但由于增长速度太慢，从而形成了一定程度的资金剩余。为此，实践中该类企业（或业务）应该采取追加投资或增加股利发放的策略。

第Ⅲ象限为价值减损但资金剩余型。该类企业（或业务）因为 $ROE<K_E$ 不利于股东价值创造，但由于其实际增长率低于可持续增长率，从而有一定的资金剩余。对于该类企业（业务）最主要的是在资金消耗完之前，应该迅速进行财务战略的调整，提高股利支付把剩余资金返还股东。

第Ⅳ象限为价值减损且资金短缺型，该类企业（或业务）因为 $ROE<K_E$ 不利于股东价值创造，而且资金短缺，被认为是最糟糕的一种情形（De Wet et al. ，2006）。对于该类企业（业务），管理层应该迅速进行重组、清算和处置，以最大限度地收回现金。

综上所述，可持续分红比例模型应用分析中，静态分析提供了两个兼顾可持续增长与股东价值创造的可持续分红比例，即"约束性可持续分红比例"（RSDPR）与"必要性可持续分红比例"（ESDPR），是企业建立可持续分红制度的重要参考依据。同时，尤其值得关注的是，在维持既定可持续增长能力的前提下，可持续分红比例模型还提供了提高目标分红比例倒逼改善留存收益再投资报酬率的机制，这为我国资本市场正在推行的强制或半强制分红制度提供了一种验证机制模型，而动态分析则将股东价值创造能力与增长管理、资金管理以及股利政策联系起来，从而成为评估与实施企业财务战略的重要诊断工具（De Wet et al.，2006）。

6.4 可持续分红机制与价值创造系统的对接

6.4.1 股权经济增加值的引入

股权经济增加值并非一个全新的概念，相对于基本经济增加值[①]，股权经济增加值是指以股权资本为基础的经济增加值。前文已经述及，经济增加值（EVA）的思想起源于古典经济学中剩余收益（RI）的概念，实质上是 Alfred Marshal（1890）在19世纪早期经济利润理念的一个"翻版"（Sharma and Kumar，2010）。Chen 和 Dodd（1997）的研究指出，EVA 不仅仅是在概念上起源并类似于剩余收益（RI），在经验研究结果的可比性方面也一样，EVA 和剩余收益（RI）变量的大部分都高度相关，而且它们在与股票回报的相关性方面也基本一致，EVA 与剩余收益（RI）的区别仅仅在于 EVA 需要调整盈余以及投入资本[②]。基于此，Desai 和 Ferri（2006）认为[③]，剩余收益（即净利润扣除股权资本使用费用后的余额）实际上即是以"股权资本"为基础的经济增加值，即股权经济增加值（Equity EVA，EVA_E）。可见，"股权经济增加值"就是传统意义上的剩余收益（RI）。根据 Desai 和 Ferri（2006）

[①] Grant（2003）也曾经使用过"基本经济增加值"的概念。本书为了便于与下文引入的"股权经济增加值"进行区分，在此将基于全部资本的经济增加值称为"基本经济增加值"。

[②] Chen 和 Dodd（1997）的研究甚至建议，公司没有必要为了适应 EVA 的标准去做一些项目的调整。反过来，他们应该采用以剩余收益（RI）为基础的业绩评价方法，因为它可能提供像 EVA 系统承诺的、更多的实践利益。

[③] Desai 和 Ferri 是哈佛商学院的两位教授，他们曾经专门准备了一份题为《理解经济增加值》的学习资料，作为课堂讨论的基础。本书所引用的相关观点即是来自该学习材料中的内容。

对股权经济增加值的界定，其公式表达如下：

$$EVA_E = NI - Eq. \times K_E \qquad (6-9)$$

式（6-9）中，NI 为净利润，Eq. 为期初股权资本的账面价值，K_E 为股权资本成本。美国学者 Damodaran 从 20 世纪 90 年代开始，就利用 Bloomberg、Morningstar、Capital IQ 以及 Compusta 等数据库进行股权经济增加值 EVA_E 和基本经济增加值 EVA 的在线跟踪测算，截至 2016 年，网站已经公布了 1998～2016 年共 19 年的 EVA_E 和 EVA 数据资料①。根据 Damodaran 的测算原理，股权经济增加值可进一步表达为以 ROE 和 K_E 差量的形式：

$$EVA_E = Eq. \times (ROE - K_E) \qquad (6-10)$$

从式（6-10）中可以发现，股权经济增加值基于 ROE 对股权资本成本 K_E 的补偿，体现了股权资本对企业价值创造的贡献能力。

但不容忽视的是，基本经济增加值是税后净营业利润扣除全部资本成本之后的差额，可被表达为经调整后的资本总额与"EVA 价差"（即投入资本回报率 ROC 与加权平均资本成本 WACC 之差）之间的乘积。然而股权经济增加值突出的是留存收益再投资报酬率 ROE 对股权资本成本 K_E 的补偿（即"股权回报价差"），其不同于基本经济增加值模型中 ROC 对 WACC 补偿。Pratt（1998）在述及"股权回报价差模型"②时曾指出，"股权回报价差模型"仅考虑股权资本成本的补偿，而经济增加值则使用的是加权平均资本成本，由于税后债务资本成本通常比股权资本成本低，所以公司投资的最低预期回报率（The Hurdle Rate）将会有显著不同。换句话而言，如果企业单纯以股权资本成本来进行投资决策，由于股权资本成本比加权平均资本成本水平高，从而可能拒绝那些高于加权平均资本成本而低于股权资本成本水平的投资项目，削弱企业整体的价值创造能力③。从这个角度而言，股权经济增加值模型强调 ROE 对股权资本成本 K_E 的满足似乎更符合股东价值最大化而并非是企业价值最大化的要求，与基本经济增加值的理念并不完全一致。

但进一步分析，实际情况并非如此。前文已经述及市场增加值（MVA）是衡量企业价值创造能力的重要指标，它可以表达为期望的公司未来 EVA 的现值，因而也是 EVA 价值理念的直接体现。从市场增加值的界定来看，它是企业股权资本市场价值和债务资本市场价值与企业占用总资本（包括股权资本和债务资本）之间的差额，也可以表达为"股权市场增加值"与"债务市

---

① 详见 http://pages.stern.nyu.edu/~adamodar/。
② 详见前文 6.1 的阐述。
③ 后续的分析会表明，价值创造实质上不是单纯依赖投资回报率来决策，而是依据"股权回报价差"或"EVA 价差"为正，进行决策。

场增加值"之和。一般而言，由于债务的市场价值受宏观因素影响较大，已经超出了企业管理层所能够控制的范围，因此实务中通常假定债务的市场价值没有变化或者仅表现为利率的变化（Hawawini and Viallet，1999）。因而，在此情形下，股权市场增加值最大化（即股东价值最大化）实质上也就是企业价值最大化，而基本经济增加值所提倡的企业价值最大化也是对股东价值最大化的要求。类似地，Levy 和 Sarnat（1986）等学者早已经就"企业价值最大化"与"股东财富最大化"目标的一致性进行过论证和说明。由此看来，强调股东价值最大化、定位于 ROE 与 K_E 对比基础之上的股权经济增加值与企业价值最大化目标并不矛盾。至此，股权经济增加值模型与可持续分红机制均要求 ROE 对股权资本成本 K_E 补偿，共同指向股东价值最大化或企业价值最大化目标，可持续分红机制与经济增加值体系的对接具备非常坚实的理论基础。

6.4.2 可持续分红与 EVA 价值创造系统的对接

在以上分析的基础上，可以发现，一方面可持续分红机制的构建表明，借助于可持续分红比例模型（SDPRM）提供的估算机制，无论是"约束性可持续分红比例（RSDPR）""必要性可持续分红比例（ESDPR）"，还是强制或半强制分红政策下的目标分红比例，在维持既定可持续增长能力的前提下，均会对留存收益再投资报酬率 ROE 形成一种倒逼机制，从而使得留存收益再投资报酬率 ROE 按照有利于股东价值创造的方向去改善提高；另一方面股权经济增加值作为基本经济增加值的一种替代，其模型构成表明获取正的股权回报价差（即 ROE>K_E）是股东价值最大化以及企业价值最大化的前提。在此意义上，可持续分红机制与经济增加值的理念取得了一致。因此，可持续分红机制通过相关分红比例可以倒逼改善 ROE，从而改善股权回报价差，以提升股权经济增加值，也将有助于进一步提高税后净营业利润，并改善基本经济增加值，从而有利于企业的价值创造。

但需要明确的是，基本经济增加值关于价值创造的理念之一是一个历史期的正的回报价差（即投入资本回报率与加权平均资本成本之差）或 EVA 并不能表明企业一定是一个价值创造者，企业期望的未来 EVA 才是决定其是价值创造者或毁损者的关键。因而，企业价值创造的理念是通过期望的未来 EVA 的现值即 MVA 体现出来的，即：

$$\text{MVA} = \frac{\text{EVA}_1}{\text{WACC} - g_{\text{EVA}}} \quad (6-11)$$

式（6-11）表明：取得正的 EVA，降低加权平均资本成本以及提高增长率，是增加 MVA 并进一步增加企业价值的方向，但需要注意的是，取得正的 EVA 即确保 EVA 价差为正是企业价值创造的关键。相对而言，增长并非价值创造所必需的因素，只有在 MVA 为正（即 EVA 价差为正）的前提下，公司增长越快，企业价值才越大。因此，管理者做出有利于未来 EVA 最大化的决策将有利于增加 MVA 以及最大化企业价值。

如前所述，市场增加值 MVA 可以区分为股权市场增加值（MVA_E）和债务市场增加值（MVA_D）。Hawawini 和 Viallet（1999）指出，在企业债务仅表现为利率变动或变动不大的情况下，市场增加值最大化或股东价值最大化实际上就是股权市场增加值最大化（MVA_E）。在此意义上，企业完全可以借助于股权市场增加值（MVA_E）来反映管理者的业绩以及价值创造能力。因而，在式（6-11）的基础上，Hawawini 和 Viallet（1999）为了将 MVA 的理念与"市价—账面价值比率"结合起来，对式（6-11）相关构成要素进行了替换，从而形成了"股权市场增加值（MVA_E）"的公式：

$$MVA_E = \frac{EVA_E}{K_E - g_E} \tag{6-12}$$

式（6-12）中 g_E 为股权经济增加值的增长率。Hawawini 和 Viallet（1999）进一步强调指出，权益报酬率 ROE、股权资本成本 K_E 以及增长率 g_E 是 MVA_E 的重要影响因素，当 MVA_E 为正，权益报酬率 ROE 比股权资本成本 K_E 越高，则"市价—账面价值比率"越大于 1，从而表明股东价值增长。

至此可以看到，依据权益报酬率 ROE 对股权资本成本 K_E 的补偿这条主线，可持续分红机制与经济增加值两个系统，以股东价值最大化为目标，通过权益报酬率 ROE 对股权资本成本 K_E 的补偿要求，实现了目标一致和关联对接。具体而言，在可持续分红系统中输入国有企业目标分红比例，即可以对 ROE 形成倒逼机制，进一步调整完善 EVA_E 以及 MVA_E 股东价值创造系统，从而实现国有企业价值管理体系的协调统一。很明显，这一构建尽管是以权益报酬率 ROE 对股权资本成本 K_E 的补偿展开的，但从理论基础来看，同样符合企业价值最大化的目标追求。据此，兼顾资本成本、可持续分红以及价值创造的国有企业价值管理体系如图 6-4 所示。

图 6-4 中，以水平分割线为界，图 6-4 的上半部分为可持续分红子系统（机制），下半部分为经济增加值子系统，两个系统依据可持续分红比例模型输出的目标权益报酬率（ROE_T）或目标留存收益再投资报酬率实现了对接关联。以股东财富最大化（或企业价值最大化）为目标，在资本成本、财务可持续增长能力等因素的约束下，两个系统自成体系又协调关联，相关运行

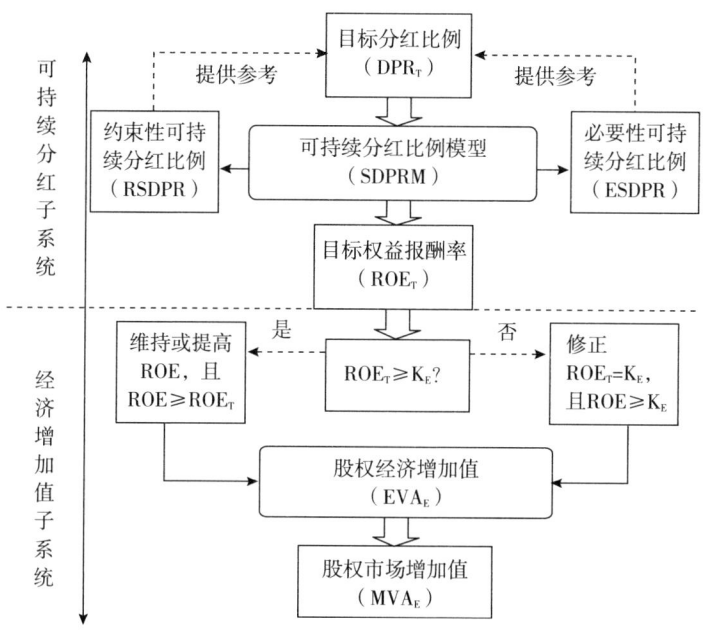

图6-4 国有企业价值创造体系

原理具体为：

第一，可持续分红子系统。

如前所述，可持续分红子系统是以兼顾股权资本成本、可持续增长因素的可持续分红比例模型（SDPRM）为核心的一套机制安排，单独来看，借助于可持续分红比例模型，该系统主要提供了两个可持续分红比例，从而为可持续分红机制以及目标分红比例提供参考，即当 $ROE > K_E$ 时，约束性可持续分红比例（RSDPR）提供了一种风险控制机制，该种情形下，企业实际的分红比例应大于"约束性可持续分红比例（RSDPR）"；当 $ROE < K_E$ 时，必要性可持续分红比例（ESDPR）提供了一个导向目标，即当企业不断改善和提高留存收益再投资报酬率直至满足股权资本成本时，维持既定可持续增长能力所能够支付的最大股利支付率。

第二，经济增加值子系统。

该系统是以股权经济增加值（EVA_E）为代表的价值创造系统，价值创造的能力进一步通过股权市场增加值（MVA_E）来衡量。股权经济增加值基于ROE对股权资本成本 K_E 的补偿，体现了股权资本对企业价值创造的贡献能力。然而市场增加值（MVA_E）作为期望的公司未来 EVA_E 的现值，当企业管理者做出有利于未来 EVA_E 最大化的决策时，在促进股东价值最大化的同时，也将有利于增加企业的 MVA 以及企业价值最大化①。

第三，价值创造实现机制。

由于可持续分红和（股权）经济增加值两个子系统均是基于 ROE 对股权资本成本 K_E 的补偿，所以作为国有企业价值管理体系的一部分，在国有企业强制（或半强制）分红的政策背景下，当可持续分红子系统输入目标分红比例（即 DPR_T）时，借助于可持续分红比例模型（SDPRM），将倒逼形成一个目标留存收益再投资报酬率（ROE_T），该 ROE_T 也成为经济增加值子系统的输入变量（见图6-4）。同时，在确定目标分红比例（即 DPR_T）时，约束性可持续分红比例（RSDPR）以及必要性可持续分红比例（ESDPR）将分别根据企业所处的状况（ROE 和 K_E 的对比）提供相应的参考。

如图6-4所示，当 ROE_T 输入经济增加值子系统以后，借助于股权回报价差（或 EVA 价差）分析机制，进一步改善相关的价值驱动因素，以实现价值最大化的目标。根据 ROE 与 ROE_T 的对比以及 ROE_T 与 K_E 的对比，ROE_T 对经济增加值子系统的输入决策分类如表6-2所示。具体而言：

表6-2 目标分红机制下的价值决策类型

情形描述	分类	价值决策
$ROE \geq ROE_T$，现行分红比例 DPR 大于或等于目标分红比例 DPR_T	$ROE_T \geq K_E$	维持或进一步提高 ROE
	$ROE_T < K_E$	修正 ROE_T 为 K_E，确保 $ROE \geq K_E$
$ROE < ROE_T$，现行分红比例 DPR 小于目标分红比例 DPR_T	$ROE_T \geq K_E$	改善 ROE，确保 $ROE \geq ROE_T$
	$ROE_T < K_E$	修正 ROE_T 为 K_E，确保 $ROE \geq K_E$

（1）$ROE \geq ROE_T$。根据可持续分红比例模型（SDPRM），从股利政策而言，现行分红比例 DPR 大于或等于目标分红比例 DPR_T。在此情形下，兼顾价值创造能力，又可以区分两种情形的决策：一种情形是 $ROE_T \geq K_E$，此时企业现有的 ROE 水平大于或等于 ROE_T 且有利于价值创造，目标分红政策（即

---

① Stern Stewart 和 Co. 发现，与企业管理需要相匹配的 EVA 在经过较多的调整后，可以解释 MVA 变动的 60%~85%（详见：Al. 埃巴. 经济增加值——如何为股东创造财富 [M]. 北京：中信出版社，2001：230）。另有数据表明，在美国，2000年度上市公司的 EVA 与 MVA 的相关性为0.81，在日本为0.7（详见：国务院国有资产监督管理委员会业绩考核局，毕博管理咨询有限公司. 企业价值创造之路——经济增加值业绩考核操作实务 [M]. 北京：经济科学出版社，2009：205）。因此，需要说明的是，本书仅从理论角度强调股权市场增加值对价值创造的衡量意义，但基于国内外众多研究已经表明经济增加值对市场增加值的解释力，所以在以下实证分析部分，将把股权经济增加值作为国有企业价值创造能力的替代进行检验说明，不再专门对股权市场增加值进行估算验证。

DPR_T 小于或等于 DPR）将更多的资金留存用于再投资是科学适宜的，企业应该维持或进一步提高现有 ROE；另一种情形是 $ROE_T<K_E$，毫无疑问，从价值创造的角度，ROE_T 不利于企业价值创造，此时应修正 ROE_T 为 K_E，并确保企业未来的 $ROE \geq K_E$。

（2）$ROE<ROE_T$。根据可持续分红比例模型（SDPRM），从股利政策而言，现行分红比例 DPR 小于目标分红比例 DPR_T。类似地，在此情形下，兼顾价值创造能力，也可以区分两种情形的决策：一种情形是 $ROE_T \geq K_E$，由于 ROE_T 有利于企业的价值创造且大于现有的 ROE，因而应该改善和提高现有 ROE 水平，以确保 $ROE \geq ROE_E$；另一种情形是 $ROE_T<K_E$，该种情形应该是比较糟糕的一种状况，无论是 ROE_T，还是 ROE 均是不利于企业价值创造的，所以应该及时修正 ROE_T 为 K_E，并确保企业未来的 $ROE \geq K_E$，以利于价值创造。

以上相关情况的分析，根据 ROE_T 与 K_E 的对比分类，可简化为 $ROE_T \geq K_E$ 和 $ROE_T<K_E$ 两种情形，如表 6-2 所示。

另外，基于上述相关原理分析，需要明确的是，实施强制或半强制目标分红比例政策的前提是，务必要进行科学、严谨的前期论证和调研并兼顾企业实际以及价值创造目标，否则对于特定企业而言可能并不一定是科学合理的，从而就可能会出现以上目标分红比例倒逼机制下不利于价值创造的 ROE_T 情形，这应该是国有企业在价值管理实践中必须重点关注的问题之一。

6.5 可持续分红机制的研究设计与实证检验

6.5.1 研究样本与数据

自国资委 2007 年在部分中央企业试行经济增加值考核开始，截至 2015 年，经济增加值考核已经经历了三个完整任期的实践[①]，正逐渐成为有效推动

---

① 按照国资委的整体规划，国资委对央企负责人的考核以三年为一个任期。国资委从 2007 年开始采用鼓励的形式，在部分中央企业试行经济增加值考核，即 2007~2009 年（第二个任期）为试行阶段；2010~2012 年（即第三个任期）为全面推行阶段；2013~2015 年（即第四个任期）央企负责人任期考核取消主营业务收入增长率指标，增加总资产周转率指标，进一步增加经济增加值权重，降低利润总额权重。

国有企业价值创造、实现国有经济改革战略目标的重要管理工具①。基于此，本部分以截至2017年底国资委网站公布的98家央企名录为依据②，参照2014年财政部发布的《进一步提高中央企业国有资本收益收取比例的通知》中的分类标准，对2010~2016年纳入中央国有资本经营预算实施范围的央企，选取资源型和一般性竞争领域央企控股的上市公司共184家为样本③，经过筛选和剔除数据缺失的样本，共得到1235个样本观测值。本部分主要原始数据来源于国泰安CSMAR中国上市公司财务年报数据库，股权资本成本④基础数据来源于Wind金融数据库。考虑到我国上市公司的股利支付不稳定的情况以及短期盈余预测在估价中的核心作用⑤，本部分借鉴Easton（2004）提出的PEG模型来估算股权资本成本，主要数据通过Stata统计软件进行处理。⑥

以下相关检验的基本思路是：根据前文构建的可持续分红模型（SDPRM）倒逼估算样本企业2010~2012年第三个任期考核期间每年的目标股东权益报酬率ROE_T，并进一步计算出该任期间平均目标股东权益报酬率ROE_T，这一目标值可以看作下一任期的引领性指标；然后将该任期的平均目标股东权益报酬率ROE_T与2013~2016年央企第四、第五个任期期间每年实

---

① 国资委《关于以经济增加值为核心加强中央企业价值管理的指导意见》（国资发综合〔2014〕8号）明确提出要用两个任期左右的时间，确保中央企业价值管理体系基本完善，实现经济增加值从考核指标向管理工具转变。

② 2018年1月国资委公布中核建集团与中核集团实施重组。截至2018年2月底，中央企业数量已经减至97家。

③ 自2007年以来，财政部、国资委关于纳入国有资本经营预算编制范围的央企行业分类和分红比例一直处于调整变化过程中，2014年财政部发布的《进一步提高中央企业国有资本收益收取比例的通知》中将央企分为四类：第一类企业是烟草企业；第二类企业是石油石化、电力、电信、煤炭等资源型企业；第三类企业是钢铁、电子、贸易、施工等一般竞争型企业；第四类企业是军工企业、转职科研院所等。因第一类和第四类央企大部分未上市或数据难以查询，因而本书选取资源型和一般性竞争领域央企作为研究对象，并在以下的行文中简称第二类企业和第三类企业。

④ 依据国资委对央企负责人经营业绩考核的相关文件规定，经济增加值计算中的资本成本属于平均资本成本，即包含有负债资本成本的成分，国资委规定资产通用性较差的企业平均资本成本率按照4.1%计算，其他企业按5.5%计算。对于资产负债率在75%以上的工业企业和80%以上的非工业企业，资本成本率上浮0.5个百分点，即分别按照4.6%或6%计算。本书研究认为，资本成本的真实水平来源于投资者要求的必要报酬率，出于该标准由国资委提出，当然在一定程度上该资本成本水平也可以近似地理解为国家股东要求的必要报酬率，但本书根据设计的研究目的，为了还原国家股权资本成本的真实水平，基于国家股东要求报酬率的角度利用基础数据进行了重新计算。

⑤ 依据PEG模型，$K_E=\sqrt{\frac{eps_2-eps_1}{P_0}}$，其中$P_0$是第$t_0$期末的每股价格，$eps_1$为分析师预测第$t_1$期每股盈余，$eps_2$为分析师预测的第$t_2$期每股盈余。详见：施继坤，张广宝，马立敏. 基于PEG比率的权益资本成本测算与应用［J］. 辽宁工程技术大学学报（社会科学版），2012（1）：65-67.

⑥ 本书6.6部分的样本范围及数据来源与本部分相同。

际股东权益报酬率 ROE、实际股权资本成本 K_E 做差异检验与分析，以此分析判断可持续分红机制对样本企业价值创造的引导作用。据此，目标股东权益报酬率 ROE_T 的基本估算模型为：

$$\frac{ROE}{ROE_T} = \frac{1-SDPR}{1-DPR} \quad (6-13)$$

需要说明的是，式（6-13）中的 SDPR 在此环节被设定为目标分红比例[1]，各样本企业适用的具体比例标准来源于财政部、国资委不同时期针对不同类型的央企所规定的国有资本收益收取比例。式（6-13）中其他变量与前文含义一致，在此不再赘述。

6.5.2　可持续分红机制的描述性统计分析

通过对基础数据的处理，依据 2010~2012 年第三个任期相关资料估算目标股东权益报酬率，并对比 2013~2016 年央企第四、第五个任期相关指标的可持续分红机制的描述性统计分析（见表 6-3）。可以发现，利用可持续分红模型（SDPRM），通过输入样本企业 2010~2012 年目标分红比例，总体估算得出 2013~2016 年目标股东权益报酬率 ROE_T 的均值为 8.5%，中位数为 7.6%，标准差为 0.088，说明目标股东权益报酬率 ROE_T 的估算值有一定的偏差度。2013~2016 年样本企业实际股东权益报酬率 ROE 的均值为 3%，标准差则达到了 0.471，反映出实际股东权益报酬率在不同企业中因盈利状况不同、产业政策影响等通常有较大差异。根据表 6-3 分析可以发现，总样本的 ROE_T 大于 K_E，说明在维持财务可持续增长的前提下，国家现行分红政策对国有企业价值创造具有积极的引导作用。但通过目标股东权益报酬率 ROE_T 与实际 ROE 和 K_E 相比较，样本企业实际的 ROE 和目标 ROE_T 的均值相差甚远，从中位数上看也有一定的差距，而且实际 ROE 小于 K_E，说明按照国家现行分红政策，在维持财务可持续增长的前提下，样本企业总体上还需进一步采取措施提高实际股东权益报酬率，以利于企业的价值创造。

---

[1]　前文可持续分红比例模型中，SDPR 被定义为受企业可持续增长能力约束并兼顾股权资本成本要求条件下的分红比例，即"可持续分红比例"。本书研究认为，基于国家相关强制与半强制分红政策，从政策的科学性验证角度，财政部、国资委不同时期针对不同类型的央企所规定的国有资本收益收取比例可以理解为"可持续分红比例"。

表 6-3 2013~2016 年可持续分红机制相关指标对比描述性统计

指标	变量	均值	中位数	最小值	1/4 分位数	3/4 分位数	最大值	标准差
总体	ROE_T	0.085	0.076	-0.074	0.028	0.132	0.344	0.088
	ROE	0.030	0.072	-7.220	0.023	0.130	0.392	0.471
	K_E	0.073	0.059	0.000	0.032	0.098	0.271	0.055
第二类	ROE_T	0.078	0.070	-0.074	0.028	0.122	0.291	0.078
	ROE	0.070	0.082	-0.974	0.031	0.152	0.392	0.157
	K_E	0.080	0.069	0.000	0.042	0.104	0.271	0.054
第三类	ROE_T	0.088	0.080	-0.074	0.028	0.144	0.344	0.090
	ROE	0.018	0.069	-7.220	0.022	0.119	0.292	0.531
	K_E	0.070	0.056	0.000	0.031	0.097	0.271	0.055

进一步从央企分类来看，如表 6-3 所示，资源类（即第二类）企业目标 ROE_T 的均值 7.8%，大于实际 ROE 的均值为 7%，但低于实际股权资本成本 K_E 的均值 8%，说明在维持可持续增长能力不变的前提下，依据可持续分红模型（SDPRM）估算原理，资源类（即第二类）国有企业普遍没有达到国家规定的分红比例，即实际分红比例小于目标分红比例，而且价值创造引导作用不明显。进一步分析发现，由于 ROE 的均值 7% 小于 K_E 的均值 8%，从而可以看出这种实际分红政策的结果可能会导致大量资金留存用于低效的投资项目，不利于企业的价值创造。因而，从总体上来看，资源类企业价值创造能力较差，目标股东权益报酬率 ROE_T 尽管对实际股东权益报酬率 ROE 有正向引导作用，但价值创造引导作用没能完全体现，所以该类企业应调整分红政策并采取必要的措施，进一步改善提高实际股东权益报酬率，降低资本成本水平，促进股东权益报酬率满足股权资本成本的要求，以利于企业的价值创造。

而对于一般竞争性企业（即第三类），无论从目标股东权益报酬率 ROE_T 的均值还是中位数来看，均大于实际 ROE 和 K_E，一方面表明样本企业实际分红比例没有达到目标分红比例水平，另一方面也说明一般竞争性企业（即第三类）在维持财务可持续增长能力的前提下，国家目标分红政策的价值引导作用明显。对比样本企业 ROE 和 K_E，ROE 的均值 1.8% 明显小于 K_E 的均值 7%，且标准差为 0.531，说明 ROE 均值可能受到了极端值的影响，所以进一步从中位数来看，ROE 中位数 6.9% 则大于 K_E 的中位数 5.6%，可以基本说明一般竞争性企业（即第三类）具备实际价值创造能力。但考虑样本企业 ROE 也小于目标 ROE_T，这事实上也说明该类企业同样需要探究：基于维持财务可持续增长能力的前提，如何完善分红政策并提高实际股东权益报酬率来提升自身的价值创造能力。

图 6-5 则通过折线图的方式将样本企业目标股东权益报酬率 ROE_T 与 2013~2016 年实际股东权益报酬率 ROE 和股权资本成本 K_E 进行了对比。

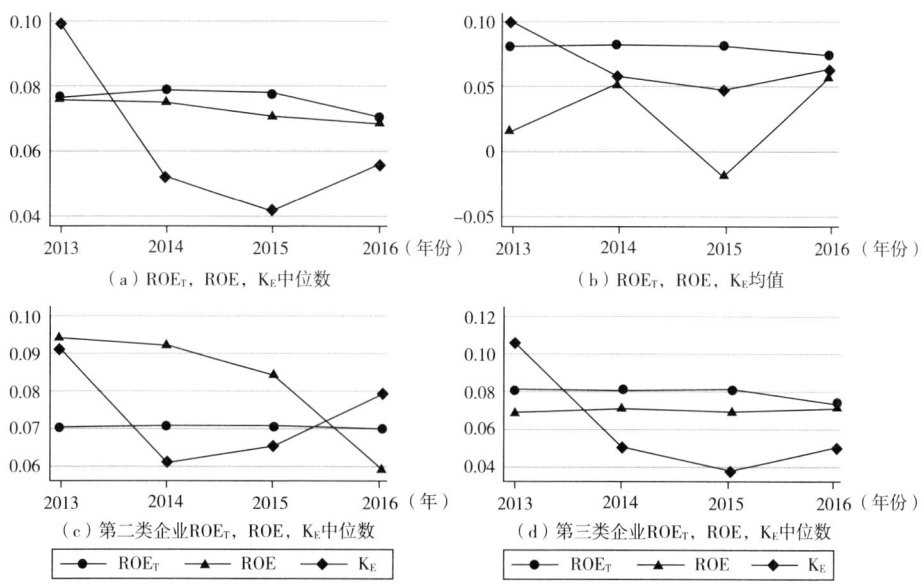

图 6-5　2013~2016 年目标权益报酬率、实际权益报酬率、股权资本成本的比较

6.5.3　目标股东权益报酬率与实际股东权益报酬率的对比检验

为了进一步验证目标股东权益报酬率与实际股东权益报酬率之间的相关性以及对价值创造的引导作用，本部分对样本企业目标股东权益报酬率 ROE_T 和实际股东权益报酬率 ROE 的均值和中位数分别进行差异性检验，具体检验结果如表 6-4 所示。其中，Panel A 为总体以及按央企分类的差异性检验，Panel B 为样本总体分年度的差异性检验，Panel C1 和 Panel C2 分别为资源类（即第二类）以及一般竞争性企业（即第三类）两类央企分年度的差异性检验。

表 6-4　目标权益报酬率、实际权益报酬率的差异检验

	观测值	目标 ROE_T		实际 ROE		差异检验	
		均值	中位数	均值	中位数	均值差异	中位数差异
Panel A：按央企分类							
总体	534	0.085	0.076	0.030	0.072	0.055*** (2.67)	0.004** (1.96)
第二类	124	0.078	0.080	0.070	0.069	0.008 (0.49)	−0.012 (−0.92)
第三类	410	0.088	0.070	0.018	0.082	0.070*** (2.63)	0.011*** (2.86)
Panel B：分年度							
2013	136	0.087	0.076	0.018	0.076	0.068 (1.22)	0.000 (−0.34)
2014	128	0.088	0.079	0.056	0.075	0.031*** (2.35)	0.004 (0.65)
2015	130	0.087	0.078	−0.017	0.071	0.104* (1.78)	0.007** (2.32)
2016	140	0.083	0.071	0.072	0.069	0.011 (1.06)	0.002 (0.92)
Panel C1：第二类分年度							
2013	32	0.078	0.081	0.079	0.068	−0.001 (−0.07)	−0.024 (−1.07)
2014	29	0.084	0.081	0.085	0.071	−0.001 (−0.06)	−0.021 (−0.53)
2015	30	0.078	0.081	0.092	0.069	−0.014 (−0.45)	−0.014 (−0.90)
2016	33	0.071	0.073	0.027	0.071	0.044 (1.10)	0.011 (0.42)
Panel C2：第三类分年度							
2013	104	0.090	0.070	−0.000	0.094	0.090 (1.23)	0.013 (0.20)
2014	99	0.090	0.071	0.048	0.092	0.042*** (2.62)	0.010 (1.09)

续表

	观测值	目标 ROE_T		实际 ROE		差异检验	
		均值	中位数	均值	中位数	均值差异	中位数差异
2015	100	0.090	0.070	−0.050	0.084	0.140* (1.86)	0.012*** (3.18)
2016	107	0.080	0.070	0.061	0.059	0.019 (1.52)	0.002 (0.84)

注：*p < 0.10，**p < 0.05，***p < 0.01。

从 Panel A 可以看出，对于样本总体来说，目标股东权益报酬率与实际股东权益报酬率均值的差异值为 0.055，在 1% 显著水平下呈正相关。另外，从中位数的角度分析，可以看出两者的差异值为 0.004，在 5% 显著水平下呈正相关，从而说明基于国家分红政策倒逼估算的目标股东权益报酬率 ROE_T 对于样本企业总体的实际股东权益报酬率 ROE 具有正向引导作用，且有助于样本企业改善提高实际股东权益报酬率以利于价值创造。

进一步从央企分类来看，如前所述，资源类（即第二类）企业尽管其目标股东权益报酬率 ROE_T 大于实际股东权益报酬率 ROE，但目标股东权益报酬率 ROE_T 和实际股东权益报酬率 ROE 的差异并不显著。资源类企业（即第二类）相对于一般竞争行业，可能面临着较大的产业升级与环保问题等压力，实践中不倾向于向股东多分配股利，进而导致倒逼估算的目标股东权益报酬率 ROE_T 偏低，使得目标股东权益报酬率 ROE_T 和实际股东权益报酬率 ROE 的差异并不显著。这也在一定程度上导致了资源类企业（即第二类）在样本期内可持续分红机制的价值创造引导作用不能得到体现。

对于一般竞争性企业（即第三类），从目标股东权益报酬率 ROE_T 和实际股东权益报酬率 ROE 均值来分析，可以看出差异值为 0.070，在 1% 显著水平下呈正相关。另外，两者中位数的差异值为 0.011，在 1% 显著水平下呈正相关，从而说明对于一般竞争性企业（即第三类），现行分红政策倒逼估算目标股东权益报酬率 ROE_T 对于实际股东权益报酬率 ROE 的正向引导作用明显。

从分年度样本总体来看（见表 6-4 Panel B），其中 2014 年和 2015 年均分别在不同显著性水平下接受了目标股东权益报酬率 ROE_T 大于实际股东权益报酬率 ROE，因而可以表明可持续分红机制分年度的价值创造导向明显。2013 年和 2016 年尽管从均值和中位数来看目标股东权益报酬率 ROE_T 均大于实际股东权益报酬率 ROE，但差异并不显著。我们推测：2013 年和 2016 年恰好分别是央企负责人考核第四个任期（2013～2015 年）和第五个任期（2016～

2018年)的开局之年,国有企业分红以及新一个任期的业绩考核等相关政策均处于调整之中,可持续分红的价值创造引导作用可能存在滞后现象。

表6-4中,Panel C1和Panel C2分别列示了两类央企分年度的差异检验结果。可以发现,一般竞争性企业(即第三类)的差异检验结果和总体样本分年度的结果相类似,而资源类(即第二类)企业分年度检验的结果也进一步印证了前述该类企业可持续分红机制价值创造正向引导作用不明显的现实。

6.5.4 目标股东权益报酬率与实际股权资本成本的对比检验

如前所述,目标股东权益报酬率大于实际股东权益报酬率及其相关性仅仅表明可持续分红机制对国有企业价值创造具有正向引导作用,而从国家股东的角度,最终的价值创造则需要看目标股东权益报酬率 ROE_T 是否能够满足股权资本成本 K_E 的要求和约束。基于此,本部分进一步对样本的目标股东权益报酬率 ROE_T 和实际股权资本成本 K_E 进行了对比检验,以验证可持续分红机制是否有助于价值创造,具体检验结果如表6-5所示。其中,Panel A 为总体以及按央企分类的差异性检验,Panel B 为总体分年度的差异性检验,Panel C1 和 Panel C2 分别为资源类(即第二类)以及一般竞争性企业(即第三类)两类央企分年度的差异性检验。

从表6-5中,Panel A 可以发现,样本总体的均值和中位数差异检验在1%显著水平下均接受了目标股东权益报酬率 ROE_T 大于实际股权资本成本 K_E,因而基于前述理论分析,可持续分红机制倒逼估算的目标股东权益报酬率将有助于引导国有企业的价值创造。但从分央企类型来看,资源类(即第二类)的差异并不显著,这与目标股东权益报酬率与实际股东权益报酬率的对比检验的方向是一致的,当可持续分红机制不能起到正向引导时,价值创造也就无从谈起。

表6-5 目标股东权益报酬率与实际股权资本成本差异检验

	观测值	目标 ROE_T		实际资本成本 K_E		差异检验	
		均值	中位数	均值	中位数	均值差异	中位数差异
Panel A:按央企分类							
总体	512	0.086	0.076	0.072	0.059	0.014*** (2.88)	0.017*** (2.58)
第二类	119	0.078	0.080	0.079	0.056	−0.001 (−0.09)	0.001 (−1.61)

续表

	观测值	目标 ROE_T		实际资本成本 K_E		差异检验	
		均值	中位数	均值	中位数	均值差异	中位数差异
第三类	393	0.088	0.070	0.070	0.069	0.018*** (3.15)	0.024*** (3.28)
Panel B：分年度							
2013	132	0.086	0.076	0.106	0.099	−0.020** (−1.88)	−0.023** (−2.10)
2014	123	0.090	0.079	0.062	0.052	0.028*** (3.25)	0.027*** (2.89)
2015	121	0.086	0.078	0.051	0.042	0.025*** (4.38)	0.036*** (3.96)
2016	136	0.082	0.071	0.068	0.056	0.014 (1.56)	0.015 (1.21)
Panel C1：第二类分年度							
2013	31	0.076	0.081	0.101	0.106	−0.025 (−1.49)	−0.021** (−2.21)
2014	28	0.084	0.081	0.067	0.050	0.017 (1.28)	0.010 (0.11)
2015	29	0.083	0.081	0.066	0.038	0.017 (1.19)	0.005 (0.51)
2016	31	0.073	0.073	0.082	0.050	−0.010 (−0.61)	−0.009 (−1.20)
Panel C2：第三类分年度							
2013	101	0.089	0.070	0.108	0.091	−0.019 (−1.43)	−0.025 (−1.41)
2014	95	0.093	0.071	0.061	0.061	0.032*** (2.98)	0.031*** (2.79)
2015	92	0.087	0.070	0.046	0.065	0.041*** (4.30)	0.043*** (3.95)
2016	105	0.084	0.070	0.064	0.079	0.020* (1.94)	0.023* (1.89)

注：* $p<0.10$，** $p<0.05$，*** $p<0.01$。

进一步分年度进行样本总体的差异性检验,如表 6-5 的 Panel B 所示,其中 2013 年、2014 年和 2015 年分别在不同显著性水平下接受了目标股东权益报酬率 ROE_T 大于实际股权资本成本 K_E,因而可以表明可持续分红机制分年度的价值创造能力明显,而 2016 年样本总体的差异性检验结果不能接受目标股东权益报酬率 ROE_T 大于实际股权资本成本 K_E,如前所述,可能与任期考核期初的政策调整和适应有关,在此不再赘述。

6.6 可持续分红机制与价值创造的研究设计与实证检验

基于前述理论分析,国有企业可持续分红机制与经济增加值的理念是一致的。换句话说,可持续分红机制通过目标分红比例可以倒逼改善企业的股东权益报酬率,从而改善股权回报价差,提升股权经济增加值,进一步也将有助于提高税后净营业利润,并进一步改善基本经济增加值,有利于企业的价值创造。本书 6.5 部分已经检验证明了国有企业可持续分红机制的价值创造导向及有助于价值创造的可能,但由于决定公司价值的因素往往是多元化的,因而本部分将对可持续分红机制与国有企业价值创造的相关程度及其影响因素进行检验。

6.6.1 研究样本与数据

本部分的研究样本与数据和前述 6.5 部分相同,在此不再赘述。为了从整体上了解样本企业价值创造的现状,本部分对 2010~2016 年相关指标均进行了统计分析。①

6.6.2 研究模型与变量

为了研究可持续分红机制与国有企业价值创造的相关程度及其影响因素,

---

① 在本部分的实证分析中,如无专门说明,相关指标均是以 2010~2016 年为基础计算得到的。

本部分将股权经济增加值作为被解释变量，但考虑到规模因素的影响，用股权经济增加值差异率 $REVA_E$ 作为股权经济增加值的替代变量。同时，考虑股权经济增加值的构成因素以及与可持续分红机制的内在关联，用股权资本成本（K_E）和股东权益报酬率（ROE）作为解释变量。此外，借鉴艾意凯模式的研究[①]、杜邦分析法对股东权益报酬率 ROE 的因素分解原理以及股利分配理论等研究成果，本部分确定以下因素为控制变量，主要包括：销售增长率（Growth）、总资产周转率（Turnover）、销售净利率（Netprfrt）、权益乘数（Equmul）、营运资本投资增长率（IWCIR）、固定资本投资增长率（IFCIR）、可持续分红比例（SDPR）和实际股利支付率（Div），相关变量名称及解释如表 6-6 所示。据此设计的研究模型如下：

$$REVA_E = \beta_0 + \beta_1 K_E + \beta_2 ROE + \beta_3 Turnover + \beta_4 Netprfrt + \beta_5 Equmul + \beta_6 Div + \beta_7 SDPR + \beta_8 IWCIR + \beta_9 IFCIR + \beta_{10} Growth + \varepsilon$$

表 6-6 变量定义及解释

变量符号	定义及解释
$REVA_E$	实际与目标股权经济增加值差异率，定义为： $REVA_E = (AEVA_E - TEVA_E)/Equity$，Equity 为期初所有者权益
K_E	股权资本成本，利用 PEG 模型进行估算，$K_E = \sqrt{\dfrac{eps_2 - eps_1}{p_0}}$
ROE	股东权益报酬率=当期净利润÷平均股东权益×100%
Turnover	总资产周转率=主营业务收入÷平均总资产
Netprfrt	销售净利率=当期净利润÷主营业务收入×100%
Equmul	权益乘数=1÷（1-资产负债率）
Div	实际股利支付率=普通股每股股利÷普通股每股收益（摊薄）×100%
SDPR	设定为目标分红比例，根据样本企业适用的国有资本收益收取比例确定
IWCIR	营运资本投资增长率=（期末流动资产-期初流动资产）÷期初流动资产×100%
IFCIR	固定资本投资增长率=（期末固定资产-期初固定资产）÷期初固定资产×100%
Growth	销售增长率，即主营业务收入增长率

---

① 详见 3.2.2.1 部分的介绍。该模式由 Rappaport 创造并被艾意凯公司（L. E. K. Consulting）采纳应用，因而又称为 Rappaport 模式。另外，由于该模式认为企业价值管理的目标是最大化股东增加值（Shareholder Value Added，SVA），所以又被称为 SVA 模式。

6.6.3 可持续分红机制与价值创造的相关性分析

6.6.3.1 变量描述性统计分析

由表 6-7 可以看出，股权经济增加值差异率 $REVA_E$ 的均值为 -0.055，最小值为 -0.231，中位数为 -0.0573，最大值为 0.158，标准差为 7.7900。一方面说明，总体来看，样本企业实际股权经济增加值 $AEVA_E$ 要小于估算得出的目标股权经济增加值 $TEVA_E$，但不同企业之间存在较大的差异，这可能与实际中不同企业的实际价值创造能力有关；另一方面股权经济增加值差异率 $REVA_E$ 的均值和中位数均为负值，可以说明把样本期扩大到 2010~2016 年，绝大部分样本企业实际股东权益报酬率 ROE 仍旧小于目标股东权益报酬率 ROE_T[①]，从而导致实际股权经济增加值 $AEVA_E$ 小于目标股权经济增加值 $TEVA_E$。总体来说，基于可持续分红机制估算目标权益报酬率，并进一步对接经济增加值系统估算得出的目标股权经济增加值 $TEVA_E$ 大于实际股权增加值 $AEVA_E$，对于样本企业的价值创造具有正向引导的可能。

表 6-7 2010~2016 年样本企业变量描述性统计分析

变量	均值	最小值	1/4 分位数	中位数	3/4 分位数	最大值	标准差
$REVA_E$	-0.055	-0.231	-0.0988	-0.0573	-0.02	0.158	7.7900
K_E	0.0710	0.0000	0.0304	0.0567	0.0975	0.2740	0.0558
ROE	0.0728	-0.147	0.0253	0.0772	0.127	0.211	8.3300
Netprfrt	0.0693	-0.0902	0.0148	0.0466	0.106	0.304	9.2300
Turnover	0.7630	0.0621	0.3690	0.6380	0.9420	3.1500	0.5880
Equmul	2.8500	1.0900	1.7700	2.4100	3.5700	8.8200	1.5000
Growth	0.1340	-0.5390	-0.0595	0.0772	0.2360	2.6800	0.4060
IWCIR	0.1240	-1.6300	-0.2580	0.0484	0.3700	2.7100	0.9150
IFCIR	0.1130	-0.5180	-0.0405	0.0314	0.1660	1.9400	0.3280
Div	0.2220	0.0000	0.0000	0.1750	0.3140	1.5600	0.2570
SDPR	0.0963	0.0000	0.0500	0.1000	0.1500	0.2000	0.0615

---

① 参见前文 6.5.2 的分析。

此外，由表 6-7 可以发现，股东权益报酬率 ROE 与资本成本 K_E 两者之间的差量（即股权回报价差）作为计算实际股权经济增加值的基础，无论是取两者的均值还是中位数计算差量，结果均为正①，说明在扩大的样本期内实际股权经济增加值总体为正，样本企业总体基本实现了价值创造。

为了进一步探究原因，借鉴杜邦分析法原理，对股权经济增加值的基础指标股东权益报酬率 ROE 的分解指标进行分析。首先，样本企业销售净利率 Netprftr 的均值为 0.0693，总体上处于较高的水平②，说明样本企业总体盈利状况良好，但标准差为 9.2300，则表明不同国有企业的盈利能力有明显差异，具体还要结合回归作进一步的分析。其次，从权益乘数 Equmul 来看，其均值为 2.8500，中位数为 2.4100，据此推算样本企业资产负债率的均值及中位数分别为 64.9%和 58.5%，说明样本企业的资产负债率总体上处于一个较为合理的范围③。此外，总资产周转率 Turnover 作为央企负责人任期经营业绩的基本指标之一④，是国有企业资本使用效率的重要体现，与国有企业股东价值创造能力密切相关。但从统计结果来看，总资产周转率的均值为 0.7630，中位数为 0.6380，说明样本企业样本期内总资产年均周转不到 1 次，整体资产周转状况较差，可能存在资本使用效率较低的情况。因而可以发现，样本企业整体股权经济增加值的实际状况与自身盈利能力的维持、保持合理负债水平并适度控制财务风险密不可分，但资产周转速度尚需进一步改善提高。

如前所述，央企引入价值管理的目的之一是避免盲目投资、减少资本占用、提高投资效率，而销售增长率⑤ Growth、营运资本投资增长率 IWCIR 和固定资本投资增长率 IFCIR 三项指标的协调平衡是企业优化资源配置，避免盲目扩张的重要体现。通过表 6-7 的统计结果，样本期内三项指标的均值总体较为一致，且在一定程度上营运资本投资增长率 IWCIR 和固定资本投资增

---

① 本部分的统计结果与本书 6.5 部分的统计结果有差异，可以看出样本期的扩大及其涵盖期间相关极端值的出现对国有企业价值创造能力有一定的影响。

② 根据财政部公布的、包含销售净利率的 2011 年和 2012 年全国国有及国有控股企业经济运行情况数据，2011 年和 2012 年中央企业（含非上市企业）销售净利率分别为 4.8%和 4.2%。

③ 根据 2012 年国资委第三次修订的《中央企业负责人经营业绩考核暂行办法》关于任期特别奖实施细则，资产负债率的合理范围是指工业企业在 75%以内，非工业企业在 80%以内。

④ 根据 2012 年国资委第三次修订的《中央企业负责人经营业绩考核暂行办法》，任期经营业绩考核指标包括基本指标和分类指标，其中基本指标包括国有资本保值增值率和总资产周转率。

⑤ 根据 2012 年国资委第三次修订的《中央企业负责人经营业绩考核暂行办法》，2013 年起央企负责人任期考核取消主营业务收入增长率指标，其主要目的就是改变以往央企追求规模扩张、只顾眼前利益的做法。

长率 IFCIR 略低于销售增长率 Growth，不同企业间没有太大的数值差异，三项增长率大多数都保持正向稳定增长的趋势，且有呈反向下跌的企业存在。这在一定程度上说明，样本企业在考核"指挥棒"① 的引导下，规模扩张的速度基本趋于理性。

另外，如表6-7所示，2010~2016年样本企业实际股利支付率 Div 的平均值为0.2220，尽管高于财政部、国资委规定的各类央企平均分红水平（SDPR），但不同企业实际股利支付水平差异较大，特别是对比相关统计，该数值低于民营企业的平均水平，说明目前我国国有企业的实际股利支付水平仍旧有提升的空间②。

6.6.3.2 相关性分析

表6-8是各变量之间检验的相关系数，通过分析可以发现：

第一，从表6-8中，Pearson 相关系数可以看出，研究模型中，解释变量与控制变量之间相关系数的绝对值，除了 ROE 与对应的分解指标 Netprftr 之间存在计算上的内在联系以外，其余相关系数绝对值均较低，为弱相关线性相关关系或无相关关系，说明研究设计的解释变量和控制变量之间不存在多重共线性问题。

第二，被解释变量股权经济增加值差异率 $REVA_E$ 和解释变量股权资本成本 K_E 的 Pearson 相关系数为0.247，在1%的显著性水平上相关且为正。基于股权经济增加值差异率 $REVA_E$ 的内涵，说明在一定程度上，实际股权经济增加值 $AEVA_E$ 与股权资本成本 K_E 有弱相关关系，K_E 的提高不利于企业的价值创造；股权经济增加值差异率 $REVA_E$ 与解释变量股东权益报酬率 ROE 的相关系数为-0.959，在1%的显著性水平上相关且为负，从 Pearson 相关检验结果显示出 $REVA_E$ 与 ROE 之间存在明显的负相关线性关系，说明股东权益报酬率 ROE 对股权经济增加值差异率 $REVA_E$ 的影响显著，股东权益报酬率 ROE 的提高有利于企业的价值创造。

---

① 2012年，中国企业研究院首席研究员李锦在就国资委推行经济增加值考核制度接受新华社采访时认为，考核是央企经营活动的"指挥棒"。详见：http://jjckb.xinhuanet.com/2013-08/04/content_459430.htm。

② 根据深交所2011年的一项统计，从股利支付率看，中央国企、地方国企、民营企业的股利支付率分别为25.57%、23.93%、31.87%。详见：http://finance.eastmoney.com/news/1353%2C20120905249523678.html。

表 6–8 Pearson 和 Spearman 检验相关系数

	REVA$_E$	K$_E$	ROE	Netprfrt	Turnover	Equmul	Growth	IWCIR	IFCIR	Div	SDPR
REVA$_E$		0.331***	−0.943***	−0.616***	−0.187***	0.004	−0.335***	−0.107**	−0.181***	−0.092**	0.041
K$_E$	0.247***		−0.248***	−0.079*	−0.203***	0.100**	−0.223***	−0.076*	−0.105**	0.347***	0.250***
ROE	−0.959***	−0.152***		0.696***	0.161***	−0.079*	0.329***	0.101**	0.155**	0.297***	−0.016
Netprfrt	−0.538***	0.062*	0.639***		−0.385***	−0.371***	0.203***	−0.008	0.137***	0.417***	0.014
Turnover	−0.123***	−0.155***	0.132***	−0.317***		−0.037	0.156***	0.091**	−0.069	−0.024	−0.066
Equmul	0.117***	0.060*	−0.106***	−0.325***	0.046		0.079*	0.101**	0.094**	−0.302***	−0.034
Growth	−0.269***	−0.106***	0.293***	0.177***	0.120***	0.023		0.008	0.201***	0.055	−0.211***
IWCIR	−0.005	−0.033	0.063*	0.035	0.064**	0.054*	0.073**		−0.076*	−0.080*	−0.024
IFCIR	−0.140***	−0.065**	0.132***	0.119***	−0.050	−0.018	0.077***	−0.002		−0.017	−0.056
Div	−0.041	0.382***	0.186***	0.270***	−0.026	−0.234***	0.020	−0.019	−0.016		0.089**
SDPR	0.048	−0.078*	−0.105***	0.020	−0.171***	−0.075*	−0.225***	−0.061*	−0.129***	0.073**	

注：左下三角为 Pearson 相关系数，右上三角为 Spearman 秩相关系数，*** $p<0.01$，** $p<0.05$，* $p<0.1$。

第三，由于股权经济增加值差异率 $REVA_E$ 受很多因素的影响，本部分 Pearson 相关性分析主要限于分析股权经济增加值差异率 $REVA_E$ 与相关解释变量和控制变量之间的关系，以及解释变量和控制变量之间是否存在多重共线性问题，至于其他变量如何多元线性影响股权经济增加值，应结合多元回归得出的结果做进一步的分析。

6.6.4 目标股权经济增加值与实际股权经济增加值差异影响因素分析

表 6-7 中有关变量描述性统计分析已经表明，样本企业目标股权经济增加值 $TEVA_E$ 与实际股权经济增加值 $AEVA_E$ 之间存在差异，且总体上目标股权经济增加值 $TEVA_E$ 大于实际股权经济增加值 $AEVA_E$。为了更直观地了解两者之间的差异，基于 2010~2016 年的样本期间数据，图 6-6 具体地展示了目标股权经济增加值 $TEVA_E$ 与实际股权经济增加值 $AEVA_E$ 之间差异的状况。可以发现，除了 2010 年 $TEVA_E$ 小于 $AEVA_E$，在之后的 2011~2016 年，$TEVA_E$ 均大于 $AEVA_E$，而且样本期内每年 $TEVA_E$ 均为正值。由此可以进一步说明，在可持续分红机制的作用下，总体而言，样本企业目标股权经济增加值 $TEVA_E$ 对于实际股权经济增加值 $AEVA_E$ 具有正向引导作用，可持续分红机制价值创造导向存在。此外，需要说明的是，尽管前述描述性统计分析已经表明，样本企业总体实际股权经济增加值 $AEVA_E$ 为正，基本实现了价值创造，但从图 6-6 中来看，样本期内实际股权经济增加值 $AEVA_E$ 各年波动较大，而且其年度之间改善值并不理想[①]。

为了分析目标股权经济增加值 $TEVA_E$ 与实际股权经济增加值 $AEVA_E$ 之间差异的形成原因，我们进一步对股权经济增加值的影响因素进行了比较和回归分析，表 6-9~表 6-11 则分别列出了总体及分组的回归结果。

---

① 刘俊勇（2009）的研究认为，EVA 系统的业绩评价不能仅仅看 EVA 的绝对值，而是其改善值。如果一个 EVA 为负的企业能够不断地减少负值，同样也是有效提高业绩、为股东创造财富的体现。详见：刘俊勇. 公司业绩评价与激励机制［M］. 北京：中国人民大学出版社，2009：208.

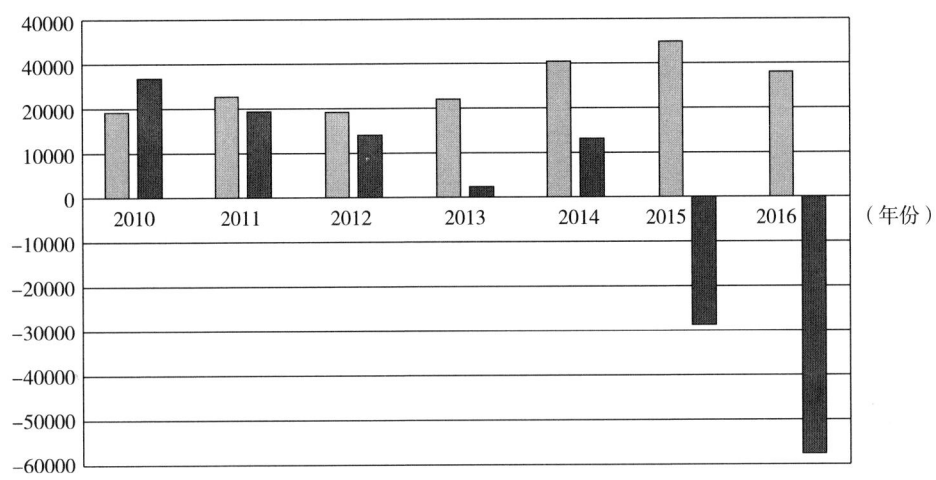

图 6-6　样本期目标股权经济增加值与实际股权经济增加值对比

表 6-9　不区分 $TEVA_E$ 与 $AEVA_E$ 大小的回归结果

	Panel（1）	Panel（2）	Panel（3）	Panel（4）	Panel（5）
K_E	30.73***	8.48***	33.35***	0.34	31.25***
	(4.36)	(4.32)	(5.47)	(0.16)	(4.63)
ROE		-0.88***		-0.92***	
		(-48.23)		(-51.13)	
Netprfrt			-0.62***		-0.60***
			(-9.93)		(-9.87)
Turnover			-4.01***		-3.83***
			(-5.48)		(-5.29)
Equmul			-0.80**		-0.65*
			(-2.40)		(-1.90)
Div				4.93***	1.20
				(4.14)	(0.72)
Growth				-0.55*	-2.56***
				(-1.91)	(-3.07)
IWCIR				0.04	0.12
				(0.60)	(0.41)

续表

	Panel (1)	Panel (2)	Panel (3)	Panel (4)	Panel (5)
IFCIR				0.03	−0.75
				(0.17)	(−0.80)
SDPR				7.57	9.13
				(1.07)	(0.54)
Year	Yes	Yes	Yes	Yes	Yes
_cons	−7.82***	0.99***	2.73**	0.56**	2.62**
	(−9.99)	(5.05)	(2.13)	(2.45)	(2.06)
N	506	506	505	505	504
adj. R^2	0.056	0.924	0.463	0.944	0.478

注：* $p<0.10$，** $p<0.05$，*** $p<0.01$。

在探究 $REVA_E$ 价值创造的影响因素时，首先针对样本总体在不区分目标股权经济增加值 $TEVA_E$ 与实际股权经济增加值 $AEVA_E$ 的大小情况下进行了回归分析。从表6-9的回归结果可以看出，在表6-9中 Panel (1) 我们只引入了股权资本成本 K_E 作为解释变量，在没有引入其他控制变量的情况下，可以发现资本成本 K_E 与被解释变量股权经济增加值差异率 $REVA_E$ 在1%的水平下显著正相关，即股权资本成本 K_E 越高，股权经济增加值差异率 $REVA_E$ 越大，即实际股权经济增加值 $AEVA_E$ 与目标股权经济增加值 $TEVA_E$ 的差异越大。

在表6-9中的 Panel (2)，我们加入了股东权益报酬率 ROE，结果显示 ROE 与股权经济增加值差异率 $REVA_E$ 显著负相关，说明总体来看，通过提高国有企业的实际股东权益报酬率 ROE，能够促使实际股权经济增加值 $AEVA_E$ 与目标股权经济增加值 $TEVA_E$ 减少差异。在 Panel (3) 当中，借鉴杜邦分析法原理，用股权经济增加值 ROE 的分解指标替代 ROE，总资产周转率（Turnover）、销售净利率（Netprftr）和权益乘数（Equmul）分别在1%、1%和5%与股权经济增加值差异率 $REVA_E$ 显著负相关，与 ROE 的检验结果一致。

表6-9中的 Panel (4) 和 Panel (5) 分别在 Panel (2) 和 Panel (3) 的基础上加入了其他控制变量，在1%的显著性水平下，股权资本成本 K_E 与股权经济增加值差异率 $REVA_E$ 始终显著正相关，这也符合股权经济增加值 EVA_E 的相关界定。

表6-10是针对实际股权经济增加值 $AEVA_E$ 大于目标股权经济增加值 $TEVA_E$ 样本组所做的回归分析。首先可以发现，在2010~2016年样本区间内，仅有60个样本数据符合实际股权经济增加值 $AEVA_E$ 大于目标股权经济增加

值 $TEVA_E$，占样本观测值的 12% 左右，这也进一步表明，大部分样本企业实际股权经济增加值 $AEVA_E$ 尚未达到目标股权经济增加值 $TEVA_E$。其次，对于回归结果，从 Panel（1）中可以看出，基于实际股权经济增加值 $AEVA_E$ 大于目标股权经济增加值 $TEVA_E$，当只引入了股权资本成本 K_E 作为解释变量时，并不能对股权经济增加值差异率 $REVA_E$ 产生显著影响。我们推测，在该种情形下，股权资本成本 K_E 对于股权经济增加值差异率的影响在实际股权经济增加值 $AEVA_E$ 和目标股权经济增加值 $TEVA_E$ 之间可能得到了抵消。

表 6-10　$AEVA_E$ 大于 $TEVA_E$ 样本组的回归结果

	Panel（1）	Panel（2）	Panel（3）	Panel（4）	Panel（5）
K_E	-22.14	1.12	-2.12	-6.90	-2.52
	(-1.61)	(0.27)	(-0.22)	(-1.12)	(-0.23)
ROE		-0.80***		-1.00***	
		(-6.43)		(-15.34)	
Netprfrt			-0.76***		-0.69**
			(-2.89)		(-2.12)
Turnover			2.17*		1.95
			(1.95)		(1.67)
Equmul			0.83***		0.83***
			(3.80)		(2.83)
Div				4.86***	-0.62
				(2.92)	(-0.27)
Growth				-2.55	-0.87
				(-1.50)	(-0.21)
IWCIR				0.04	0.61
				(0.21)	(1.00)
IFCIR				-2.82	-2.48
				(-1.42)	(-0.72)
SDPR				24.00	2.05
				(1.25)	(0.05)
Year	Yes	Yes	Yes	Yes	Yes
_cons	8.18***	3.27***	0.14	0.75	0.65
	(3.96)	(2.84)	(0.08)	(1.14)	(0.32)
N	60	60	59	60	59
adj. R^2	0.026	0.822	0.511	0.858	0.479

注：* $p<0.10$，** $p<0.05$，*** $p<0.01$。

但进一步将股东权益报酬率 ROE 考虑进去作为解释变量进行研究，通过表 6-10 中 Panel（2）的结果可以发现，ROE 与股权经济增加值差异率 $REVA_E$ 仍然在 1%的显著水平下负相关。根据前述理论分析，这可能说明可持续分红机制存在反向引导作用，即当进一步提高 ROE 时，为了维持财务可持续增长能力，样本企业可能倾向于提高股利支付率，由此导致的资金不足就需要以更高的资本成本来筹集，从而可能导致股权回报价差的减少，以及实际股权经济增加值的降低。表 6-10 中 Panel（4）的检验结果印证了这一推测。可以发现，当加入实际股利支付率 Div 等控制变量后，ROE 与股权经济增加值差异率 $REVA_E$ 在 1%的显著水平下完全负相关，而此时实际股利支付率 Div 则与股权经济增加值差异率 $REVA_E$ 在 1%的显著水平下显著正相关，这恰恰可以说明样本企业提高 ROE 时，通常会相应地降低实际股利支付率，而资金不足则会导致高成本融资，从而在一定程度上反而降低了股权回报价差以及实际股权经济增加值。因此，如何在财务可持续增长能力维持与资金不足之间寻求合理的平衡，从而有利于企业的价值创造，也是国有企业价值创造需要考虑的重点。

表 6-11 是针对实际股权经济增加值 $AEVA_E$ 小于目标股权经济增加值 $TEVA_E$ 样本组所做的回归分析。首先可以发现，在 2010~2016 年样本区间内共有 446 个样本实际股权经济增加值 $AEVA_E$ 小于目标股权经济增加值 $TEVA_E$，占样本观测值的 88%以上①。由此进一步说明，大多数样本企业实际股权经济增加值 $AEVA_E$ 小于目标股权经济增加值 $TEVA_E$，可持续分红机制倒逼估算的目标股权经济增加值 $TEVA_E$ 具有正向引导价值。

表 6-11 $AEVA_E$ 小于 $TEVA_E$ 样本组的回归结果

	Panel（1）	Panel（2）	Panel（3）	Panel（4）	Panel（5）
K_E	37.49***	12.06***	39.87***	4.07*	34.69***
	(7.07)	(5.32)	(8.92)	(1.98)	(8.09)
ROE		-0.80***		-0.83***	
		(-25.27)		(-27.92)	
Netprfrt			-0.39***		-0.41***
			(-7.67)		(-8.44)
Turnover			-2.80***		-3.08***
			(-4.05)		(-4.69)

---

① 根据表 6-9 可知，总样本观测值为 506 个。

续表

	Panel（1）	Panel（2）	Panel（3）	Panel（4）	Panel（5）
Equmul			-1.26***		-1.10***
			(-5.79)		(-5.10)
Div				6.06***	4.42***
				(4.26)	(2.63)
Growth				-0.31	-0.83
				(-1.21)	(-1.31)
IWCIR				-0.01	-0.10
				(-0.23)	(-0.47)
IFCIR				0.21	0.05
				(1.21)	(0.07)
SDPR				4.14	0.44
				(0.61)	(0.03)
Year	Yes	Yes	Yes	Yes	Yes
_cons	-9.23***	-0.14	0.12	-0.80***	-0.37
	(-14.40)	(-0.52)	(0.11)	(-2.77)	(-0.36)
N	446	446	446	445	445
adj. R²	0.165	0.865	0.436	0.909	0.463

注：*p<0.10，***p<0.01。

进一步分析相关变量的影响，当仅仅引入股权资本成本 K_E 作为解释变量而没有引入其他控制变量的情况下，如表 6-11 中 Panel（1）所示，可以发现资本成本 K_E 与被解释变量股权经济增加值差异率 $REVA_E$ 在 1% 的水平下显著正相关，即股权资本成本 K_E 越高，股权经济增加值差异率 $REVA_E$ 越大。换句话说，股权资本成本 K_E 的提高不利于实际股权经济增加值 $AEVA_E$ 的增加，也就不利于样本企业的价值创造。

当引入目标股东权益报酬率 ROE 后，通过表 6-11 中 Panel（2）的检验结果可以发现，ROE 与股权经济增加值差异率 $REVA_E$ 在 1% 的显著水平下负相关。说明在实际股权经济增加值 $AEVA_E$ 小于目标股权经济增加值 $TEVA_E$ 的情况下，样本企业提高 ROE 会增加实际股权经济增加值 $AEVA_E$，从而减少实际股权经济增加值 $AEVA_E$ 与目标股权经济增加值 $TEVA_E$ 的差异，股权经济增加值差异率 $REVA_E$ 降低，即股东权益报酬率 ROE 的提高，将有利于引导样本企业提高实际股权经济增加值 $AEVA_E$ 并趋向于目标股权经济增加值

$TEVA_E$,也就有利于样本企业的价值创造。对应表 6-11 中 Panel（3）的结果，用总资产周转率（Turnover）、销售净利率（Netprftr）和权益乘数（Equmul）等分解指标替代 ROE，也印证了上述结论。

进一步考虑股利支付的因素，表 6-11 中 Panel（4）回归结果可以发现，实际股利支付率 Div 在 1% 的显著性水平下，与 $REVA_E$ 显著正相关。说明基于可持续分红机制，在目标股东权益报酬率的倒逼引导下，样本企业提高实际股利支付水平，可以维持财务可持续增长能力的平衡，并有利于价值创造。

6.7　本章小结

本章在坚持国有股东价值最大化目标的前提下，基于资本成本和财务可持续增长能力约束，立足股利分配理论以及经济增加值理论，尝试梳理国有企业可持续分红机制与价值创造机制的对接，尝试构建并实证检验了国有企业价值创造体系。

第一，基于资本成本约束以及财务可持续增长能力的要求，依据股利分配理论，本章构建了可持续分红比例模型（SPDRM）。可持续分红比例模型提供了根据国有企业目标分红比例倒逼改善留存收益再投资报酬率（即股东权益报酬率）的机制，这对我国资本市场正在推行的强制或半强制分红制度也提供了一种验证模型。

第二，依据经济增加值（EVA）理论分析，本章将可持续分红机制与EVA 价值创造系统进行对接，从而构建了国有企业价值创造体系。理论分析表明，可持续分红机制通过相关分红比例可以倒逼改善留存收益再投资报酬率（即股东权益报酬率），从而改善股权回报价差，以提升股权经济增加值，也将有助于进一步提高税后净营业利润，并改善基本经济增加值，从而有利于国有企业的价值创造。具体而言，当可持续分红子系统输入目标分红比例时，借助于可持续分红比例模型，将倒逼形成一个目标留存收益再投资报酬率（即股东权益报酬率），该目标股东权益报酬率也成为经济增加值子系统的输入变量，并形成目标股权经济增加值，该股权经济增加值将成为国有企业价值创造的引导性目标。

第三，基于现行国有企业分红政策、央企负责人经营业绩考核以及国有企业分类改革、分类考核的背景，本章专门选取样本分别对可持续分红机制价值导向作用及其与国有企业价值创造的相关性进行了实证检验。检验结果表明，基于国家分红政策倒逼估算的目标股东权益报酬率总体上大于实际股权资本成本，且对于样本企业总体的实际股东权益报酬率具有正向引导作用，从而有助于样本企业改善提高实际股东权益报酬率以利于价值创造。相关因素回归分析同时表明，总体来说，基于可持续分红机制估算目标权益报酬率，并进一步对接经济增加值系统估算得出的目标股权经济增加值大于实际股权经济增加值，对于样本企业的价值创造普遍具有正向引导的作用。在此过程中，股权资本成本的提高不利于实际股权经济增加值的提高，不利于样本企业的价值创造，而股东权益报酬率的提高，将有助于样本企业提高实际股权经济增加值并趋向于目标股权经济增加值，从而有利于样本企业的价值创造。

7 研究结论、政策建议与未来展望

本书以国有企业股东价值最大化为目标，以资本成本、财务可持续增长能力约束为纽带，对国有企业价值管理体系的内在机理进行梳理，将国企分红、经济增加值考核等国有企业理财活动融入价值管理体系，尝试构建、完善并检验国有企业价值管理体系框架，具有非常重要的理论价值和现实意义。

7.1 研究结论

基于以上研究，本书的相关研究结论如下：

第一，明确了新时期国有企业的功能、分类及目标。

国有企业的分类及目标设定实质上是对国有企业各类功能特质的协调和平衡。尽管目前国民经济发展战略对国有企业的分类改革提出了具体目标和路径，以管资本为主加强国有资产监管的思路已经提出，但可以预见的是，基于不同功能特质、目标的分类过程一定存在目标和利益的兼顾与平衡，国有资本管理体制仍处于改革与完善过程中。本书认为，就现阶段而言，针对国有企业所承载的各类目标及其之间可能的冲突与矛盾，应该把国有企业保值增值目标的实现视为国有企业各类社会政策目标实现的手段，行使国家所有权应树立国家股东必要报酬率（即股权资本成本）补偿的观念，并进行科学合理的引导和监管。

第二，客观认识与评价西方价值管理的理论发展及成果。

西方价值管理的理论体系及其理念回顾表明，资本成本观念已经成为现代企业构建和实施现代价值管理体系应该拥有的企业文化理念之一。价值管理一直奉行股东价值最大化的目标，但价值管理发展不可避免地受到利益相关者理论以及公司社会责任理论等的冲击和影响，而价值管理目标的"冲突"与"协调"凸显出价值创造或价值寻找的重要，价值创造或者价值寻找才是价值管理目标实现的途径。基于此，本书认为，我国国有企业的价值管理应注重价值传递的机制建设，力求内在价值与市场价值的协调统一。

第三，明确了国有企业价值管理的现实基础和条件。

相对于西方价值管理的发展，尽管我国的价值管理研究与应用均起步较晚，但一直以来，有众多学者在持续探究价值管理理念与中国企业实际应用的结合，并提出了多种结合中国实际的价值管理体系框架的设想。这些价值管理的研究及其成果，一方面丰富了我国价值管理的思想，另一方面也为国有企业价值管理体系的构建提供了符合我国实际的理论支撑。然而国企分红与经济增加值考核的实施为国有企业价值管理体系的构建提供了坚实的制度基础，"国企分红"与"经济增加值考核"均凸显了"资本成本约束""可持续增长"的要求，并指向国家股东财富最大化与价值创造的目标。基于此，从国有企业微观市场主体的角度，在考虑这两个因素的前提下，如何以"资本成本约束"和"可持续增长"为纽带实现"国企分红"与"经济增加值考核"两种机制的成功对接，从而促进国有企业的价值创造能力、提升国有企业的发展质量和实现国有企业的可持续发展，是现阶段我国国有企业价值管理体系构建的关键。

第四，夯实了国有企业价值管理的理论基础。

国资委《关于以经济增加值为核心加强中央企业价值管理的指导意见》（国资发综合〔2014〕8号）明确指出，科学设定资本成本率、有效平衡当期回报与可持续发展的关系是国有企业价值管理体系的基本要求。本书通过回顾和梳理资本成本、财务可持续增长、股利分配以及经济增加值等相关理论表明，国有企业价值管理体系实质上是以上相关理论相互作用机理下形成的以资本成本、可持续增长为约束，以股利分配为资源配置手段，以价值创造为最终目标的一种系统。特别是，以经济增加值考核为手段，坚持有利于国家股东价值创造和国有企业可持续发展的理念，既是一种导向，也是国有企业价值管理的目标。

第五，构建了国有企业价值管理体系框架。

基于资本成本约束以及财务可持续增长能力的要求，依据股利分配理论，本书研究构建了可持续分红比例模型。可持续分红比例模型提供了根据国有企业目标分红比例倒逼改善留存收益再投资报酬率（即股东权益报酬率）的机制，这对我国资本市场正在推行的强制或半强制分红制度也提供了一种验证模式。同时，依据经济增加值原理，本书将可持续分红机制与股权经济增加值价值创造系统进行对接，从而构建了国有企业价值管理体系框架。该体系框架依据留存收益再投资报酬率（即股东权益报酬率）对股权资本成本的补偿这条主线，以国家股东价值最大化为目标，实现了可持续分红机制与经济增加值两个系统的目标一致和关联对接。分析表明，可持续分红机制通过相关分红比例可以倒逼改善留存收益再投资报酬率（即股东权益报酬率），从而改善股权回报价差，以提升股权经济增加值，也将有助于进一步提高税后净营业利润，并改善基本经济增加值，有利于国有企业的价值创造。

具体而言,当可持续分红子系统输入目标分红比例时,借助于可持续分红比例模型,将倒逼形成一个目标留存收益再投资报酬率(即股东权益报酬率),该目标股东权益报酬率也成为经济增加值子系统的输入变量,并形成目标股权经济增加值,该股权经济增加值将成为国有企业价值创造的引导性目标。

第六,实证检验了国有企业价值管理体系的有效性。

基于现行国有企业分红政策、央企负责人经营业绩考核以及国有企业分类改革、分类考核的背景,本书专门选取2010~2016年样本国有企业,分别对可持续分红机制价值导向作用及其与国有企业价值创造的相关性进行了实证检验。检验结果表明,基于国家分红政策倒逼估算的目标股东权益报酬率总体上大于实际股权资本成本,且对于样本企业总体的实际股东权益报酬率具有正向引导作用,从而有助于样本企业改善提高实际股东权益报酬率以利于价值创造。相关因素回归分析表明,总体来说,基于可持续分红机制估算目标权益报酬率,并进一步对接经济增加值系统估算得出的目标股权经济增加值均值总体为正,大于实际股权经济增加值,对于样本企业的价值创造具有正向引导的作用。在此过程中,股权资本成本的提高将降低实际股权经济增加值,不利于样本企业的价值创造,而股东权益报酬率的提高,将有助于样本企业提高实际股权经济增加值并趋向于目标股权经济增加值,从而有利于样本企业的价值创造。

7.2 政策建议

基于以上相关研究结论,本书研究提出以下政策建议:

第一,应充分认识价值管理理念对国有企业深化改革的重要意义。

就我国现阶段而言,中共中央已经就分类推动国有企业改革提出了具体的实施方案,"价值管理"成为国有企业实现"保值增值"目标的方式(或模式)之一,所以分类改革背景下,不同国有企业仍旧存在价值管理的制度考核要求。特别是,2014年1月10日,为全面贯彻党的十八届三中全会精神,以管资本为主加强国有资产监管,指导中央企业进一步深化经济增加值考核,优化资源配置,提升以经济增加值为核心的价值管理水平,促进中央企业转型升级,增强核心竞争能力,加快实现做强做优、科学发展,国务院国资委制定并发布了《关于以经济增加值为核心加强中央企业价值管理的指导意见》（国资发综合〔2014〕8号）（以下简称《价值管理指导意见》）。《价值管理指导意见》明确强调要做到"价值管理与维护各方利益有机统一"，既要"坚持股东价值最大化"，又要统筹兼顾其他各相关方的利益，积极履行社会责任，创造和谐美好、共赢互利的社会环境。可以看出，这实质上为中央企业（或国有企业）推行价值管理的政策地位和目标提供了有力的政策支持。

第二，应充分肯定国有企业分红制度的价值导向作用。

前述相关分析及检验表明，可持续分红机制借助于可持续分红比例模型提供的估算机制，基于国家强制或半强制分红政策下的目标分红比例，在维持既定可持续增长能力的前提下，会对留存收益再投资报酬率（即股东权益报酬率）形成一种倒逼机制，从而使得留存收益再投资报酬率（即股东权益报酬率）按照有利于股东价值创造的方向去改善提高。因而，在形成和保持有利于价值创造的财务可持续增长能力的前提下，正确认识、肯定和贯彻执行现行国有企业分红制度，科学兼顾财务可持续增长能力维持与资金不足之间的合理平衡，不仅仅是国有企业深化改革的政策要求，也是遵循国有企业价值管理规律、促进国有企业可持续发展观念的要求。

第三，应树立国有企业价值管理的整体观念。

如前所述，国有企业价值管理体系是可持续分红机制与经济增加值两个子系统，以股东价值最大化为目标，通过股东权益报酬率对股权资本成本的补偿而关联对接的框架系统，因而需要从价值管理的系统性、整体性角度认识国有企业价值管理体系。这就要求在推动和实施国有企业价值管理活动时，需要置价值管理于国有企业战略发展的整体框架之中，以股东价值最大化为目标并认同利益相关者目标的协调，以价值管理文化及理念的培养[①]为先决条件，以各具特色的价值评估技术为基础，以价值驱动因素分析为起点，以管理层承诺和专业实施团队为保障，以国有资本经营预算考核（即分红目标考核）、业绩评价考核及薪酬激励制度（即经济增加值考核）为手段，最终促进国有企业价值创造能力明显提升，以更优化的资本结构、更有效率的资本运营、更强的主业获利能力，全面提升国有企业的核心竞争能力。

[①] 国资委《关于以经济增加值为核心加强中央企业价值管理的指导意见》（国资发综合〔2014〕8号）明确提出，要高度重视价值创造意识、理念及文化的培育，将资本成本、资本纪律等价值理念融入企业文化，形成价值创造人人有责的良好氛围，切实增强全员价值创造意识。

第四，应着力改善和提高国有企业股权资本回报率。

本书构建的国有企业价值管理体系是依据股东权益报酬率（即股权资本回报率）对股权资本成本的补偿这条主线展开的，因而国有企业股东权益报酬率的高低直接决定了国有企业股权经济增加值及价值创造能力，是国有企业资本运营效率的重要体现。前述实证检验已经表明，股东权益报酬率与股权经济增加值差异率显著负相关，有利于国有企业的价值创造，但现行股东权益报酬率与目标股东权益报酬率仍旧存在差距，特别是整体资产周转状况较差，资本使用效率较为低下，价值创造能力尚需进一步提高①。为此，结合国有企业绩效评价指标，开展以股东权益报酬率（即股权资本回报率）为核心的驱动因素识别和确定工作至关重要，国有企业应努力维持并提高主业盈利能力，保持合理负债水平并适度控制财务风险，加快资产周转速度。这既是国有企业价值管理行动计划的起点，也是保证国有企业提高价值创造能力的基础和根本。

第五，应树立正确的资本成本观念。

资本成本观念已经成为现代企业构建和实施价值管理体系应该拥有的文化理念之一，作为可持续分红机制以及经济增加值价值创造系统的约束指标，留存收益再投资报酬率（股东权益报酬率）是否能够满足对股权资本成本的补偿也是注重国有企业资本使用效率的重要体现。前述实证检验已经表明，股权资本成本的提高不利于股权经济增加值的增加和价值创造，特别是在选取的样本中仍旧存在部分国有企业股东权益报酬率小于股权资本成本的情形。为此，国有企业应结合提升资本使用效率、推动价值管理等活动，树立正确的资本成本观念。这就要求国有企业首先应注重加强资本成本观念使用的全面性，在财务决策的各个环节始终将资本成本作为决策的约束标准，以能否补偿资本成本作为决策的判断依据；其次，国有企业应借助于资本成本形成机制，注重企业与投资者之间的高效沟通和信息披露，降低信息不对称程度，努力降低企业资本成本水平；最后，各类国有企业应主动测定和设定适合本企业的具有针对性和挑战性的资本成本目标。如前所述，国资委对央企负责人经营业绩考核所设定的资本成本率并非各类国有企业真实的资本成本水平，这在一定程度上降低了真实资本成本的约束力和效力，为此各类国有企业应主动测定和设定本企业真实的资本成本水平，并以此为约束进行财务决策，推动自身价值创造能力的提升。

---

① 参见 6.6.3.1 的描述。

第六，应加强国有企业分类管理与考核的政策协调。

本书第六章的相关实证检验表明，样本企业的分类检验结果并不完全一致，这在一定程度上说明当前国有企业实施分类改革的必要性。如前文所述，根据《深化改革指导意见》有关要求，国资委联合财政部、国家发展改革委印发《关于国有企业功能界定与分类的指导意见》（国资发研究〔2015〕170号）的通知，立足国有资本的战略定位和发展目标，结合不同国有企业在经济社会发展中的作用、现状和需要，根据主营业务和核心业务范围，将国有企业界定为商业类和公益类两大类，并提出了分类推进改革、分类促进发展、分类实施监管以及分类定责考核的施策纲要。以此为基础，国资委于2016年分别印发《关于完善中央企业功能分类考核的实施方案》（国资发综合〔2016〕252号）和《中央企业负责人经营业绩考核办法》（国资委令第33号），针对不同功能企业，提出不同考核要求，特别是在突出经济增加值考核的同时，针对不同功能、资本结构和风险程度的中央企业，提出差异化资本回报要求。这些政策的出台，均有力地推动了国有企业分类改革的进程，优化了国有资本的战略布局。

但财政部、国资委历次关于纳入国有资本经营预算编制范围的央企行业分类和分红比例与上述国有企业功能界定与分类考核的依据并不完全一致。由此可能导致的问题是，某些国有企业在分红政策适用类型与经济增加值考核适用类型方面存在不能协调一致的情况，从而影响可持续分红机制与经济增加值考核的科学对接。因此，本书研究认为应充分贯彻《深化改革指导意见》精神，将国有资本经营预算编制范围的央企行业分类与中央企业功能分类考核统一起来，从而有助于进一步完善、健全国有企业价值管理体系。

7.3 研究局限性与未来展望

本书研究尝试构建并检验了国有企业价值管理体系，但研究过程中仍旧存在以下局限性：

第一，价值管理的研究视角问题。

概念演化及框架描述表明，价值管理已经从最初单纯的并购评估工具，日益发展成为与企业战略结合的管理工具，其建立在企业实践活动基础上，旨在为衡量与管理企业提供一个综合的战略管理框架（或系统）或运行模式。本书的研究仅仅局限于资本成本、可持续增长、股利分配、EVA 评价等角度，研究视角过于微观，难免存在片面性。项目组也将在后续的研究中，立足于战略的高度来分析和审视国有企业价值创造系统。

第二，价值管理活动中内在价值与市场价值的统一问题。

本书对国有企业价值创造系统的构建与检验更多的是基于历史期数据的评价，在一定程度上并没有完全跳出传统的业绩评价模式。价值管理的发展过程回顾表明，价值管理体系包括了价值创造、价值实现等环节。其中，价值创造产生内在价值，内在价值推动价值实现，即公司市场价值与内在价值的统一，从而才能实现股东价值最大化的目标。因而，基于国有企业价值创造体系的一部分，价值创造、价值实现等环节尤为重要，而本书更多地侧重于一种价值的结果评价，并不能完全体现国有企业价值创造体系的内在要求，同时在实证检验环节也未能就内在价值与市场价值的相关性进行检验。因而，在后续的研究中应注重加强和完善价值创造、价值实现等环节的研究和验证，以丰富国有企业价值创造体系的理论内涵和应用。

第三，可持续分红机制理论设计和应用的合理性问题。

可持续分红比例模型是本书构建国有企业价值管理体系的基础，在推演构建过程中，维持财务可持续增长能力不变以及用历史期股东权益报酬率替代留存收益再投资报酬率均具有一定的假定性，因而在一定程度上可能会弱化和降低该模型的合理性和科学性预期。另外，在可持续分红机制实证检验阶段，我们又直接将纳入国有资本经营预算编制范围的央企所适用的分红比例假定为"可持续分红比例"，这也会影响可持续分红机制的合理应用。因而，在后续的研究中，应注重财务可持续增长能力的动态调整，加强留存收益再投资报酬率真实水平的预测，提高可持续分红机制应用的科学性和合理性，促进国有企业价值管理体系的完善和健全。

第四，样本选择及实证的局限。

由于项目的研究既要考虑国有企业分红又要兼顾经济增加值考核，两者的政策性使得样本选择受到一定的限制。同时，自 2013 年中共十八届三中全会以来，国有企业改革进入了新一轮"深化改革"阶段，其中，积极发展混合所有制经济，准确界定不同国有企业功能和实施分类改革，健全法人治理结构和完善现代企业制度，以管资本为主完善国有资产监管体制以及国有资本经营预算制度，优化国有经济的布局和结构等一系列国有企业改革的战略方案被提上日程，不同国有企业的考核目标和要求也随之发生改变，这也使得样本的选择受到了一定程度的限制。与之相关的实证过程中，需要控制的变量等也受到了影响,从而在一定程度上制约和影响了实证的预期结果。因而,后续研究中,对不同类型的国有企业开展有针对性的研究非常重要,特别是国有股权划转社保基金等制度的出台,也使得探索国有企业分红的新机制必然成为新的研究课题。①

---

① 2017年11月9日,国务院印发关于《划转部分国有资本充实社保基金实施方案》(国发〔2017〕49号)的通知,方案明确将中央和地方国有及国有控股大中型企业、金融机构纳入划转范围,划转比例统一为企业国有股权的10%,对划入的国有股权,社保基金会及各省(区、市)国有独资公司等承接主体的收益主要来源于股权分红。根据方案规定,由于社保基金会等承接主体持有的股权分红和资本运作收益,专项用于弥补基本养老保险基金缺口,不纳入国有资本经营预算管理,因此就必然需要探索建立对划转国有股权的合理分红机制,也不可避免地会对现行的国有企业分红机制产生影响。另外,本书截稿前夕,2019年9月,财政部、人力资源社会保障部、国资委、税务总局、证监会联合印发《关于全面推开划转部分国有资本充实社保基金工作的通知》(财资〔2019〕49号),要求中央和地方划转部分国有资本充实社保基金工作于2019年全面推开,并于2020年底前基本完成。

参考文献

[1] Allen F, Michaely R. Payout policy [J]. Handbook of the Economics of Finance, 2003, 1 (1-21): 3-57.

[2] Ameels A, Bruggeman W, Scheipers G. Value-Based Management Control Processes to Create Value through Integration: A Literature Review [C]. Vlerick School Voor Management, 2003.

[3] Amihud Y, Mendelson H. Asset Pricing and the Bid-Ask Spread [J]. Journal of Financial Economics, 1986, 17 (2): 223-249.

[4] Anderson A M, Bey R P, Weaver S C. Economic Value Added Adjustments: Much to Do about Nothing [R/OL]. WP-Lehigh University, 2004.

[5] Ansoff H I. Corporate Strategy: An Analytic Approach to Business Policy for Growth and Expansion [M]. New York: McGraw-Hill, 1965.

[6] Arnold G. Corporate Financial Management [M]. London: Pitman Publishing, 1998.

[7] Baker H Kent, Gail E Farrelly, Richard B Edelman. A Survey of Management Views on Dividend Policy [J]. Financial Management, 1985 (14): 78-84.

[8] Bannister R J, Jesuthasan R. Theory in Action: Is Your Company Ready for Value-Based Management? [J]. Journal of Business Strategy, 1997, 18 (2): 12-15.

[9] Bao B H, Bao D H. Usefulness of Value Added and Abnormal Economic Earnings: An Empirical Examination [J]. Journal of Business Finance & Accounting, 1998, 25 (1-2): 251-264.

[10] Barry C B, Brown S J. Differential Information and the Small Firm Effect [J]. Journal of Financial Economics, 1984, 13 (2): 283-294.

[11] Bekaert G, Harvey C R. Foreign Speculators and Emerging Equity Markets [J]. The Journal of Finance, 2000, 55 (2): 565-613.

[12] Bell, L W W. Theory in Action: Economic Profit: An Old Concept Gains New Significance [J]. Journal of Business Strategy, 1998, 19 (5): 13-15.

[13] Benson B W, Davidson W N. The Relation between Stakeholder Mana-

gement, Firm Value, and CEO Compensation: A Test of Enlightened Value Maximization [J]. Financial Management, 2010, 39 (3): 929-964.

[14] Bhattacharya U, Daouk H, Welker M. The World Price of Earnings Opacity [J]. The Accounting Review, 2003, 78 (3): 641-678.

[15] Bhattacharya U, Daouk H. The World Price of Insider Trading [J]. The Journal of Finance, 2002, 57 (1): 75-108.

[16] Bhattacharya S. Imperfect Information, Dividend Policy, and "The Bird in the Hand" Fallacy [J]. Bell Journal of Economics, 1979 (Spring): 259-270.

[17] Bhushan R. Firm Characteristics and Analyst Following [J]. Journal of Accounting and Economics, 1989, 11 (2): 255-274.

[18] Biddle G C, Bowen R M, Wallace J S. Does EVA® Beat Earnings? Evidence on Associations with Stock Returns and Firm Values [J]. Journal of Accounting and Economics, 1997, 24 (3): 301-336.

[19] Biddle G C, Bowen R M, Wallace J S. Economic Value Added: Some Empirical Evidence [J]. Managerial Finance, 1998, 24 (11): 60-71.

[20] Black F, Scholes M. The Pricing of Options and Corporate Liabilities [J]. The Journal of Political Economy, 1973: 637-654.

[21] Black F. Capital Market Equilibrium with Restricted Borrowing [J]. Journal of Business, 1972: 444-455.

[22] Blair M M. Ownership and Control. Rethinking Corporate Governance for the Twenty-First Century [M]. Washington DC: The Brookings Institution, 1995.

[23] Booth L D, Johnston D J. The Ex-Dividend Day Behavior of Canadian Stock Prices: Tax Changes and Clientele Effects [J]. Journal of Finance, 1984 (39): 457-476.

[24] Botosan C A. Disclosure Level and the Cost of Equity Capital [J]. Accounting Review, 1997: 323-349.

[25] Boulos F, Haspeslagh P C, Noda T. Getting the Value out of Value-based Management: Findings from a Global Survey on Best Practices [M]. Boston: Harvard Business School Publishing Corporation, 2001.

[26] Brealey R A, Myers S C. Principles of Corporate Finance [M]. New York: McGraw-Hill/Irwin, 2003.

[27] Brennan M J. Taxes, Market Valuation and Corporate Financial Policy [J]. National Tax Journal, 1970 (4): 417-427.

[28] Brigham E F, et al. Financial Management: Practice and Theory (The

9th Edition) [M]. Texasi The Dryden Press, 1999.

[29] Bromwich M. Value Based Financial Management Systems [J]. Management Accounting Research, 1998 (9): 387-389.

[30] Brown S, Lo K, Lys T. Use of R2 in Accounting Research: Measuring Changes in Value Relevance over the Last Four Decades [J]. Journal of Accounting and Economics, 1999, 28 (1): 83-115.

[31] Burkette G D, Hedley T P. The Truth About Economic Value Added [J]. The CPA Journal, 1997, 67 (7): 46.

[32] Chari L. Measuring Value Enhancement through Economic Value Added: Evidence from Literature [J]. The IUP Journal of Applied Finance, 2009, 15 (9): 46-62.

[33] Chen S, Dodd J L. Economic Value Added (EVA™): An Empirical Examination of a New Corporate Performance Measure [J]. Journal of Managerial Issues, 1997: 318-333.

[34] Christopher M, Ryals L. Supply Chain Strategy: It's Impact on Shareholder Value [J]. The International Journal of Logistics Management, 1999, 10 (1): 1-10.

[35] Clarkson M E. A Stakeholder Framework for Analyzing and Evaluating Corporate Social Performance [J]. Academy of Management Review, 1995, 20 (1): 92-117.

[36] Coggin T Daniel, Frank J. Fabozzi. Applied Equity Valuation [M]. New Hope, PA: Frank J. Fabozzi Associate, 1999.

[37] Condon J, Goldstein J. Value Based Management—The Only Way to Manage for Value [J]. Accountancy Ireland, 1998, 30: 10-12.

[38] Copeland T, Dolgoff A. Expectations-Based Management [J]. Journal of Applied Corporate Finance, 2006, 18 (2): 82-97.

[39] Copeland T, Koller T, Murrin J. Valuation: Measuring and Managing the Value of Companies [M]. New York: Wiley, 1996.

[40] Copeland T, Tufano P. A Real-world Way to Manage Real Options [J]. Harvard Business Review, 2004, 82 (3): 90-99.

[41] Copeland Thomas E, Weston J Fred, Shastri K. Financial Theory and Corporate Policy (the Fourth Edition) [M]. New Jevsey: Addison Wesley, 2003.

[42] Damodaran A. Investment Valuation: Tools and Techniques for Determining the Value of Any Asset [M]. Manhattan: John Wiley & Sons, 1997.

[43] De Angelo H, DeAngelo L. Dividend Policy and Financial Distress: An Empirical Investigation of Troubled NYSE Firms [J]. Journal of Finance, 1990 (45): 1415-1431.

[44] De Villiers J. The Distortions in Economic Value Added (EVA) Caused by Inflation [J]. Journal of Economics and Business, 1997, 49 (3): 285-300.

[45] De Wet J H H, Hall J H. An Analysis of Strategic Performance Measures of Companies Listed on the JSE Securities Exchange South Africa: Management [J]. South African Journal of Economic and Management Sciences, 2006, 9 (1): 57-71.

[46] De Wet J H H. EVA Versus Traditional Accounting Measures of Performance as Drivers of Shareholder Value-A Comparative Analysis [J]. Meditari Accountancy Research, 2005, 13 (2): 1-16.

[47] Desai M A, Ferri F. Understanding Economic Value Added [R/OL]. HBS Publishing Case, 2006.

[48] Dhrymes P J, M Kurz. Investment, Dividend and External Finance Behavior of Firms, Determinants of Investment Behavior [J]. NBER, 1967: 427-467.

[49] Diamond D W, Verrecchia R E. Disclosure, Liquidity, And the Cost of Capital [J]. The Journal of Finance, 1991, 46 (4): 1325-1359.

[50] Dixon P, Hedley B. Managing for Value [M]. Boston: Braxton Associates, 1997.

[51] Dodd J L, Chen S. EVA: A New Panacea [J]. Business and Economic Review, 1996, 42 (4): 26-28.

[52] Donaldson T, Preston L E. The Stakeholder Theory of the Corporation: Concepts, Evidence, and Implications [J]. Academy of Management Review, 1995, 20 (1): 65-91.

[53] Drucker P. The Information Executives Truly Need [J]. Harvard Business Review, 1995 (1/2): 54-62.

[54] Easterbrook, Frank H. Two Agency-Cost Explanations of Dividends [J]. American Economic Review, 1984 (74): 650-659.

[55] Easton P. PE Ratios, PEG Ratios, and Estimating the Implied Expected Rate of Return on Equity Capital [J]. The Accounting Review, 2004 (79): 73-95.

[56] Ehrbar A. EVA: The Real Key to Creating Wealth [M]. Manhattan: John Wiley & Sons, 1998.

[57] Ehrhardt M C. The Search Value: Measuring the Company's Cost of Capital [M]. Oxford: Oxford University Press, Inc., 1994.

[58] Elliott J. The Cost of Capital and U. S. Capital Investment: A Test of Alternative Concepts [J]. Journal of Finance, 1980 (35): 981-999.

[59] Elton Edwin J, Martin J. Gruber, Marginal Stockholder Tax Rates and the Clientele Effect [J]. Review of Economics and Statistics, 1970 (52): 68-74.

[60] England J D. Don't Be Afraid of Phantom Stock [J]. Compensation & Benefits Review, 1992, 24 (5): 39-46.

[61] Erb C B, Harvey C R, Viskanta T E. Expected Returns and Volatility in 135 Countries [J]. Social Science Electronic Publishing, 2005, 22 (3): 46-58.

[62] Fabozzi F J, Markowitz H M. Equity Valuation and Portfolio Management [M]. Manhattan: John Wiley & Sons, 2011.

[63] Fama E, French K R. Disappearing Dividends: Changing Firm Characteristics or Lower Propensity to Pay? [J]. Journal of Financial Economics, 2001 (60): 3-43.

[64] Fama E, French K R. The Cross-Section of Expected Stock Returns [J]. Journal of Finance, 1992 (47): 427-465.

[65] Fernandez P. EVA, Economic Profit and Cash Value Added Do Not Measure Shareholder Value Creation [J]. Ssrn Electronic Journal, 2001 Ⅱ (1): 291-311.

[66] Fisher I. The Nature of Capital and Income [M]. New York: The MacMillan Company, 1906.

[67] Fisher I. The Theory of Interest [M]. New York: The MacMillan Company, 1930.

[68] Francis J, LaFond R, Olsson P M, et al. Costs of Equity and Earnings Attributes [J]. The Accounting Review, 2004, 79 (4): 967-1010.

[69] Frankfurter G M, Wood B G. The Evolution of Corporate Dividend Policy [J]. Journal of Financial Education, 1997 (23): 16-32.

[70] Freeman R E. Strategic Management: A Stakeholder Approach [M]. Boston: Pitman/Ballinger, 1984.

[71] Friedman M. Capitalism and Freedom [M]. Chicago: University of Chicago Press, 1962.

[72] Gebhardt W C Lee, B Swaminathan. Toward all Implied Cost of Capital [J]. Journal of Accounting Research, 2001 (39): 135-176.

[73] Ghanbari A M, More V S. The Relationship Between Economic Value Added and Market Value Added: An Empirical Analysis in Indian Automobile In-

dustry [J]. The IUP Journal of Accounting Research and Audit Practices, 2007, 6 (3): 7-22.

[74] Gitman L J, V A. Mercurio, Cost of Capital Techniques Used by Major U. S. Firms: Survey and Analysis of Fo rtune's 1000 [J]. Financial Management, 1982 (11): 21-49.

[75] Gordon M J, Shapiro E. Capital Equipment Analysis: The Required Rate of Profit [J]. Management Science, 1956, 3 (1): 102-110.

[76] Gordon M J. Dividends, Earnings, and Stock Prices [J]. Review of Economics and Statistics, 1959 (5): 99-105.

[77] Gordon R, D Bradford. Taxation and the Stock Market Valuation of Capital Gains and Dividends: Theory and Empirical Results [J]. Journal of Public Economics, 1980 (10): 109-136.

[78] Graham J R, Campbell R H. The Theory and Practice of Corporate Finance: Evidence from the Field [J]. Journal of Financial Economics, 2001 (5): 187-243.

[79] Grant J L, Abate J A. Focus on Value: A Corporate and Investor Guide to Wealth Creation [M]. New Jersey: John Wiley & Sons, 2001.

[80] Grant J L. Foundations of Economic Value Added [M]. New Jersey John Wiley & Sons, 2003.

[81] Grant J L. Foundations of EVA™ for Investment Managers [J]. The Journal of Portfolio Management, 1996 (23): 41-48.

[82] Günther T, Landrock B, Muche T. Value-based Performance Measures for Decentral Organizational Units [C]. Dresden University, European Accounting Association Meeting in Graz, 1997.

[83] Handa P, Linn S C. Arbitrage Pricing with Estimation Risk [J]. Journal of Financial and Quantitative Analysis, 1993, 28 (1): 81-100.

[84] Haspeslagh P, Noda T, Boulos F. Getting the Value out of Value-based Management [J]. Harvard Business Review Research Report, 2001.

[85] Hawawini G, Viallet C. Finance for Executives: Managing for Value Creation (4th ed.) [M]. Stanford: Cengage Learning, 2010.

[86] Hawawini G, Viallet C. Finance for Executives [M]. Ohio: Cincinnati OH Publishing, 1999.

[87] Hicks J R. Value and Capital (2nd ed.) [M]. Oxford: Clarendon Press, 1946.

[88] Higgins R C. Growth, Dividend Policy and Capital Costs in the Electric Utility Industry [J]. Journal of Finance, 1974 (4): 1189-1201.

[89] Higgins R C. How Much Growth Can a Firm Afford? [J]. Financial Management, 1977 (Fall): 7-16.

[90] Higgins R C. Sustainable Growth under Inflation [J]. Financial Management, 1981 (10): 36-40.

[91] Higgins R C. The Corporate Dividend-Saving Decision [J]. Journal of Financial and Quantitative Analysis, 1972 (3): 1527-1541.

[92] Ismail A. Is Economic Value Added More Associated with Stock Return Than Accounting Earnings? The UK Evidence [J]. International Journal of Managerial Finance, 2006, 2 (4): 343-353.

[93] Ittner C D, Larcker D F. Assessing Empirical Research in Managerial Accounting: A Value-Based Management Perspective [J]. Journal of Accounting and Economics, 2001, 32 (1): 349-410.

[94] Jawahar I M, McLaughlin G L. Toward a Descriptive Stakeholder Theory: An Organizational Life Cycle Approach [J]. Academy of Management Review, 2001, 26 (3): 397-414.

[95] Jensen M C. Value Maximization, Stakeholder Theory, and the Corporate Objective Function [J]. Journal of Applied Corporate Finance, 2001, 14 (3): 8-21.

[96] Jensen M, Meckling W. Theory of the Firm: Managerial Behavior, Agency Cost and Ownership Structure [J]. Journal of Financial Economics, 1976 (3): 305-360.

[97] John K, Williams J. Dividends, Dilution and Taxes: A Signaling Equilibrium [J]. Journal of Finance, 1985 (9): 1053-1070.

[98] Jr Alfred D Chandler. Suategy and Structure: Chapters in the History of the Industrial Enterprise [M]. Massachusetts: MIT Press, 1962.

[99] Kalay A. The Ex-Dividend Day Behavior of Stock Prices: A Reexamination of the Clientele Effect [J]. Journal of Finance, 1982 (37): 1059-1070.

[100] Khan T. Company Dividends and Ownership Structure: Evidence from UK Panel Data [J]. Economic Journal, 2006 (116): 172-189.

[101] Kim O, Verrecchia R E. Market Liquidity and Volume Around Earnings Announcements [J]. Journal of Accounting and Economics, 1994, 17 (1): 41-67.

[102] Knight J A. Value Based Management: Developing a Systematic Ap-

proach to Creating Shareholder Value [M]. New York: McGraw-Hill, 1997.

[103] KPMG Consulting. Value Based Management: The Growing Importance of Shareholder Value in Europe [R]. KPMG Consulting, 1999.

[104] Kyriazis D, Anastassis C. The Validity of the Economic Value Added Approach: An Empirical Application [J]. European Financial Management, 2007, 13 (1): 71-100.

[105] La Porta R, Lopez-de-Silane F, Shleifer A, et al. Agency Problems and Dividend Policies around the World [R]. National Bureau of Economic Research, 1998.

[106] La Porta R, Lopez-De-Silanes F, Shleifer A, et al. Investor Protection and Corporate Valuation [J]. The Journal of Finance, 2002, 57 (3): 1147-1170.

[107] La Porta R, Lopez-de-Silanes F, Shleifer A. Corporate Ownership around the World [J]. The Journal of Finance, 1999, 54 (2): 471-517.

[108] Lang M H, Lundholm R J. Corporate Disclosure Policy and Analyst Behavior [J]. Accounting Review, 1996: 467-492.

[109] Lang M, Lundholm R. Cross-sectional Determinants of Analyst Ratings of Corporate Disclosures [J]. Journal of Accounting Research, 1993: 246-271.

[110] Lefkowitz S D. The Correlation between EVA and MVA of Companies [R/OL]. MBA Dissertation, California State University, 1999.

[111] Lehn K, Makhija A K. EVA & MVA as Performance Measures and Signals for Strategic Change [J]. Strategy & Leadership, 1996, 24 (3): 34-38.

[112] Lehn K, Makhija A K. EVA, Accounting Profits, and CEO Turnover: An Empirical Examination, 1985-1994 [J]. Journal of Applied Corporate Finance, 1997, 10 (2): 90-97.

[113] Levy H, Sarnat M. Capital Investment and Financial Decisions [M]. London: Prentice-Hall International, UK Ltd, 1986.

[114] Lintner J. Distribution of Incomes of Corporations Dividends, Retained Earnings, and Taxes [J]. American Economic Review, 1956 (46): 97-113.

[115] Lougee B, Wallace J. The Corporate Social Responsibility (CSR) Trend [J]. Journal of Applied Corporate Finance, 2008, 20 (1): 96-108.

[116] Machuga S M, Pfeiffer Jr R J, Verma K. Economic Value Added, Future Accounting Earnings, and Financial Analysts' Earnings Per Share Forecasts [J]. Review of Quantitative Finance and Accounting, 2002, 18 (1): 59-73.

[117] Mancinelli L, Ozkan A. Ownership Structure and Dividend Policy:

Evidence from Italian Firms [J]. Journal of Finance, 2006 (12): 265-282.

[118] Markowitz H. Portfolio Selection [J]. The Journal of Finance, 1952, 7 (1): 77-91.

[119] Marris R. The Economic Theory of Managerial Capitalism [M]. Glencoe IL: Free Press, 1964.

[120] Marsh D G. Making or Breaking Value [J]. New Zealand Management, 1999 (3): 58-59.

[121] Marshall A. Principles of Economics [M]. London: Macmillan & Co., 1890.

[122] Martin J D, Petty J W. Value Based Management: The Corporate Response to the Shareholder Revolution [M]. Boston: Harvard Business School Press, 2000.

[123] Masulis R W, Trueman B. Corporate Investment and Dividend Decisions under Differential Personal Taxation [J]. Journal of Financial & Quantitative Analysis, 1988 (23): 369-386.

[124] McTaggart J, Kontes P W. The Governing Corporate Objective: Shareholders versus Stakeholders [J]. Marakon Commentary, Marakon Associates, June, 1993: 26.

[125] Megginson W L. Corporate Finance Theory [M]. New Jersey: Pearson Education Limited, 1997.

[126] Merton R C. An Intertemporal Capital Asset Pricing Model [J]. Econometrica: Journal of the Econometric Society, 1973: 867-887.

[127] Miller M H, Modigliani F. Dividend Policy, Growth and the Valuation of Shares [J]. Journal of Business, 1961 (34): 411-433.

[128] Miller M, Rock K. Dividend Policy under Asymmetric Information [J]. Journal of Finance, 1985 (40): 1031-1051.

[129] Mills R, Print C. Strategic Value Analysis: Shareholder Value and Economic Value Added – What's the Difference? [J]. Management Accounting, 1995 (73): 35-35.

[130] Mills R, Weinstein B. Beyond Shareholder Value – Reconciling the Shareholder and Stakeholder Perspectives [J]. Journal of General Management, 2000, 25 (3): 79-93.

[131] Modigliani F, Miller M H. The Cost of Capital, Corporation Finance, and the Theory of Investments, [J]. American Economic Review, 1958 (48): 261-297.

[132] Mossin J. Equilibrium in a Capital Asset Market [J]. Econometrica, 1966, 34 (4): 768-783.

[133] Myers R. Metric Wars [J]. CFO: The Magazine for Chief Financial Officers, 1996, 12: 41-50.

[134] Nichols P. Unlocking Shareholder Value [J]. Management Accounting, 1998, 76: 26-29.

[135] O'Byrne S F. EVA and Shareholder Return [J]. Financial Practice and Education, 1997, 7 (1): 50-54.

[136] O'Byrne S F. EVA and Market Value [J]. Journal of Applied Corporate Finance, 1996, 9 (1): 116-126.

[137] O'Hanlon J F, Peasnell K V. Measure for Measure? [J]. Accountancy, 1996: 50-52.

[138] Penrose E. The Theory of the Growth of the Firm [M]. Oxford: Oxford University Press, 1959.

[139] Pratt S P. Cost of Capital: Estimation and Applications [M]. Manhattan John Wiley & Sons, 1998.

[140] Pricewaterhouse Cooper. Value Based Management: The 1999 Swiss Implementation Survey [R]. Pricewaterhouse Coopers, Zurich, Switzerland, 1999.

[141] Rappaport A. Creating Shareholder Value: The New Standard for Business Performance [M]. Glencoe IL: Free Press, 1986.

[142] Rappaport A. Creating Shareholders Value [M]. Glencoe IL: Free Press, 1998.

[143] Rappaport A. Strategic Analysis for More Profitable Acquisitions [J]. Harvard Business Review, 1979, 57 (4): 99-100.

[144] Rappoport A. Creating Shareholder Value [M]. Glencoe IL: Free Press, 1980.

[145] Richardson A J, Welker M. Social Disclosure, Financial Disclosure and the Cost of Equity Capital [J]. Accounting, Organizations and Society, 2001, 26 (7): 597-616.

[146] Robin A J. The Impact of the 1986 Tax Reform on Ex-Dividend Day Returns [J]. Financial Management, 1991 (20): 60-70.

[147] Robinson J. Dividend Policy among Publicly Listed Firms in Barbados [J]. Journal of Eastern Caribbean Studies, 2006 (31): 1-36.

[148] Ronte H. Value-based Management [J]. Management Accounting,

1998 (76): 38-39.

[149] Ross S A. The Arbitrage Theory of Capital Asset Pricing [J]. Journal of Economic Theory, 1976, 13 (3): 341-360.

[150] Rozeff M S. Growth, Beta and Agency Costs as Determinants of Dividend-Payout Ratios [J]. Journal of Financial Research, 1982 (Fall): 249-259.

[151] Sharma K A, Kumar S. Economic Value Added (EVA) —Literature Review and Relevant Issues [J]. International Journal of Economics and Finance, 2010, 2 (2): 200-220.

[152] Sharpe W F. Capital Asset Prices: A Theory of Market Equilibrium under Conditions of Risk [J]. The Journal of Finance, 1964, 19 (3): 425-442.

[153] Shleifer A, Vishny R W. A Survey of Corporate Governance [J]. The Journal of Finance, 1997, 52 (2): 737-783.

[154] Shleifer A, Wolfenzon D. Investor Protection and Equity Markets [J]. Journal of Financial Economics, 2002, 66 (1): 3-27.

[155] Simms J. Marketing for Value [J]. Marketing, 2001, 28: 34-35.

[156] Smith J, Clifford W, Ross L. Watts. The Investment Opportunity Set and Corporate Financing, Dividend, and Compensation Policies [J]. Journal of Financial Economics, 1992 (32): 263-292.

[157] Stewart G B. EVA^{TM}: Fact and Fantasy [J]. Journal of Applied Corporate Finance, 1994, 7 (2): 71-87.

[158] Stewart G B. The Quest for Value: The EVA Management Guide [J]. Harper Business, 1991, 738.

[159] Strategy and Structure: Chapters in the History of the Industrial Enterprise [M]. Boston: MIT Press, 1962.

[160] Sudarsanam P S. Market and Industry Structure and Corporate Cost of Capital [J]. The Journal of Industrial Economics, 1992: 189-199.

[161] Taggart J M, Kontes P, Mankins M. The Value Imperative: Managing for Superior Shareholder Returns [M]. Glencoe IL: Free Press, 1994.

[162] Thompson A A, Strickland A J. Crafting and Implementing Strategy: Text and Readings [M]. Oakland: Irwin Inc., 1998.

[163] Tully S. The Real Key to Creating Wealth [J]. Fortune, 1993, 128 (6): 38-44.

[164] Uyemura D G, Kantor C C, Pettit J M. EVA® for Banks: Value Creation, Risk Management, and Profitability Measurement [J]. Journal of Applied

Corporate Finance, 1996, 9 (2): 94-109.

[165] Van Horne J C. Financial Management and Policy [M]. London: Prentice Hall, 1998.

[166] Van Horne J C. Sustainable Growth Modeling [J]. Journal of Corporate Finance, 1988 (Winter): 19-25.

[167] Wallace J S. Adopting Residual Income-based Compensation Plans: Do You Get What You Pay for? [J]. Journal of Accounting and Economics, 1997, 24 (3): 275-300.

[168] Wallace J S. Value Maximization and Stakeholder Theory: Compatible or Not? [J]. Journal of Applied Corporate Finance, 2003, 15 (3): 120-127.

[169] Walter J E. Dividend Policies and Common Stock Prices [J]. Journal of Finance, 1956 (11): 29-41.

[170] Weaver S C. Measuring Economic Value Added: A Survey of the Practices of EVA (R) Proponents [J]. Journal of Applied Finance, 2001, 11.

[171] Wheeler D, Sillanpää M. The Stakeholder Corporation: The Body Shop Blueprint for Maximizing Stakeholder Value [M]. London: Pitman Publishing, 1997.

[172] Williams J B. The Theory of Investment Value [M]. Cambridge, Mass: Harvard University Press, 1938.

[173] Williamson O E. On the Governance of the Modern Corporation [J]. Hofstra Law Review, 1979 (8): 63.

[174] Worthington A C, West T. Australian Evidence Concerning the Information Content of Economic Value-added [J]. Australian Journal of Management, 2004, 29 (2): 201-223.

[175] Worthington A C, West T. Economic Value-added: A Review of the theoretical and Empirical Literature [J]. Asian Review of Accounting, 2001, 9 (1): 67-86.

[176] Young S D. Some Reflections on Accounting Adjustments and Economic Value Added [J]. Journal of Financial Statement Analysis, 1999, 4: 7-20.

[177] Al. 埃巴. 经济增加值——如何为股东创造财富 [M]. 北京: 中信出版社, 2001

[178] OECD. OECD 公司治理原则 (2004) [M]. 张政军译. 北京: 中国财政经济出版社, 2005.

[179] OECD. OECD 国有企业公司治理指引 [M]. 李兆熙译. 北京: 中国财政经济出版社, 2005.

[180] 阿道夫·A. 伯利，加德纳·C. 米恩斯. 现代公司与私有财产（第1版）[M]. 甘华鸣等译. 北京：商务印书馆，2005.

[181] 巴曙松，矫静. 上市公司如何提高市值溢价[J]. 新财经，2007（1）：41-42.

[182] 彼得·纽曼等. 新帕尔格雷夫货币金融大辞典[M]. 胡坚等译. 北京：经济科学出版社，2000.

[183] 伯利·米恩斯. 现代公司与私有财产[M]. 甘华鸣，罗锐韧，蔡如海译. 北京：商务印书馆，2005.

[184] 曹玉珊，张天西. 企业可持续增长的财务战略研究——来自中国上市公司的证据[J]. 经济管理，2006（8）：73-79.

[185] 曹玉珊. 企业财务可持续增长效率的源泉分析——来自中国上市公司的证据[J]. 商业经济与管理，2008（2）：74-80.

[186] 曹中铭. 多举措防范利用市值管理牟利[EB/OL]. [2014-07-11]. http://finance.sina.com.cn/zl/stock/20140711/160719679702.shtml.

[187] 陈浪南，姚正春. 我国股利政策信号传递作用的实证研究[J]. 金融研究，2000（10）：69-77.

[188] 陈良华. 价值管理：一种泛会计概念的提出[J]. 会计研究，2002（10）：53-56.

[189] 陈小洪. 发展混合所有制经济的主要方式[N]. 中国企业报，2014-03-04.

[190] 陈艳. 国企投资、分红及可持续发展研究与分析[J]. 财会通讯（综合版），2008（10）：102-103.

[191] 陈毅. 企业业绩评价系统综述（上）[J]. 外国经济与管理，2000（4）：7-10.

[192] 陈禹志. 企业超值管理研究[J]. 上海国资，2002（7）：14-18.

[193] 陈中小路. "30%"的秘密：国企给大家"交"多少钱[EB/OL]. [2014-01-11]. http://www.infzm.com/content/97393.

[194] 池国华，常晓筱. 构建科学有效的EVA绩效考核体系——基于华为、许继、TCL、宝钢案例的分析与启示[J]. 财务与会计，2013（11）：8.

[195] 池国华，王志，杨金. EVA考核提升了企业价值吗？——来自中国国有上市公司的经验证据[J]. 会计研究，2013（11）：60-96.

[196] 池国华，张彪. 央企实施EVA的现状分析与启示[J]. 财务与会计，2010（7）：49-51.

[197] 池国华，邹威. EVA考核、管理层薪酬与非效率投资——基于沪

深 A 股国有上市公司的经验证据 [J]. 财经问题研究, 2014 (7): 43-50.

[198] 戴维·皮尔斯. 现代经济学辞典 [M]. 北京: 北京航空航天大学出版社, 1989.

[199] 党红. 关于股改前后现金股利影响因素的实证研究 [J]. 会计研究, 2008 (6): 63-71.

[200] 道格拉斯·R. 爱默瑞, 约翰·D. 芬尼特. 公司财务管理 [M]. 荆新等译. 北京: 中国人民大学出版社, 1999.

[201] 邓建平, 曾勇, 何佳. 利益获取: 股利共享还是资金独占? [J]. 经济研究, 2007 (4): 112-123

[202] 邓建平, 曾勇. 上市公司家族控制与股利决策研究 [J]. 管理世界, 2005 (7): 139-147.

[203] 邓同钰, 干胜道. 传统 EVA 考核缺陷与改进: 以某国资企业为例 [J]. 财政研究, 2014 (2): 65-67.

[204] 蒂姆·科勒, 马克·戈德哈特, 戴维·成赛尔斯. 价值评估 (第4版) [M]. 高建等译. 北京: 电子工业出版社, 2007.

[205] 丁君凤, 翟俊生. 1994—2001 年中国上市公司价值管理的整体特征研究 [J]. 学海, 2004 (2): 151-155.

[206] 董辅礽. 从企业功能着眼, 分类改革国有企业 [J]. 改革, 1995 (4): 40-47.

[207] 杜国用. 中国国有企业分类改革的理论与实践 [J]. 改革与战略, 2014 (1): 24-29.

[208] 杜胜利, 张杰. 独立董事薪酬影响因素的实证研究 [J]. 会计研究, 2004 (9): 82-88.

[209] 樊纲, 魏强, 刘鹏. 中国经济的内外均衡与财税改革 [J]. 经济研究, 2009 (8): 18-26.

[210] 弗朗哥·莫迪里阿尼, 默顿·H. 米勒. 资本成本、公司财务和投资理论 [C]//卢俊. 资本结构理论研究译文集. 上海: 上海人民出版社, 2003.

[211] 高明华, 杜雯翠. 国有企业负责人监督体系再解构: 分类与分层 [J]. 改革, 2014 (12): 35-43.

[212] 高明华, 杨丹, 杜雯翠等. 国有企业分类改革与分类治理——基于七家国有企业的调研 [J]. 经济社会体制比较, 2014 (2): 19-34.

[213] 高明华. 国有经济战略性调整应坚持的基本思路 [J]. 前线, 2013 (5): 35-37.

[214] 谷祺, 于东智. EVA 财务管理系统的理论分析 [J]. 会计研究,

2000（11）：31-36.

［215］顾功耘，胡改蓉．国企改革的政府定位及制度重构［J］．现代法学，2014，36（3）：81-91.

［216］郭牧炫，魏诗博．融资约束、再融资能力与现金分红［J］．当代财经，2011（8）：119-128.

［217］国务院国有资产监督管理委员会业绩考核局，毕博管理咨询有限公司．企业价值创造之路——经济增加值业绩考核操作实务［M］．北京：经济科学出版社，2009.

［218］韩勇，干胜道，张伊．机构投资者异质性的上市公司股利政策研究［J］．统计研究，2013，30（5）：71-75.

［219］何瑛，彭晓峰．价值管理研究综述［J］．财会通讯（学术版），2005（4）：110-113.

［220］何瑛．公司价值管理模式的构建［J］．经济管理，2006（24）：26-31.

［221］黄娟娟，沈艺峰．上市公司的股利政策究竟迎合了谁的需要——来自中国上市公司的经验数据［J］．会计研究，2007（8）：36-43，95.

［222］黄群慧，余菁．界定不同国企功能推进分类治理与改革［N］．经济参考报，2014-07-14.

［223］黄速建，余菁．国有企业的性质、目标与社会责任［J］．中国工业经济，2006，2（6）：68-69.

［224］黄莹颖．某上市公司董秘的泪奔史：股份下跌就被老板骂［EB/OL］．［2014-07-10］．http：//finance.sina.com.cn/stock/s/20140710/010019656956.shtml.

［225］姜军，刘艳，郑阿杰．EVA模型修正及应用——基于并购绩效提升视角［J］．财政研究，2013（12）：77-80.

［226］姜韧．蓝筹股市值管理就是牛鼻子［N］．上海证券报，2014-07-10.

［227］姜再勇，严宝玉，盛朝晖等．经济价值创造、投资效率与宏观经济增长——EVA方法及对我国和北京市制造业面板数据的研究［J］．金融研究，2007（11a）：118-128.

［228］蒋大兴．国企改革、国家所有权的法律迷思［C］//吴越．公司治理：国企所有权与治理目标［M］．北京：法律出版社，2006.

［229］焦健，刘银国，张琛等．国企分红、过度投资与企业绩效——基于沪深两市国有控股上市公司的面板数据分析［J］．经济与管理研究，2014（4）：104-112.

［230］金碚．国有企业根本改革论［M］．北京：北京出版社，2002.

[231] 鞠娟. 公司增发与市值管理——基于中国A股上市公司的实证研究 [J]. 技术经济, 2015, 34 (4): 81-88.

[232] 凯恩斯. 就业、利息和货币通论 [M]. 北京: 商务印书馆, 1963.

[233] 孔小文, 于笑坤. 上市公司股利政策信号传递效应的实证分析 [J]. 管理世界, 2003 (6): 114-118.

[234] 蓝定香. 建立现代产权制度与国有企业分类改革 [J]. 经济体制改革, 2006 (1): 48-52.

[235] 李常青, 魏志华, 吴世农. 半强制分红政策的市场反应研究 [J]. 经济研究, 2010, 45 (3): 144-155.

[236] 李常青. 股利政策理论与实证研究 [M]. 北京: 中国人民大学出版社, 2001.

[237] 李春瑜. EVA、ΔEVA与REVA价值增值衡量适用性比较研究 [J]. 经济管理, 2006 (8): 80-87.

[238] 李春瑜. 股东与经理人风险态度偏差所引发代理成本的抵减——EVA调整事项必要性的一个定量化解释 [J]. 当代财经, 2005 (4): 117-121.

[239] 李冠众, 陆宇建, 孙永利. IPO是基于可持续增长的需要吗？——来自沪深A股的检验 [J]. 财贸经济, 2004 (4): 37-39.

[240] 李光贵. 国有企业目标、国家所有权及行权方式 [J]. 公司治理评论, 2009 (3): 169-179.

[241] 李光贵. 市值管理的困境、框架重构与价值回归——基于理论与实践评述的视角 [J]. 商业会计, 2017 (11): 6-10.

[242] 李光贵. 资本成本、可持续增长与分红比例估算研究 [M]. 北京: 经济管理出版社, 2012.

[243] 李洪, 张德明, 曹秀英等. EVA绩效评价指标有效性的实证研究——基于454家沪市上市公司2004年度的数据 [J]. 中国软科学, 2006 (10): 150-157.

[244] 李琦, 池国华. EVA的应用与企业资金使用效率的提高 [J]. 财务与会计（理财版）, 2010 (4): 54-55.

[245] 李琦. 大股东市值管理理论和模式研究 [J]. 管理现代化, 2014 (1): 126-128.

[246] 李琦. 中国式经济增加值考核是否会导致投资不足 [J]. 财经理论与实践, 2014, 35 (3): 87-91.

[247] 李文华. 我国上市公司市值管理问题探析 [J]. 南方金融, 2015 (5): 59-68.

[248] 李小平, 范锡文. 国企治理结构的"软性"制度安排——基于国

企治理文化的 EVA 理念 [J]. 财经科学, 2014 (8): 72-79.

[249] 李亚静, 朱宏泉, 黄登仕等. EVA 与传统会计指标的比较——中国证券市场的实证分析 [J]. 管理科学学报, 2004, 7 (3): 31-37.

[250] 李增福, 唐春阳. 中国上市公司股利分配行业差异的实证研究 [J]. 当代经济科学, 2004 (9): 71-76.

[251] 李志学, 郝亚平, 张昊. 基于 EVA 的央企上市公司研发支出变化研究 [J]. 科技管理研究, 2014 (21): 110-115.

[252] 李卓, 宋玉. 股利政策、盈余持续性与信号显示 [J]. 南开管理评论, 2007 (1): 70-80.

[253] 李卓. 现金股利政策动因——盈余持续性与市场反应 [D]. 厦门: 厦门大学博士学位论文, 2007.

[254] 梁文艳. 国企改革提出"1+15"体系 并购潮或重现 [EB/OL]. http://www.cien.com.cn/html1/report/15052/1373-1.htm, 2015-05-25.

[255] 廖冠民, 沈红波. 国有企业的政策性负担: 动因、后果及治理 [J]. 中国工业经济, 2014 (6): 96-108.

[256] 廖理, 方芳. 股利政策代理理论的实证检验 [J]. 南开管理评论, 2006 (5): 55-62.

[257] 刘放, 杨小舟. EVA 考核与企业资本成本确定 [J]. 财政研究, 2011 (8): 66-68.

[258] 刘凤委, 李琦. 市场竞争、EVA 评价与企业过度投资 [J]. 会计研究, 2013 (2): 54-62.

[259] 刘富江. 国有企业的发展方向 [J]. 中国工业经济, 1999 (8): 8-9.

[260] 刘国芳. 从证券化率看宏观经济管理 [J]. 经济与管理研究, 2009 (7): 25-30.

[261] 刘国芳. 上市公司市值管理制度亟须"去伪存真" [N]. 中国证券报, 2014-05-19.

[262] 刘国芳. 市值管理应谨防 7 大误区 [J]. 上海国资, 2007 (5): 30-31.

[263] 刘国芳. 正确把握上市公司市值管理制度内涵 [N]. 中国证券报, 2014-05-20.

[264] 刘俊勇. 公司业绩评价与激励机制 [M]. 北京: 中国人民大学出版社, 2009.

[265] 刘力, 宋志毅. 衡量企业经营业绩的新方法——经济增加值 (REVA) 与修正的经济增加值 (REVA) 指标 [J]. 会计研究, 1999 (1):

30-36.

［266］刘圻，王春芳．企业价值管理模式研究述评［J］．中南财经政法大学学报，2011（5）：62-67．

［267］刘圻．经济增加值与企业价值管理创新流程模式研究——基于国资委第22号令中EVA考核指标的应用视角［J］．宏观经济研究，2011（8）：45-50．

［268］刘圻．企业价值管理创新模式研究——基于自发秩序与程序理性的视角［J］．会计研究，2010（8）：36-41．

［269］刘淑莲，胡燕鸿．中国上市公司现金分红实证分析［J］．会计研究，2003（4）：29-35．

［270］刘淑莲．企业价值评估与价值创造战略研究——两种价值模式与六大驱动因素［J］．会计研究，2004（9）：67-71．

［271］刘运国，陈国菲．BSC与EVA相结合的企业绩效评价研究——基于GP企业集团的案例分析［J］．会计研究，2007（9）：50-59．

［272］卢闯，杜菲，佟岩等．导入EVA考核中央企业的公平性及其改进［J］．中国工业经济，2010（6）：96-105．

［273］鲁冰，徐凯，孙俊奇等．EVA对央企上市公司研发投入影响的实证研究［J］．现代管理科学，2015（2）：112-114．

［274］陆正飞，王春飞，王鹏．激进股利政策的影响因素及其经济后果［J］．金融研究，2010（6）：162-174．

［275］吕长江，王克敏．上市公司股利政策的实证分析［J］．经济研究，1999（12）：31-39．

［276］吕长江，王克敏．上市公司资本结构、股利分配及管理股权比例相互作用机制研究［J］．会计研究，2002（3）：39-48．

［277］吕长江，许静静．基于股利变更公告的股利信号效应研究［J］．南开管理评论，2010（2）：90-96．

［278］吕长江，张海平．上市公司股权激励计划对股利分配政策的影响［J］．管理世界，2012（11）：133-143．

［279］吕长江，周县华．公司治理结构与股利分配动机——基于代理成本和利益侵占的分析［J］．南开管理评论，2005（3）：9-17．

［280］罗宏，黄文华．国企分红、在职消费与公司业绩［J］．管理世界，2008（9）：139-148．

［281］罗琦，李辉．企业生命周、股利决策与投资效率［J］．经济评论，2015（2）：115-125．

[282] 马宁莉，王冀宁．公司价值评价的数量模型与方法研究［J］．现代管理科学，2004（5）：35-37．

[283] 马曙光，黄志忠，薛云奎．股权分置、资金侵占与上市公司现金股利政策［J］．会计研究，2005（9）：44-50．

[284] 迈克尔·J．温考普，政府公司的法人治理［M］．高明华译．北京：经济科学出版社，2010．

[285] 茅宁．企业价值创造与管理者博弈——对经济增加值方法的若干反思［J］．外国经济与管理，2002，24（11）：11-17．

[286] 聂丽洁，王俊梅，王玲．基于相对EVA的股票期权激励模式研究［J］．会计研究，2004（10）：79-83．

[287] 牛彦秀，武艳．基于电力行业的央企EVA实施效果分析［J］．商业会计，2015（2）：26-28．

[288] 乔华，张双全．公司价值与经济附加值的相关性：中国上市公司的经验研究［J］．世界经济，2001，24（1）：42-45．

[289] 权小锋，滕明慧，吴世农．行业特征与现金股利政策——基于2004~2008年中国上市公司的实证研究［J］．财经研究，2010（8）：122-132．

[290] 芮明杰．国有企业战略性改组［M］．上海：上海财经大学出版社，2002．

[291] 沈维涛，叶晓铭．EVA对上市公司资本结构影响的实证研究［J］．经济研究，2004（11）：47-57．

[292] 沈艺峰，田静．我国上市公司资本成本的定量研究［J］．经济研究，1999，11（7）：45-52．

[293] 盛毅．新一轮国有企业分类改革思路发凡［J］．改革，2014（12）：44-51．

[294] 施光耀，刘国芳，梁彦军．中国上市公司市值管理评价研究［J］．管理学报，2008，7（1）：78-87．

[295] 施光耀，刘国芳，王珂．市值管理在中国的来龙去脉［J］．市值管理，2007（2）：52-54．

[296] 施光耀等．2013年度中国上市公司市值管理绩效及资本品牌评价［M］．北京：经济科学出版社，2013．

[297] 施光耀等．2015年度中国上市公司市值管理绩效评价报告［M］．北京：经济科学出版社，2015．

[298] 施继坤，张广宝，马立敏．基于PEG比率的权益资本成本测算与应用［J］．辽宁工程技术大学学报（社会科学版），2012（1）：65-67．

[299] 世界银行. 国有企业分红：分多少？分给谁 [EB/OL]. 百度文库, https：//wenku. baidu. com/view/4d8a9c126edb6f1aff001fbd. html.

[300] 世界银行. 有效约束、充分自主：中国国有企业分红政策进一步改革的方向 [EB/OL]. [2009-11-27]. http：//documents. shihang. org/curated/zh/2009/11/11880591/effective-discipline-adequate-autonomy-direction-further-reform-chinas-soe-dividend-policy.

[301] 宋逢明, 姜琪, 高峰. 现金分红对股票收益率波动和基本面信息相关性的影响 [J]. 金融研究, 2010 (10)：103-116.

[302] 宋福铁, 屈文洲. 基于企业生命周期理论的现金股利分配实证研究 [J]. 中国工业经济, 2010 (2)：140-149.

[303] 宋玉, 李卓. 最终控制人特征与上市公司现金股利政策 [J]. 审计与经济研究, 2007 (9)：106-111.

[304] 孙烽, 苏舟. 论国有控股公司投资项目的股东价值管理 [J]. 中国工业经济, 2004 (11)：41-46.

[305] 孙铮, 吴茜. 经济增加值：盛誉下的思索 [J]. 会计研究, 2003 (3)：8-14.

[306] 汤谷良, 杜菲. 试论企业增长、盈利、风险三维平衡战略管理 [J]. 会计研究, 2004 (11)：31-37.

[307] 汤谷良, 林长泉. 打造VBM框架下的价值型财务管理模式 [J]. 会计研究, 2003 (12)：23-27.

[308] 汤谷良, 游尤. 可持续增长模型的比较分析与案例验证 [J]. 会计研究, 2005 (8)：50-55.

[309] 唐勇军. 价值管理研究综述与评价 [J]. 财会通讯（综合版）, 2007 (5)：77-79.

[310] 唐跃军, 谢仍明. 大股东制衡机制与现金股利的隧道效应——来自1999-2003年中国上市公司的证据 [J]. 南开经济研究, 2006 (1)：60-78.

[311] 陶启智, 李亮, 李子扬. 机构投资者是否偏好现金股利——来自2005-2013年的经验证据 [J]. 财经科学, 2014 (12)：30-38.

[312] 万晓榆, 金振宇, 樊自甫. 基于企业内部价值链的"EVA导向"型绩效指标萃取方法——以电信运营企业为例的研究 [J]. 经济管理, 2010 (8)：80-85.

[313] 汪平, 李光贵, 袁晨. 国外国有企业分红政策：实践总结与评述 [J]. 经济与管理研究, 2008 (6)：78-86.

[314] 汪平, 李光贵. 资本成本、可持续增长与国有企业分红比例估

算——模型构建与检验［J］. 会计研究，2009（9）：58-65.

［315］汪平. 基于价值的企业管理［J］. 会计研究，2005（8）：63-66.

［316］汪平. 基于现代财务理论的中国国有企业利润分红问题研究［J］. 首都经济贸易大学学报，2008（2）：9-16.

［317］王鸿. 关于深化国有企业改革几个问题的认识［J］. 中国发展观察，2014（11）：35-38.

［318］王化成，程小可，佟岩. 经济增加值的价值相关性——与盈余、现金流量、剩余收益指标的对比［J］. 会计研究，2004（5）：75-81.

［319］王化成，李春玲，卢闯. 控股股东对上市公司现金股利政策影响的实证研究［J］. 管理世界，2007（1）：122-127.

［320］王化成，刘俊勇. 企业业绩评价模式研究——兼论中国企业业绩评价模式选择［J］. 管理世界，2004（4）：82-91.

［321］王佳杰，童锦治，李星. 国企分红、过度投资与国有资本经营预算制度的有效性［J］. 经济学动态，2014（8）：70-77.

［322］王婧，王美云. 上市央企EVA评价研究［J］. 统计研究，2014（8）：109-112.

［323］王静，张天西，郝东洋. 发放现金股利的公司具有更高盈余质量吗？——基于信号传递理论新视角的检验［J］. 管理评论，2014，26（4）：50-59.

［324］王罗汉，李钢. 国有企业效率研究［J］. 经济与管理研究，2014（6）：27-32.

［325］王茂林，何玉润，林慧婷. 管理层权力、现金股利与企业投资效率［J］. 南开管理评论，2014，17（2）：13-22.

［326］王平心，陈琳，李补喜. 整合EVA的上市公司绩效评价模型研究［J］. 数理统计与管理，2006，25（2）：186-194.

［327］王石生. 国企利润和改制收入应纳入国家预算［J］. 科学决策，2006（10）：17-19.

［328］王喜刚，丛海涛，欧阳令南. 什么解释公司价值：EVA还是会计指标［J］. 经济科学，2003（2）：98-106.

［329］王沿棋，杨久香. EVA业绩评价体系在石油石化企业中的应用研究——以JX公司为例［J］. 经济管理，2014（4）：13.

［330］王志强，张玮婷. 上市公司财务灵活性、再融资期权与股利迎合策略研究［J］. 管理世界，2012（7）：151-163.

［331］威廉·L. 麦金森. 公司财务理论［M］. 刘明辉主译. 大连：东北

财经大学出版社，2002：361-367.

[332] 魏刚. 中国上市公司股利分配问题研究 [M]. 大连：东北财经大学出版社，2001.

[333] 魏建国，陈骏. 上市公司市值管理策略研究 [J]. 辽宁大学学报（哲学社会科学版），2013，41（1）：100-107.

[334] 魏明海，柳建华. 国企分红、治理因素与过度投资 [J]. 管理世界，2007（4）：88-95.

[335] 魏志华，李茂良，李常青. 半强制分红政策与中国上市公司分红行为 [J]. 经济研究，2014（6）：100-114.

[336] 翁世淳. 从价值创造到市值管理：价值管理理论变迁研究评述 [J]. 会计研究，2010（4）：74-81.

[337] 吴越. 国企所有权四重奏与治理目标论战 [C] // 吴越. 公司治理：国企所有权与治理目标 [M]. 北京：法律出版社，2006.

[338] 伍伯麟，席春迎. 西方国有经济研究 [M]. 北京：高等教育出版社，1997.

[339] 希克斯. 价值与资本 [M]. 北京：商务印书馆，1962.

[340] 夏清华. 创利与创值——企业成长绩效的评价与控制 [J]. 数量经济技术经济研究，2003（4）：96-99.

[341] 项安波. 深化国有企业改革的制度基础与主攻方向 [J]. 中国发展观察，2013（10）：7-9.

[342] 小约翰·科利，杰奎琳·多莉，罗伯特·哈迪. 公司战略 [M]. 吴晓波译. 北京：中国财经出版社，2003.

[343] 肖珉. 自由现金流量、利益输送与现金股利 [J]. 经济科学，2005（2）：67-76.

[344] 肖淑芳，喻梦颖. 股权激励与股利分配——来自中国上市公司的经验证据 [J]. 会计研究，2012（8）：49-57.

[345] 肖作平. 论权益资本成本的度量模型 [J]. 财政研究，2011（8）：69-72.

[346] 熊锦秋. 莫将价值管理当成市值管理 [EB/OL]. [2014-07-29]. http://jjckb.xinhuanet.com/2014-07/29/content_514547.htm.

[347] 徐传谌，张万成. 国有经济存在的理论依据 [J]. 吉林大学社会科学学报，2002（5）：37-45.

[348] 许静，张延良. 股权结构对上市公司股利政策的影响分析 [J]. 宏观经济研究，2013（4）：53-58.

[349] 闫华红,孙明菲.可持续增长下的财务战略研究——基于高新技术企业的实证数据[J].经济与管理研究,2011(2):94-102.

[350] 杨汉明.国企分红、可持续增长与公司业绩[J].财贸经济,2009(6):23-28.

[351] 杨汉明.现金股利与企业价值的实证研究——基于A股市场股权结构的分析[J].统计研究,2008(8):65-68.

[352] 杨瑞龙,张宇,韩小明等.国有企业的分类改革战略[J].教学与研究,1998(2):5-12.

[353] 杨瑞龙.国有企业分类改革的战略选择[J].中国工业经济,1999(8):9-11.

[354] 杨瑞龙.国有企业治理结构创新的经济学分析[M].北京:中国人民大学出版社,2001.

[355] 杨淑娥,王勇,白革萍.我国股利分配政策影响因素的实证分析[J].会计研究,2000(2):31-34.

[356] 姚颐,刘志远,冯程.央企负责人、货币性薪酬与公司业绩[J].南开管理评论,2013,16(6):123-135.

[357] 易颜新,柯大钢,张晓.股利政策的股东财富效应:来自中国股市的经验证据研究[J].南开管理评论,2006(2):4-10.

[358] 易莹.市值管理:首要把握核心理念[J].证券市场导报,2014(11):1.

[359] 印猛,李燕萍.基于BSC和EVA整合战略管理的应用研究[J].南开管理评论,2006,9(5):83-88.

[360] 余绪缨.企业理财学[M].沈阳:辽宁人民出版社,1995

[361] 原红旗.中国上市公司股利政策分析[M].北京:中国财政经济出版社,2004.

[362] 约翰·伊特韦尔等.新帕尔格雷夫经济学大辞典[M].北京:经济科学出版社,1996.

[363] 曾宪文.基于EVA的股票期权激励机制探讨[J].证券市场导报,2006(4):16-20.

[364] 詹姆斯·L.格兰特.经济增加值基础[M].刘志远等.大连:东北财经大学出版社,2005.

[365] 张纯.论新经济时代EVA的效用性[J].会计研究,2003(4):19-22.

[366] 张国有.建造国有企业的初衷——共和国初期阶段国有企业存在

的理由［J］．经济与管理研究，2014（10）：27-35.

［367］张济建，苗晴．中国上市公司市值管理研究［J］．会计研究，2010（4）：82-88.

［368］张建华，王君彩．国企分红、国企绩效与过度投资：实证检验——基于国有资本金预算新政前后的对比分析［J］．中央财经大学学报，2011（8）：66-69.

［369］张玲，陈收，邓霄敏．EVA-MVA及会计指标对股票收益解释能力的比较研究［J］．数理统计与管理，2006，25（1）：84-92.

［370］张淑敏．国有企业分类改革的目标模式探讨［J］．财经问题研究，2000（8）：40-43.

［371］张先治，李琦．基于EVA的业绩评价对央企过度投资行为影响的实证分析［J］．当代财经，2012（5）：119-128.

［372］张先治．EVA指标计算的探讨［J］．统计研究，1995，12（1）：32-34.

［373］张先治．基于价值的管理与公司理财创新［J］．会计研究，2008（8）：32-39.

［374］张小利．经济增加值与企业业绩考核［J］．财务与会计，1998（4）：30-32.

［375］张小利．谈经济增加值在企业经济效益考核中的适用性［J］．商业会计，1998（6）：18-19.

［376］张小宁．公司价值判断——EVA分解及主成分分析［J］．中国工业经济，2004（8）：97-104.

［377］张新，蒋殿春．中国经济"宏微观悖论"解读［J］．南开经济研究，2002（6）：16-20.

［378］张振川．现代企业风险价值管理问题探讨［J］．会计研究，2004（3）：55-58.

［379］赵岩，陈金龙．央企经营业绩的EVA评价有效性研究［J］．宏观经济研究，2012（6）：92-99.

［380］郑英隆．诺贝尔经济学奖得主米勒教授谈管理效率评价与经济增加值［J］．学术研究，1996（9）：43-44.

［381］支晓强，胡聪慧，童盼等．股权分置改革与上市公司股利政策——基于迎合理论的证据［J］．管理世界，2014（3）：139-147.

［382］钟勇，陆贤伟．融资约束、代理成本与现金股利政策信息含量［J］．软科学，2013，27（12）：140-144.

[383] 朱碧新. 帕累托最优应成为中央企业 EVA 绩效评价的目标 [J]. 宏观经济研究, 2011 (10): 20-26.

[384] 朱开悉. 论公司财务成长类型与成长战略管理 [J]. 工业工程与管理, 2002, 7 (1): 33-36.

[385] 朱清, 张华, 曲世友. 大股东控制、利益侵占与现金股利——来自股权分置改革后上市公司的经验证据 [J]. 预测, 2014, 33 (5): 48-52.

[386] 祝继高, 王春飞. 金融危机对公司现金股利政策的影响研究——基于股权结构的视角 [J]. 会计研究, 2013 (2): 38-44.